삼위일체의 신비

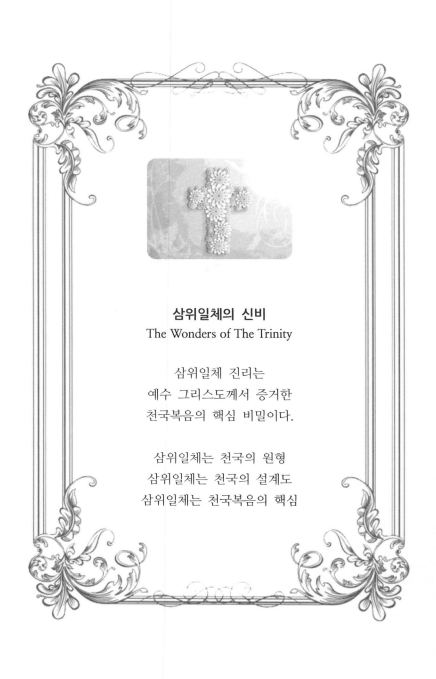

삼위일체의 신비
The Wonders of The Trinity

삼위일체 진리는
예수 그리스도께서 증거한
천국복음의 핵심 비밀이다.

삼위일체는 천국의 원형
삼위일체는 천국의 설계도
삼위일체는 천국복음의 핵심

삼위일체의 신비

The Wonders of The Trinity

양성민 지음

●●●　　추천의 글　　●●●

　　존경하는 양성민 목사님이 금번 귀한 연구의 결과로 [삼위일체의 신비]를 출간하게 된 것을 진심으로 축하드립니다.

　　삼위일체론은 교회 역사 속에서 하나님이 가장 먼저 확립시켜 주신 진리입니다. 수많은 논쟁을 거쳐서 검증된 진리입니다. 소위 Ecumenical Councils이라고 불리던 초대교회의 4대 종교회의는 모두 삼위일체 진리를 확립해 주시기 위한 하나님의 역사였습니다. 그럼에도 불구하고 인간의 이성으로 삼위일체는 이해하기 어려운 진리이기 때문에 역사상 수많은 사람들이 이 진리에 도전을 해왔습니다. 그러나 예외 없이 그들은 모두 이단이 되었습니다. 그러므로 신학자들 가운데는 이런 말이 있습니다 "삼위일체를 부인하라, 그러면 이단이 될 것이다. 삼위일체를 깊이 연구하라, 그러면 머리가 돌게 될 것이다." 위대한 어거스틴도 "삼위일체는 이해가 가지 않기 때문에 믿겠다"라고 말을 했습니다.

　　삼위일체론은 특별히 개신교 신학의 큰 기초가 되었습니다. 성부 하나님은 구원을 계획하시고, 성자 예수님은 구원을 집행하시고, 성령 하나님은 구원을 적용하심으로 구원 역사에 삼위의 하나님이 일체가 되어 역사하시는 진리가 개신교 신학의 근간이 되었습니다. 설교자들이 설교해야 할 가장 중요한 뿌리가 된 것입니다.

　　양성민 목사님이 목회자요 설교자로서 이 주제를 깊이 연구한 일은 크게 귀감이 되는 일입니다. 교단 신학의 범위 안에서 삼위일체를 연구하신 지혜와 노력을 감사 드리며 많은 목회자와 성도들에게 큰 유익이 되기를 기원합니다

　　　　전 대전침례신학대학교 교수, 강남중앙침례교회 2대 목사 피영민

▶▶▶ 하나님은 한 분인가 세 분인가?

놀랍게도 성경은 창세기 1장부터 하나님께서는 자신을 '하나'가 아니라 '우리'라고 말씀하셨다.

"하나님이 가라사대 우리의 형상을 따라 우리의 모양대로 우리가 사람을 만들고 모든 것을 다스리게 하자 하시고"(창1:26)

이어서 창세기 3장에서도 '여호와 하나님'께서는 자신을 '우리'라고 말씀하신다.

"여호와 하나님이 가라사대 보라 이 사람이 선악을 아는 일에 우리 중 하나 같이 되었으니 그가 그 손을 들어 생명나무 실과도 따먹고 영생할까 하노라 하시고"(창3:22)

성경은 하나님이 '세 분'이 존재하심을 말씀하고 있다.

"하늘에 증언하는 세 분이 계시니 곧 아버지와 말씀과 성령님이시라" (요일5:7, 8)

하나, 하늘에 계신 아버지 하나님 (마5:16,45,48, 7:21, 10:32,33, 12:5)

하나, 아버지 하나님 품속에 계셨던 독생하신 하나님이 사람이 되신 성자 하나님, 즉 주 예수 그리스도 (사7:14, 요1:1,2,18, 롬9:5)

하나, 그리스도께서 제자들을 떠나시면서 약속하셨던 또 다른 보혜사가 되신 성령 하나님 (욥33:4, 시104:30, 요14:15,16, 고전3:16,17)

그렇다면 성경에 계시된 참 하나님은 '세 분'이란 말씀인가? 그러나 또한 성경은 하나님을 '한 분'이라고 말씀하고 있다.

"이스라엘아 들으라 우리 하나님 여호와는 오직 하나인 여호와시니"
(신6:4)

예수 그리스도께서는 하나님은 '우리가 하나'되어 계신다고 말씀하신다.

"이는 우리가 하나가 된 것 같이 그들도 하나가 되게 하려 함이니이다"
(요17:22)

주 예수 그리스도께서 말씀하신 참 하나님은 '우리'인 동시에 '하나' 되어 계신 분이시다. 하나님은 '우리'로 존재하시는 하나님, 즉 성부 하나님과 성자 하나님과 성령 하나님이시다. 그러나 '우리'로 존재하시는 하나님은 '하나'되어 계신다. 이것이 신학적 용어로는 '삼위일체 하나님' 이라고 하며 성경과 예수님이 계시한 참 하나님의 모습이다.

과연 인간의 이성으로 삼위일체를 이해할 수 있을까? 삼위일체 교리는 하나님의 신비에 속한 것이기에 인간의 이성으로는 깨달을 수 없고 신앙 생활에 실제적인 유익을 주지 못하고 논쟁만 일으키는 묵은 교리라고 생각할 수 있다. 심지어 삼위일체 교리는 구원과 관련이 없다고 생각할 수도 있다. 과연 그러할까?

하나님은 인간이 깨달을 수 없는 진리를 억지로 믿으라고 강요하는 분이 아니시다. 삼위일체 진리는 구원의 문을 열어 주는 성경의 핵심 진리이다. 또한 주 예수께서 증거하신 천국복음의 핵심 비밀로서 믿는 이들에게 값없이 허락된 천국 그 자체이다. 이것이 삼위일체의 비밀이며 삼위일체 진리가 얼마나 중요한지에 대한 이유이고 이 책을 통하여 삼위일체 진리를 독자들에게 전달하고자 하는 하나님의 뜻이다.

삼위일체 진리를 바르게 깨닫게 된다면 구원의 비밀과 천국복음의 비밀, 그리고 천국의 비밀을 깨달을 수 있는 천국의 열쇠를 얻게 될 것이다. ◀◀◀

하나님께서는 우리가 깨달을 수 없는 진리를 억지로 믿으라고 강요하는 분이 아니다. 하나님께서는 '우리가 하나'이신 하나님에 관한 진리를 바르게 깨우칠 수 있도록 창세기 1장부터 자상하게 여러 상징과 비유로 설명해 놓으셨고 천국복음을 통해 삼위일체의 비밀을 계시해 놓으셨다.

**이는 선지자로 말씀하신 바 내가 입을 열어 비유로 말하고
창세부터 감추인 것들을 드러내리라 함을 이루려 하심이니라**

(마13:35)

◐◐◐ 　차 례　 ◐◐◐

1장 삼위일체의 신비를 계시한 상징과 비유

하나님께서는 우리가 하나되어 계신 비밀을 바르게 깨우칠 수 있도록 세 가지 상징으로 삼위일체의 신비를 계시하셨다.

첫째, 삼위일체의 신비가 계시된 사람의 구조 (창1:26, 살전5:23)
둘째, 삼위일체의 신비가 계시된 부부 (창1:26,27, 창2:24, 신6:4)
셋째, 삼위일체의 신비가 계시된 교회의 구조 (요17:21,22, 롬12:4,5, 고전 12:12,20, ,갈3:28)

1 삼위일체의 신비가 계시된 사람의 구조

1,992년 6월 어느 날, 필자의 심령에 이러한 영적인 감동이 왔다.

"나를 알려면 너를 알라! 왜냐하면 너는 나의 형상과 모양대로 지음 받았기 때문이다"

이러한 내적인 감동과 함께 창세기 1장 26절, 요한복음 17장 21, 22절, 데살로니가전서 5장 23절의 말씀을 레마로 받게 되었다.

"하나님이 가라사대 우리의 형상을 따라 우리의 모양대로 우리가 사람을 만들고 그로 바다의 고기와 공중의 새와 육축과 온 땅과 땅에 기는 모든 것을 다스리게 하자 하시고"(창1:26)

피조물 가운데 우리이신 하나님의 형상과 모양, 즉 하나님의 구조인 삼위일체의 구조대로 만들어진 유일한 존재가 사람이다. (창1:26,27, 요17:22) 따라서 우리가 하나되신 하나님을 이해할 수 있는 가장 빠른 방법은 사람의 구조를 성경적으로 이해하는 것이다. 보이는 사람의 구조 속에 보이지 않는 하나님의 구조의 비밀이 투영되어 있다. 따라서 사람의 구조를 이해하게 되면 우리가 하나이신 삼위일체 하나님의 구조의 비밀을 깨달을 수 있다.

사람은 어떠한 구조로 이루어졌는가. 성경은 사람의 구조를 '영과 혼과 몸(육)'으로 구분하고 있다.

"평강의 하나님이 친히 너희로 온전히 거룩하게 하시고 또 너희 온 영과 혼과 몸이 우리 주 예수 그리스도 강림하실 때에 흠 없게 보전되기를 원하노라" (살전5:23)

"하나님의 말씀은 살았고 운동력이 있어 좌우에 날 선 어떤 검보다도 예리하여 혼과 영과 및 관절과 골수를 찔러 쪼개기까지 하며 또 마음의 생각과 뜻을 감찰하사" (히4:12)

이것이 사람의 구조 속에 숨겨놓은 하나님의 구조의 비밀이다. 사람은 '몸과 혼과 영'으로 분명하게 구별되어 있지만 이 셋이 합하여 하나를 이루고 있는 구조를 가지고 있다. 이것이 삼위일체 하나님의 구조인 것이다.

"하늘에 증언하는 세 분이 계시니 곧 아버지와 말씀과 성령님이시라 또 이 세 분은 하나이시니라 땅에 증언하는 셋이 있으니 영과 물과 피라 또 이 셋이 하나로 일치하느니라" (요일5:7,8)

사람의 몸은 물질 세계를 접촉하고 교통할 수 있는 하나의 개체이다. 사람의 혼은 정신 세계를 접촉하고 교통할 수 있는 하나의 개체이다. 사람의 영은 영적 세계를 접촉하고 교통할 수 있는 또 하나의 개체이다. 그러나 이 셋은 각각 구별되어 있지만 본질적으로 사람의 생명 안에서 동등한 사람의 생명에 속하여 있으며, 상호 내주하여 있고, 상호 긴밀한 교통을 하면서 연합되고 하나되어 있다. 이것이 우리가 하나되어 계신 하나님의 구조의 비밀인 삼위일체 하나님의 비밀인 것이다.

이와 같이 성부 하나님과 성자 하나님과 성령 하나님은 각각 구별되어 있지만 본질적으로는 각각이 동등한 하나님으로서 하나님의 생명 안에서 상호 내주하여 계시고 유기적으로 하나되어 계신 생명공동체이시다. (요1:18, 10:30,38, 14:10,11,20,17:21,23)

사람의 영과 혼과 몸은 구별되어 있지만 긴밀하게 교통하고 있다. 이와 같이 성부 하나님과 성자 하나님과 성령 하나님은 각각 구별된 '지정의'를 가지고 구별되어 계시지만 영원 전부터 상호 간에 사랑의 교통을 하고 계신 사랑의 공동체이시다. (창1:26, 요1:1,18, 17:5,23,24)

사람의 영과 혼과 몸은 구별되어 있지만 한 일을 행하고 있다. 이와 같이 성부 하나님과 성자 하나님과 성령 하나님은 각각 구별되어 계신 분이지만 한 사역을 행하시는 사역공동체이시다. (창1:1,26) 이것이 삼위일체 구조 속에 계시된 우리가 하나되어 계신 하나님, 즉 삼위일체 하나님이시다.

2 삼위일체의 신비가 계시된 부부

하나님의 모습을 본 적이 있는가. 필자는 하나님의 모습을 보았다. 하나님의 형상과 모양은 실상 삼위일체의 영적인 구조와 내용이다. 따라서 삼위일체의 비밀을 바르게 깨닫는 것이 곧 하나님의 형상과 모습을 보게 되는 것임을 의미한다.

삼위일체의 비밀, 즉 하나님의 형상과 모습을 보는 가장 빠른 두 번째 방법은 부부를 이해하는 것이다. 남자와 여자의 공동체인 부부는 우리가 하나이신 하나님 형상대로 창조되었기 때문이다.

"하나님이 가라사대 '우리의 형상을 따라 우리의 모양대로 우리가 사람을 만들고' 그로 바다의 고기와 공중의 새와 육축과 온 땅과 땅에 기는 모든 것을 다스리게 하자 하시고 하나님이 자기 형상 곧 하나님의 형상대로 사람을 창조하시되 남자와 여자를 창조하시고" (창1:26,27)

부부는 보이지 않는 하나님의 형상이며 구조, 즉 삼위일체 비밀의 그림자요 표현이다. 하나님께서는 남자와 여자, 즉 둘을 '한 몸'으로 보신다.

"이러므로 남자가 부모를 떠나 그의 아내와 합하여 둘이 한 몸을 이룰지로다" (창2:24)

둘이 한 몸, 이것이 삼위일체의 비밀인 것이다. 부부 속에 보이지 않는 하나님의 형상, 즉 삼위일체의 비밀을 계시하고 있는 것이다. 남자와 여자는 각각의 인격이 구별된 둘인데 한 몸이라고 한다. 이처럼 성부 하나님과 성자 하나님과 성령 하나님은 분명하게 구별된 신격(위격, 인격)을 가지고 있지만 동일한 생명을 가지고 사랑의 완전한 관계성을 맺고 있는 하나의 생명공동체이다. 이것이 부부의 관계 속에 계시된 숨겨진 삼위일체의 비밀이다.

3 삼위일체의 신비가 계시된 교회의 구조

교회는 우리가 하나되어 계신 삼위일체 하나님의 원리대로 이루어졌다.

"내게 주신 영광을 내가 저희에게 주었사오니 이는 우리가 하나가 된 것 같이 저희도 하나가 되게 하려 함이니이다"(요17:22)

교회는 우리가 하나이신 하나님의 원리대로 건축되었다. 따라서 교회가 어떻게 하나되어 있는지를 이해하면 우리가 하나되어 계신 하나님을 깨달아 알 수 있는 것이다. 성경은 많은 지체들로 이루어진 교회 공동체를 한 몸이라고 말씀하고 있다.

"몸은 하나인데 많은 지체가 있고 몸의 지체가 많으나 한 몸임과 같이 그리스도도 그러하니라 우리가 유대인이나 헬라인이나 종이나 자유자나 다 한 성령으로 세례를 받아 한 몸이 되었고 또 다 한 성령을 마시게 하셨느니라"(고전12:12,13)

교회의 지체들은 각각의 인격을 지니고 있는데 이 많은 지체들을 하나 또는 한 몸이 되었다고 말씀하고 있다. 성경은 각 지체가 동일한 성령으로 세례를 받았기 때문이라고 말씀한다. 이것이 교회에 계시된 우리가 하나이신 삼위일체의 비밀이다.

"우리가 한 몸에 많은 지체를 가졌으나 모든 지체가 같은 직분을 가진 것이 아니니 이와 같이 우리 많은 사람이 그리스도 안에서 한 몸이 되

어 서로 지체가 되었느니라" (롬12:4,5)

 성경은 교회를 가리켜 '많은 사람이 그리스도 안에서 한 몸이 되어'라고 말씀하셨다. 교회의 지체들은 각각 독립된 인격을 지닌 많은 사람들(우리)인데 이들은 그리스도 안에서 동일한 성령을 받음으로써 천국에 속한 동일한 본질을 지니게 되어 한 몸이 된 것이다. 그래서 갈라디아서에서는 유대인이나 헬라인이나 종이나 자주자나 남자나 여자 없이 다 그리스도 예수 안에서 하나라고 했다.(갈3:28) 이것이 교회 속에 계시된 우리가 하나되어 계신 삼위일체 하나님의 모습이요 하나님의 형상이다. 성부 하나님과 성자 하나님과 성령 하나님은 각각 구별된 인격의 우리이면서 동시에 동일한 신적 본질을 가지고 하나되어 존재하시는 하나님이시다.

2장 우리가 하나되어 존재하시는 하나님

주 예수 그리스도께서는 하나님의 존재 모습을 우리가 하나된 하나님이라고 말씀하셨다.

"내게 주신 영광을 내가 저희에게 주었사오니 이는 **우리가 하나가 된 것** 같이 저희도 하나가 되게 하려 함이니이다" (요17:22)

정확히 말하면 하나님은 우리가 하나이신 하나님이 아니고 우리가 하나되어 존재하시는 하나님이시다. 따라서 성경이 말씀하고 있는 참 하나님은 **첫째, 우리로 존재하신다. 둘째, 우리가 하나되어 존재하신다.**

먼저 성경에 계시된 참 하나님은 우리로 존재하신다는 사실을 분명히 알아야 한다. 다음은 우리이신 하나님께서 어떻게 하나가 되어 존재하고 계시는지를 성경적으로 보아야 한다. 하나님의 이 두 면이 명확해 질 때 삼위일체에 관한 성경적인 진리를 바르게 보게 되고 천국의 비밀을 보게 될 것이다.

1 우리로 존재하시는 하나님

하나님의 존재에 대해 일반적으로 우리이신 하나님을 떠올리기 보다는 한 분 하나님을 먼저 떠올리게 된다. 하나님은 한 분 하나님이라는 말씀을 많이 들었을 것이고 하나님이라는 단어 자체가 한 분이라는 의미를 나타내기 때문일 것이다. 그러나 우리는 하나님을 떠올릴 때 우리이신 하나님에 대해 먼저 생각해 볼 필요가 있다.

성경이 하나이신 하나님 보다는 우리이신 하나님을 먼저 계시하고 있는 사실에 주목하자. 놀랍게도 성경은 처음부터 하나님은 우리라고 기록하고 있다. (창1:1,26, 3:22) 성경은 하나님의 '하나됨'을 먼저 계시하지 않고 우리이신 하나님을 계시하며 우리이신 하나님의 형상대로 이 땅에 남자와 여자, 즉 우리이신 하나님을 나타내는 부부를 창조하셨다. (창1:26,27) 성경에 계시된 참 하나님의 형상과 모습은 우리이시다. 즉 공동체로 존재하시는 하나님이시다. 성경은 먼저 하나님을 우리로 존재하시는 하나님, 부부처럼 사랑을 속삭이며 나누고 계신 사랑의 공동체로 존재하시는 하나님을 계시하고 있다. 하나님을 설명할 때 우리이신 하나님을 먼저 설명하고 이어서 하나님께서 어떻게 하나되어 계신지에 대해 설명하는 것이 성경적이다. 이 성경적인 원칙은 매우 중요한 결과를 가져온다.

'닭이 먼저입니까, 알이 먼저입니까?' 이 질문에 하나님의 창조를 믿는 사람들과 그렇지 않은 사람들의 대답은 다르다. 하나님의 창조와 성경을 믿는 성도는 당연히 닭이 먼저라고 대답을 할 것이다. 이와 같이 우리가 하나된 하나님을 우리와 하나 중 어느 쪽을 먼저 설명하느냐에 따라서 큰 개념의 차이를 가져 올 수 있다.

동방교회와 서방교회에서 신관의 차이로 인해 나타난 결과를 통해 알 수 있는 대표적인 사례가 있다. 동방교회의 대표적인 신학자들은 성경적인 원칙에 따라 삼위일체 하나님에 대해 설명할 때 우리가 되신 하나님을 먼저 설명하였다. 그들은 성부 하나님과 성자 하나님과 성령 하나님의 각각 구분된 신격(위격, 인격)의 우리이신 하나님을 먼저 강조했다. 그다음 어떻게 우리(삼위)가 하나되어 계신지에 대해 설명하려고 노력했다(관계적 삼위일체론). 닛사의 그레고리, 나지안주스 그레고리, 갑바도기아 바실 등이 이러한 삼위일체론을 펼친 대표적인 동방신학자들이다.

그러나 어거스틴, 토마스 아퀴나스 등과 같은 서방신학자들은 하나님을 숫자 개념의 하나로 전제하고서 삼위(우리)를 설명하려고 했다. 또한 이들은 성경적인 하나의 의미로 접근하지 않고 숫자의 개념인 하나로 접근했기 때문에 삼위일체는 이해할 수 없는 신의 영역에 속한 신비라고 주장하며 신관의 혼동을 야기시켰다. 그 결과 서방교회의 삼위일체 신관은 철학적 사유로 전락하게 되었고 그 영향을 받은 개신교의 삼위일체 신관은 설명할 수 없는 교리가 된 것이다. 신앙생활에 전혀 선한 영향을 주지 못하는 죽은 교리로 남게 되었다.

일반적으로 사람들은 사랑이 가득한 공동체의 모습을 하고 계신 우리이신 하나님보다는 위엄으로 충만한 이미지의 하나이신 하나님을 떠올리게 된다. 몇 가지의 이유가 있겠으나 개신교가 동방교회의 신관보다는 서방신학 신관의 영향을 받았기 때문이라고 본다.

한번 각인된 하나님에 대한 인상을 우리이신 하나님으로 인식을 바꾸는 것이 결코 쉬운 일은 아니다. 사람들은 처음 하나님을 어떻게 인식했느냐에 따라서 신앙관이 결정된다. 한번 머릿속에 박힌 누군가의 첫인상을 바꾸는 것이 쉽지 않은 것처럼 처음 믿음 생활을 시작할 때 받았던 하나님에 대한 첫인상이 이처럼 중요한 것이다.

안타까운 것은 대부분의 사람들은 하나님에 대한 잘못된 첫인상을 가지고 있다. 영원 전부터 우리로 존재하시는 하나님으로서 서로 사랑의 교통을 하며 사랑을 품은 한 공동체를 이루고 계시는 하나님으로 인식하기 보다는 감히 가까이 접근할 수 없는 엄위와 두려움의 절대적인 하나이신 하나님으로 첫인상(신상)을 갖게 된다. 사람들은 이렇게 처음 각인된 하나님에 대한 인식을 우리이신 하나님으로 바꾸는 것에 대한 거부감도 있을 것이다. 하나님을 먼저 우리로 인식하는 문제는 이토록 중요한 것이다. 깊은 이해를 위해서 먼저 하나님은 하나라는 생각을 지우고 성경이 계시하고 있는 우리이신 하나님에 관한 진리를 깊이 묵상할 필요가 있다.

성경이 말씀하고 있는 하나님은 하나라는 의미는 숫자 개념의 하나를 의미하는 것이 아니다. 이 책에서는 왜곡된 신관으로부터 성경적인 바른 신관으로 정립하기 위하여 성경의 원칙에 따라 먼저 우리이신 하나님에 대한 성경의 계시를 찾아갈 것이고 이어서 우리이신 하나님은 하나라는 개념에 대한 영적 의미를 나눌 것이다.

세 분 하나님은 분명하게 구별되신 하나님

성부 하나님과 성자 하나님과 성령 하나님은 태초부터 우리로 존재하시고 각각의 구별되고 독립된 인격(신격, 위격)을 가지고 서로 사랑의 교통을 나누고 계셨던 분이시다. (창1:26, 요1:1,18, 17;5,22,24) 성경에 계시된 하나님은 양태론자들이 주장하듯 하나님은 한 존재인데 아버지 하나님의 모습으로 계시다가 어느 날 같은 존재가 아들의 모습으로 나타나시고 이 후에 같은 존재가 성령의 모습으로 양태만 바꾸어 나타나신 분이 아니시다.

성경은 분명하게 하나님은 우리라고 말씀한다. (창1:26,22, 요17:22) 성경은 성부 하나님께서 한 분이시고 성자 하나님도 한 분이시고 성령 하나님도 한 분이심을 분명하게 말씀하고 있다.

"몸이 하나요 성령도 한 분이시니 이와 같이 너희가 부르심의 한 소망 안에서 부르심을 받았느니라 주도 한 분이시요 믿음도 하나요 세례도 하나요 하나님도 한 분이시니 곧 만유의 아버지시라 만유 위에 계시고 만유를 통일하시고 만유 가운데 계시도다"(엡4:4~6)

성령도 한 분, 주도 한 분, 하나님도 한 분이라는 말씀은 성부 하나님과 성자 하나님과 성령 하나님은 분명하게 각각의 인격(신격, 위격)을 가진 구별되신 분으로서 하나님은 우리로 존재하고 계시다는 말씀이다.

아버지 하나님과 아들 하나님은 분명하게 구분이 되신다

"그러나 우리에게는 한 하나님 곧 아버지가 계시니 만물이 그에게서 났고 우리도 그를 위하여 있고 또한 한 주 예수 그리스도께서 계시니 만물이 그로 말미암고 우리도 그로 말미암아 있느니라"(고전8:6)

아들 하나님과 성령 하나님은 동등한 신격을 가지고 계시지만 각각 분명하게 구별된 또 다른 분이시다.

"내가 아버지께 구하겠으니 그가 또 다른 보혜사를 너희에게 주사 영원토록 너희와 함께 있게 하시리니"(요14:16)

예수 그리스도는 성령을 자신과 다른 또 다른 보혜사 [1] 라고 명확하게 말씀하셨다. 예수 그리스도는 보혜사이시다. (요일2:1) 성령은 또 다른 보혜이시다. (요14:16) 따라서 예수 그리스도와 성령은 동등한 보혜사이지만 분명히 구분되고 서로 다른 보혜사이시다.

성경에 계시된 하나님은 각각 구별된 신격(인격)을 가지고 계신 우리이신 하나님이다. 성경은 창세기부터 하나님을 우리라고 표현했고 신약에서도 우리로 계시하고 있다. (창1:26, 요17:22)

성령은 하나님

어떤 이는 성령을 단순히 힘이고 인격을 가지고 계신 하나님이 아니라고 주장한다. 성경은 성령이 모든 것을 가르치고 말씀하시고 기뻐하고 근심하고 탄식하고 기도하시며 (눅10:21, 요14:26, 롬8:26, 엡4:30) 하나님의 깊은 것이라도 모두 통달한다고 말씀한다. (고전2:10)

하나님 자신만이 하나님의 깊은 것을 통달할 수 있다. 성령은 단순한 힘의 존재가 아니고 천사도 아니다. 성령은 하나님의 영이다. 사람의 영은 사람이듯이 하나님의 영은 하나님인 것이다. (고전2:10,11) 성령은 무소부재하신 하나님이시기에 모든 믿는 자 안에 동시에 거할 수 있는 존재인 것을 성경은 증거하고 있다. (요14:16,17, 롬8:9, 고전3:16, 12:13, 고후12:18) 그러므로 성경은 성령을 창조주라고 말씀하고 있는 것이다. (욥33:4, 시104:30)

구약 성경에 계시된 우리이신 하나님

성경은 창세기 1장 1절부터 창조주 하나님을 '복수(하나님들/우리)'로 계시하고 있다.

"태초에 하나님(אלהים; 엘로힘/ 하나님들)이 천지를 창조하시니라" (창1:1)

창세기 1장 1절 원문은 하나님, 즉 엘로힘이 복수 형태로서 '하나님들'로 되어 있다. 창조주 하나님은 우리(복수)이신 하나님이다. 구약성경에 '엘로힘'이라는 단어가 2,600번이나 사용되었다. 이는 하나님께서 자신을 우리로 존재하시는 하나님이라는 신관을 성경 독자에게 각인시키길 원하셨던 것이 아닐까?

어떤 이들은 엘로힘이라는 단어는 장엄 복수형으로서 단수의 의미를 지니고 있다고 주장한다. 그러나 창세기 1장 26절에서는 '엘로힘이 가라사대 우리'라고 말씀하셨다. 이는 성경 첫 장이 채택하고 있는 하나님의 칭호인 엘로힘이 우리(복수)의 의미로 사용되었다는 것을 성경을 읽는 독자들에게 분명히 하려는 하나님의 세심한 의도가 숨어 있다고 본다.

"하나님(엘로힘)이 가라사대 우리의 형상을 따라 우리의 모양대로 우리가 사람을 만들고 그로 바다의 고기와 공중의 새와 육축과 온 땅과 땅에 기는 모든 것을 다스리게 하자 하시고"(창1:26)

어떤 이들은 우리로 존재하시는 하나님을 부정하기 위해서 우리라는 의미는 성부 하나님과 성자 하나님과 성령 하나님을 가리키는 것이 아니고 여호와 하나님 한 분과 천사를 포함하여 말씀하신 것이라고 주장하기도 한다. 그들의 주장대로라면 '우리가 사람을 만들고'라고 말씀하셨으니 이 우리에 포함된 천사도 창조주가 되는 것이다. 천사가 사람을 창조했단 말인가? 결코 그럴 수는 없다. 하나님만이 창조주이시기 때문이다.

'하나님이 가라사대... 우리가 사람을 만들고'라고 하셨으니 사람을 지으신 창조주는 우리이신 것이다.

이사야 54장 5절에서도 사람을 지으신 여호와를 복수(우리)로 계시하고 있다.

"이는 너를 지으신 자(들: 복수, 오사이크)는 네 남편(들: 복수, 보알라이크)이시라 그 이름은 만군의 여호와시며 네 구속자는 이스라엘의 거룩한 자시라 온 세상의 하나님이라 칭함을 받으실 것이며"(사54:5)

이 말씀은 하나님께서 삼위일체의 비밀을 깨닫게 하기 위해서 필자를 감동시켜 '너를 지으신 자'가 복수로 사용되었다는 것을 깨닫게 하신 말씀이다. 성경은 사람을 창조하신 분은 오직 하나님이라고 선언하고 있다. (사43:15,44:21-24) 이사야 54장 5절의 '너를 지으신 자들'이라는 말씀의 원문은 분명하게 복수로 되어 있다. 또한 전도서 12장 1절에서도 창조자를 복수로 말씀하고 있다.

"너는 청년의 때 곧 곤고한 날이 이르기 전 나는 아무 낙이 없다고 할 해가 가깝기 전에 너의 창조자를 기억하라" (전12:1)

이 말씀에서 창조자는 히브리어로 '보레이카'인데 복수형, 즉 '창조자들'로 되어있다. 구약 성경은 이미 창조주 하나님을 한 분이 아닌 우리라고 말씀하고 있다. 우리이신 창조주 하나님이 바로 성부 하나님과 성자 하나님과 성령 하나님이신 것이다. 성경은 성부 하나님만 창조주가 아니고 성자 하나님과 성령 하나님도 창조주 하나님이라고 말씀한다. (창1:1,2, 26, 욥33:4, 시104:30, 사45:18, 요1:1,2,10)

예수 그리스도와 성령은 창조주 하나님이시다

성경은 예수 그리스도를 창조주라고 분명하게 선포하고 있다.

"태초에 말씀이 계시니라 이 말씀이 하나님과 함께 계셨으니 이 말씀은 곧 하나님이시니라 그가 태초에 하나님과 함께 계셨고 만물이 그로 말미암아 지은 바 되었으니 지은 것이 하나도 그가 없이는 된 것이 없느니라" (요1:1-3)

또한 성령 하나님도 창조주 하나님이시다.

"**하나님의 영(성령)이 나를 지으셨고** 전능자의 기운이 나를 살리시느니라"(욥33:4)

"**주의 영(성령)을 보내어 그들을 창조하사** 지면을 새롭게 하시나이다"(시104:30)

창조주 하나님은 우리이신 하나님이다. 구약 성경은 계속해서 하나님을 우리로 계시한다. (창3:22, 11:6,7, 사6:8, 54:5)

"**여호와 하나님이 가라사대** 보라 이 사람이 선악을 아는 일에 우리 중 하나 같이 되었으니 그가 그 손을 들어 생명나무 실과도 따먹고 영생할까 하노라 하시고"(창3:22)

구약에서는 삼위일체에 대해 분명하게 말씀하고 있는데 이것이 쉐마의 말씀이다.

쉐마의 말씀은 삼위일체 신관

유대인들이 신앙의 본질로 삼고 가장 귀하게 여기는 말씀을 쉐마라고 한다. 이 쉐마의 말씀이 신명기 6장 4절이다.

"이스라엘아 들으라 우리 하나님 여호와는 오직 하나인 여호와시니"(신6:4)

이 쉐마의 말씀은 놀랍게도 삼위일체 신관에 관한 말씀이다. 이스라엘 백성이 듣고 마음에 새기고 가르치고 전파해야 할 쉐마의 말씀은 우리이신 하나님과 하나되어 계신 하나님에 관한 삼위일체 신관인 것이다.

"쉐마 이스라엘, 예호아 엘로헤누 예호아 에하드" (신6:4)

쉐마	들으라
엘로헤(엘로힘)	하나님들, 복수 명사형
엘로헤+누	우리 하나님들, '누'는 1인칭, 공성, 복수, 접미사로서 '우리들'이라는 뜻
여호와 엘로헤누	우리 하나님들 여호와
에하드	통일된 하나, 복합적 단일, 완전한 연합

엘루헤누의 의미는 우리 하나님들이다. 우리 하나님들은 우리로 존재하시는 하나님들이라는 의미로 사용된 것이다. 우리는 모세와 이스라엘 백성을 지칭하는 것이 아니고 하나님들을 지칭하고 있다. 엘로헤누에서 우리를 의미하는 누는 엘로힘의 복수형 접미사로서 '우리(누)'는 이스라엘을 지칭하는 것이 아니라 엘로힘을 수식하는 어미인데 복수가 되시는 '엘로힘(하나님들)'을 강조하거나 설명을 덧붙인 것으로 보아야 한다.

이 사실을 확신할 수 있는 두 가지의 이유가 있다.

첫째, '우리 하나님 여호와(예호아 엘로헤누)'라는 주어절을 서술하고 있는 '하나'라는 단어는 '복합적인 단일/연합/일치/통일'을 의미하는 '에하드'가 사용되었기 때문이다.

"이스라엘아 들으라 우리 하나님 여호와(예호아 엘로헤누)는 오직 하나(에하드)인 여호와시니" (신6:4)

만약 주어절의 '우리 하나님 여호와'가 복수가 아니고 단수라면 복합적인 단일을 의미하는 '에하드' 대신 숫자 하나를 의미하는 '야히드'라는 단어를 사용했어야 한다.

둘째, '엘로헤누(우리 하나님)'는 모세가 기록한 창세기 1장 26절에 계시된 하나님에 대한 같은 표현이기 때문이다. 어떤 이들은 '엘로헤누'에서 '엘로힘'은 '하나님들'을 말씀하는 복수형이 아니라 장엄 복수로서 단수의 의미를 가지고 있다고 주장하는 이들이 있다.

창세기 1장 26절에서는 '하나님(엘로힘)이 가라사대 우리의 형상을 따라 우리 모양대로 우리가'라고 말씀하고 있다. 엘로힘(하나님)은 자신을 우리라고 말씀하셨다. 엘로힘이라는 단어는 단수가 아니고 복수로 사용되어 '우리이신 하나님'을 강조하는 단어라는 것을 확신할 수 있다. 성경에서 엘로힘은 장엄 복수로 사용된 것이 아니고 우리의 의미인 하나님들로 사용된 것이 분명하다. 창세기 1장 26절은 모세가 기록했는데 모세는 엘로힘은 우리라는 신관을 가지고 있었던 것이다. 그래서 모세는 엘로힘은 우리라는 신관을 신명기 6장 4절에 한 단어로 '엘로에누', 즉 '우리 하나님'이라고 표현 한 것이다.

그러므로 '우리 하나님'이라고 번역된 '엘로헤누'에서 '우리(누)'는 모세와 이스라엘을 가리키는 것이 아니고 '엘로힘(하나님들)'을 강조한 복수형 어미로서 '하나님(엘로힘)은 우리'라는 의미로 사용된 것이다. 따라서 '엘로헤누'는 '우리이신 하나님'을 계시하고 있다.

신명기 6장 4절의 '우리 하나님 여호와'에서의 '엘로헤누(우리들 하나님들)'와 '예호와(여호와)'는 동격으로 되어 있다. 따라서 이를 번역하면, '우리들 하나님들 여호와'로 번역되고 그 의미는 '여호와는 우리들 하나님들'이다. '여호와'는 '우리들'이고, '하나님들'이라는 의미가 된다. 독자는 여호와를 어떤 분으로 알고 있는가? 여호와는 '우리로 존재하시는 하나님'이시다.

신명기 6장 4절의 쉐마의 말씀은 '우리들이시고 하나님들이신 여호와는 하나이신 여호와'라고 이어서 말씀한다. 여호와는 '우리들'이면서 동시에 '하나'라는 것이다. 이 말씀은 놀랍게도 우리가 하나되어 계신 삼위일체의 비밀을 말씀하고 있다. 여기에서 쓰인 하나라는 단어는 '에하드'인데 '통일된 하나/복합적 단일/완전한 연합'이라는 의미를 지닌 단어이다. 따라서 '우리 하나님들 여호와는 하나이신 여호와'라는 의미는 우리이신 여호와께서 통일된 연합을 이루고 하나되어 계신다는 의미이다. 이것은 '우리가 하나되어 계신 하나님' 곧 삼위일체를 의미한다. (요17:22)

그러므로 신명기 6장 4절의 쉐마의 말씀은 삼위일체 신관을 계시한 말씀으로서 삼위일체 신관이 곧 쉐마의 말씀이었던 것이다. 쉐마의 의미는 '들으라'는 뜻이다. 이스라엘 백성이 무엇을 들으라는 말씀인가?

'예호아 엘로헤누 예호아 에하드', 즉 '우리로 존재하시는 여호와는 연합되어 계신 여호와'라는 삼위일체 신관에 대한 말씀을 들으라고 말씀하신 것이다. 삼위일체 신관은 곧 하나님의 백성이 귀를 열고 날마다 들어야 할 쉐마의 말씀이고 마음에 새기고 부지런히 가르치고 항상 강론하여 전하며 선포하고 기호와 표로 삼아야 할 말씀이었던 것이다.

"이스라엘아 들으라 우리 하나님 여호와는 오직 하나인 여호와시니... 오늘날 내가 네게 명하는 이 말씀(삼위일체 신관)을 너는 마음에 새기고 네 자녀에게 부지런히 가르치며 집에 앉았을 때에든지 길에 행할 때에든지 누웠을 때에든지 일어날 때에든지 이 말씀을 강론할 것이며 너는 또 그것을 네 손목에 매어 기호를 삼으며 네 미간에 붙여 표를 삼고 또 네 집 문설주와 바깥 문에 기록할찌니라"(신6:4-8)

삼위일체의 진리는 신약의 참 이스라엘인 성도가 날마다 듣고 마음에 새기고 부지런히 가르치고 땅 끝까지 선포해야 할 복음이며 쉐마의 말씀이다!

신약 성경에 계시된 우리이신 하나님

신약에서도 하나님을 우리로 계시한다.

"진실로 진실로 네게 이르노니 우리 아는 것을 말하고 본 것을 증거하노라 그러나 너희가 우리 증거를 받지 아니하는도다"(요3:11)

이 말씀에서 우리는 예수 그리스도와 제자들을 가리키는 것이 아니고 예수 그리스도와 아버지 하나님과 성령 하나님을 가리키는 것이다.

이 말씀은 예수 그리스도의 사역 초기에 하신 말씀인데 아직 거듭나지 못하고 영적 수준이 어린아이와 같은 제자들로서는 이 영적인 거듭남에 대한 말씀을 미처 깨달을 수도 없고 증거할 수도 없는 상태였다. 예수 그리스도는 제자들에게 말씀하실 때 자의로 말씀하시는 것이 아니라 아버지 하나님께서 자신 안에서 말씀하시는 것이라고 하셨고 또한 성령으로 증거하셨다고 했다. (요14:10, 행1:2) 즉 혼자 말씀하시는 것이 아니고 '우리(하나님)'가 증거하고 있다는 것을 확인시켜 주신 것이다.

예수님은 우리이신 하나님께서 성도를 성전 삼고 오셔서 거처를 저와 함께 하시겠다고 말씀하셨다.

"예수께서 대답하여 가라사대 사람이 나를 사랑하면 내 말을 지키리니 내 아버지께서 저를 사랑하실 것이요 우리가 저에게 와서 거처를 저와 함께 하리라"(요14:23)

성경은 성도를 하나님의 성전이라고 한다. (고전3:16,17, 고후6:16, 엡2:21) 성도를 성전 삼고 계시는 분은 당연히 하나님이시다. 예수 그리스도는 '우리가 저에게 와서 거처를 저와 함께 하리라'고 말씀하셨는데 이는 성도를 성전 삼고 계시는 하나님은 '한 분'이 아니라 '우리' 즉, 복수의 하나님인 사실을 말씀하신 것이다. 성도를 성전 삼고 거처하고 계신 그 분들은 누구인가, 천사인가? 천사는 하나님과 함께 사람을 성전 삼고 거처하는 존재가 아니다. 성도를 거처 삼고 계시는 우리는 성부 하나님과 성자 하나님과 성령 하나님이시다. 예수 그리스도는 고별 설교를 통해 아버지 하나님에 관해 말씀하실 뿐만 아니라 성령 하나님 의 존재와 사역에 대해 자세히 말씀하셨다. 먼저는 성령 하나님께서 성 도를 거처 삼고 그 안에 거하실 것이라고 말씀하시고 (요14:16,17) 다음 은 성자 하나님이신 자신이 다시 와서 성도 안에 거하실 것을 말씀하 시고 (요14:18-20) 마지막은 성부 하나님을 거론하면서 '우리가 저에게 와서 거처를 저와 함께 하리라'고 말씀하셨다. 성도 안에 거처를 삼고 계신 '우리'는 성부 하나님과 성자 하나님과 성령 하나님인 것이다. (이 부분은 4장 '삼위일체 비밀은 천국복음의 비밀'에서 자세하게 다룰 것 이다.)

예수 그리스도는 고별 설교를 통해 하나님은 우리라는 비밀을 반복 해서 말씀하셨다. (요14:23, 17:11, 21, 22)

"우리와 같이 저희도 하나가 되게 하옵소서" (요17:11)

"아버지께서 내 안에 내가 아버지 안에 있는 것 같이 저희도 다 하나 가 되어 우리 안에 있게 하사 세상으로 아버지께서 나를 보내신 것을 믿게 하옵소서 내게 주신 영광을 내가 저희에게 주었사오니 이는 우리 가 하나가 된 것 같이 저희도 하나가 되게 하려 함이니이다" (요17:21, 22)

성부 하나님과 성자 하나님과 성령 하나님께서 각각의 인격(신격, 위 격)을 지니신 우리로 존재하신다는 것을 확인할 수 있는 사건이 있는 데 예수 그리스도께서 침례 받을 때 나타난 삼위 하나님의 존재다.

"예수께서 세례를 받으시고 곧 물에서 올라 오실새 하늘이 열리고 하나님의 성령이 비둘기같이 내려 자기 위에 임하심을 보시더니 하늘로서 소리가 있어 말씀하시되 이는 내 사랑하는 아들이요 내 기뻐하는 자라 하시니라"(마3:16,17)

침례 받고 물에서 올라오시는 성자 하나님과 비둘기같이 임하시는 성령 하나님과 하늘에서 말씀하시는 성부 하나님께서 분명하게 구별이 되어 나타난 이 사건을 통해서 성부 하나님과 성자 하나님과 성령 하나님께서는 각각의 인격(신격, 위격)을 지니신 우리로 존재하신다는 것을 확인할 수 있다.

예수 그리스도와 아버지는 각각 구별되신 분이시며 예수님은 아버지께 기도했다.

"조금 나아가사 얼굴을 땅에 대시고 엎드려 기도하여 이르시되 내 아버지여 만일 할 만 하시거든 이 잔을 내게서 지나가게 하옵소서 그러나 나의 원대로 마시옵고 아버지의 원대로 하옵소서 하시고"(마26:39)

'나의 원대로 마시옵고 아버지의 원대로 하옵소서'라는 말씀은 아버지의 원하는 마음과 예수 그리스도의 원하는 마음이 다르다는 것을 보여 줌으로써 아버지와 예수님의 인격(위격, 신격)이 구별되어 있다는 사실을 밝혀주는 것이다. 아버지의 뜻이 있고 예수 그리스도의 뜻이 구별되어 있으며 (요12:49) 아들의 뜻이 있고 성령의 뜻이 구별되어 있다. (요16:13) 다만 아들은 아버지와 동등하지만 동등됨을 취할 것으로 여기지 않으시고 아버지의 뜻과 하나되기 위해 자의로 말씀하시지 않으시고 아버지의 말씀을 취하여 말씀하시고 그 말씀에 죽기까지 순종하신 것이다. (요12:49, 마26:39, 빌2:6-8) 또한 성령도 자의로 말씀하실 수 있으나 오직 아버지 하나님의 말씀을 증거한 예수 그리스도의 말씀만을 생각나게 하고 그 진리 가운데로 인도하시는 일을 하고 있는 것이다. (요14:26, 16:13)

지금까지 성경에 근거하여 살펴본 바 하나님은 우리로 존재하신다는 것이 성경의 절대적인 계시이다. 성부 하나님과 성자 하나님과 성령 하나님은 각각 구별되어 우리로 존재하신다.

"하늘에 증거하는 세 분이 계시니 곧 아버지와 말씀과 성령님이시라" (요일5:7,8)

아버지와 말씀이신 예수님과 성령님은 서로를 증거하시는 분이시다. (요5:37, 8:18, 14:16,17, 15:26, 17:6, 막9:23) 예수님은 성부 하나님과 성령 하나님의 존재와 영화로움을 증거하시고, 성령 하나님은 예수님과 성부 하나님의 존재와 영화로움을 증거하시고, 성부 하나님은 아들 하나님을 증거하신다. 필자의 개인적 체험으로도 이 진리를 간증할 수 있다. 성령을 통해 예수님께서 살아 계신 하나님이라는 사실과 그분의 어떠함과 영광과 그분의 증거를 믿었을 때, 성자 하나님의 증거를 통해 성부 하나님과 성령 하나님의 존재와 영광을 확신하게 되었고, 성부 하나님의 존재와 증거를 믿고 받을 때 성자 하나님과 성령 하나님의 존재와 어떠함을 확신하게 되었다. 독자께서 성자 하나님을 믿는다고 하면 그분의 증거를 통해 성부 하나님과 성령 하나님의 존재와 영광을 믿게 될 것이고 예수님을 통해 성령의 증거와 충만함을 받는다면 예수님이 살아 계신 하나님이 되신 것과 그분의 영광을 믿게 될 것이다. 결국 하나님은 서로를 증거하시는 세 분이 존재하심을 알게 될 것이다.

하나님의 유일한 속성 중에 하나가 모든 곳에 동시에 거하실 수 있는 무소부재성이다. 성부 하나님뿐만 아니라 예수님과 성령님도 하나님이시기 때문에 모든 성도 안에 동시에 거하실 수 있는 것이다. 하나님은 '하나'가 아니라 '우리'로 존재하시는 분이다. (요14:15-23)

"우리가 저에게 와서 거처를 저와 함께 하리라"(요14:23)

이러한 성경적인 진리에 대한 정통 신학자들의 견해는 무엇일까.

구별된 우리이신 하나님에 관한 정통 신학자들의 견해

터툴리안 (Tertullianus, 160-240년)

"하나님에게는 세 개체(person)가 있어서 모든 일에 피차 분명하게 구별되고 동등하니 성부와 성자와 성령이다. 따라서 성부는 성자가 아니고, 성자는 성령이 아니며, 성령은 성부와 성자도 아니다. 또한 각 개체는 다같이 영원하며(coeternal) 신성(the Divine)의 속성은 세 개체에 한결같이 공통된다."

이레니우스 (Irenaeus, 130-200년)

"한 아버지 하나님이 계시고, 한 분 아들 하나님이 계시고, 한 분 성령 하나님이 세 위격으로 분명하게 구분되어 계시며 통일성을 지닌 하나이시다."

칼뱅 (Jean Calvin, 1,509-1,564년)

"칼뱅은 '성자는 성부가 아니고, 성령은 성자가 아니며, 서로 어떤 특정에 의해 구별된다는 믿음에 일치한다면 삼위일체를 오해하는 전문 용어들을 아예 쓰지 않아도 무방하다'고 생각했다." [2]

동방신학자 닛사의 그레고리 (Gregory of Nyssa, 331-393년)

"닛사의 그레고리는 여기에서 유일한 차이점은 아버지는 아버지이고 아들이 아니라는 것이며, 아들은 아들이고 아버지가 아니며, 성령은 아버지도 아니고 아들도 아니라고 말함으로써 세 위격이 한 분 하나님으로써 동일하면서 세 위격으로 구별되어 지심에 대해 명확히 정의하고 있다. [3]

동방신학자 나지안주스 그레고리 (Gregory of Nazianzus, 330~390년경)

"하나의 신성으로 된 아버지, 아들, 그리고 성령을 경배할 것이다. 그들에게 아버지는 하나님이고 아들도 하나님이며 성령도 하나님이다. 그들은 지성적이고 완전하며 그들 자신이 개체적으로 존재하며 숫자적으로 구분되지만 신성 안에서는 구분되지 않는 세 위격으로 나타난 하나의 본성을 예배한다." [4]

동방교회 신학자 갑바도기아 바실 (Basil, 330-379년)

"또한 아버지, 아들, 그리고 성령에 대한 혼동되지 않고 분명한 개념을 갖기 위해 특유한 휘포스타시스(위격, 신격)를 고백하여야 함을 말한다."

"영감 받은 말과 그러한 말을 더 깊이 이해한 자들의 가르침에 따라 아버지는 하나님이요, 아들도 하나님이고, 성령도 하나님이라고 고백해야만 한다. 삼신론으로 우리를 비웃는 자들에 대한 응답으로 우리는 다음과 같이 대답한다. 즉, 하나님은 한 분이지만 본성에서 하나이며 수에서 하나가 아니라고 우리는 고백한다. 왜냐하면 숫자에서 하나라고 불리는 모든 것이 다 절대적으로 하나는 아니며 본성에 있어서 단일한 것도 아니기 때문이다. 그러나 하나님은 보편적으로 단일하고 합성되지 않은 분이라고 인정된다." [5]

서방교회 신학자 어거스틴 (Augustinus, 354-430년)

"성부는 성자가 아니시며, 성자는 성부가 아니시고, 성령은 하나님의 은사라고 해서 성부나 성자가 아니므로 확실히 그분은 세 분이시기 때문이다. 그래서 주께서 '나와 내 아버지는 하나이니라'고 하실 때에 주어를 복수로 쓰셨다. 그러나 어떤 셋이냐고 묻는다면 세 위격이라고 대답한다. 왜냐하면 이 용어가 뜻을 충분히 표현한다는 것이 아니라 전혀 아무 말도 하지 않을 수 없기 때문이다"

"그러나 삼위일체의 경우는 그렇지 않다. 성부만이 아버지시며 참으로 다른 두 분의 아버지가 아니라 성자에 대해서만 아버지이시다. 또 세 분이 아들이신 것이 아니다. 성부와 성령은 아들이 아니시다. 세 성령이신 것도 아니다. 성령이라는 이름을 고유명사로 쓸 때에는 그를 하나님의 은사라고도 부르는데 그 성령께서는 성부도 아니며 성자도 아니시다." [6]

지금까지 살펴 본 바와 같이 성경이 계시한 참된 하나님은 우리로 존재하시는 하나님이다. 성경뿐만 아니라 정통신학자들도 우리이신 하나님께서는 각각의 신격(위격, 인격)을 가지신 구별된 하나님이라고 일관되게 주장해 왔다. 만약 누가 성부 하나님과 성자 하나님과 성령 하나님께서 인격(위격, 신격)이 각각 구별되지 않고 단지 숫자인 하나라고 주장한다면, 그것은 성경에 계시된 참 하나님이 아니고 이단으로 규정된 양태론[樣態論, modalism]일 가능성이 높다.

양태론은 처음에 멜리토(~194), 프락세아스(200경), 사벨리우스(~260)와 같은 사람으로부터 시작되었는데 하나님의 세 인격의 존재를 인정하지 않고 오직 한 분, 한 인격의 하나님만을 인정하고, 한 하나님이 모양을 바꿔 가며 아버지가 아들의 모습으로 나타나시고, 아들이 성령의 모습으로 양태만 바꿔어서 나타났다고 하는 비성경적인 주장이다.

예컨대 한 가장이 아들에게는 아버지로, 아내에게는 남편으로, 회사에서는 사장의 역할을 하는 것과 같다는 주장이다. 하나님은 오직 한 존재인데 아버지와 아들과 성령의 세 가지 모습으로 나타났다는 것이다. 즉 삼위 하나님은 각각의 인격(신격, 위격)이 구별된 세 인격이 아니라 아버지는 아들이고, 아들이 아버지이고, 성령이 아들이고, 아들이 성령으로서 삼위는 세 인격이 아니라 한 인격(한 존재)이라는 것이다. 이러한 주장은 성경이 말씀하고 있는 우리이신 하나님에 대한 진리를 손상시키는 비성경적인 주장이다.

우리는 성경 계시의 원칙에 따라 먼저 우리이신 하나님에 대한 성경적인 분명한 진리를 전제하고서 이해할 필요가 있다. 그다음 우리가 되신 하나님의 전제 위에서 어떻게 우리(삼위)께서 하나되어 계신가를 성경적으로 추적해 보아야 한다.

성경은 삼위 하나님께서는 어떻게 하나되어 존재한다고 말씀하고 있을까?

2 하나되어 존재하시는 하나님

성경은 하늘에 계신 성부 하나님 (마5:48,6:1,7:11), 이 땅에 성육신하여 오셔서 고난받으신 성자 하나님 (요1:1-18), 믿는 자 안에 오셔서 거처 삼고 계신 성령 하나님 (요14:16,17)을 계시하면서 우리이신 하나님에 대해 세밀하게 말씀하고 있다. (창1:26, 3:22, 요17:22) 성경의 절대성을 믿는 정상적인 그리스도인이라면 성경의 계시에 따라 하나님은 우리로 존재하신다는 진리에 대해 확신을 가지고 아멘을 할 수 있을 것이다. 동시에 성경은 우리, 즉 세 분 하나님은 하나라고 말씀하고 있다.

"하늘에 증언하는 세 분이 계시니 곧 아버지와 말씀과 성령님이시라 또 이 세 분은 하나이시니라" (요일5:7,8)

"내게 주신 영광을 내가 그들에게 주었사오니 이는 우리가 하나가 된 것 같이 그들도 하나가 되게 하려 함이니이다" (요17:22)

주의할 것은 우리이신 하나님에 관한 진리의 빛만 보고 어떻게 우리가 하나되어 계시는지, 즉 하나되신 하나님에 관한 진리를 보지 못한다면 삼신론의 오류에 빠질 수도 있다. 독자들에게 이 영적인 진리의 빛이 비추어 지기를 소망한다.

삼위일체의 문제는 기독교 역사에서 수 많은 이단들을 탄생시켰다. 이는 삼위일체 진리를 인간이 이해할 수 없고 오히려 신앙에 있어서 걸림돌이 되는 교리로 전락시키며 성경의 계시에 따른 하나의 영적인 의미를 발견하지 못하고서 사람의 생각과 판단으로 잘못 해석했기 때문이다.

하나의 의미를 어떻게 보고 해석하는가 하는 것이 삼위일체 하나님에 대한 논쟁의 핵심이다. 이 부분을 잘못 이해하면 양태론에 빠지게 되어 성부 하나님과 성자 하나님과 성령 하나님의 존재는 인정하나 아버지가 아들이고 아들이 성령이라고 주장하는 '삼위일체론적 양태론'에 빠질 위험이 있다. '삼위일체론적 양태론'은 필자가 만든 용어로써 삼위일체를 인정하는 것 같으나 양태론으로 결론을 맺는 주장을 표현한 것이다. 따라서 하나님은 우리로 존재하실뿐만 아니라 어떻게 하나되어 계시는가에 대한 정확한 성경적인 의미를 발견하는 일은 매우 중요한 일이면서 삼위일체 논쟁을 끝낼 수 있는 해결책이 될 것이다.

성경이 말씀하시고 있는 우리(삼위)가 하나되어 계시다는 의미는 크게 네 가지이다.

첫째, 상호내주

'아버지가 내 안에, 내가 아버지 안에', 즉 삼위(성부, 성자, 성령)께서 상호 내주하여 계신 상태를 하나라고 한다.

둘째, 동일본질

아버지와 아들과 성령은 동일한 신성을 지니신 분, 즉 삼위는 동일한 본질을 가지고 계신 동등한 하나님이라는 의미에서 하나라고 한다.

셋째, 상호교통

삼위는 영원 전부터 서로 사랑의 교제 속에서 사랑으로 하나되어 계시다는 의미에서 하나라고 한다.

넷째, 한 사역

삼위는 동일한 목표와 사역을 가지고 계시다는 의미에서 하나라고 한다.

상호내주 상호내주(페리코레시스, perichorésis; 헬)로서 하나

예수 그리스도는 아버지와 아들이 하나라고 하셨다. 예수님이 말씀하신 이 하나의 용어는 무엇을 의미한 것일까?

"나와 아버지는 하나이니라" (요10:30)

예수님 자신과 아버지가 몸이나 인격이 하나라는 숫자로서 사용하셨다고 이해할 수도 있을 것이다. 38절에서 예수 그리스도는 하나의 의미를 이렇게 풀어서 설명하신다.

"내가 행하거든 나를 믿지 아니할지라도 그 일은 믿으라 그러면 **너희가 아버지께서 내 안에 계시고 내가 아버지 안에 있음을 깨달아 알리라**" (요10:38)

이 말씀의 바른 의미는 **'아버지께서 내 안에 계시고 내가 아버지 안에 계신 상태'**를 말하는 것이다.

요한복음 17장 21-22절의 말씀이다.

"21 아버지여, 아버지께서 내 안에 내가 아버지 안에 있는 것 같이
22 우리가 하나가 된 것 같이"

21절의 '아버지가 내 안에 내가 아버지 안에'라는 말씀을 22절에서는 '우리가 하나'라는 말씀으로 바꿔서 표현하신다. 아버지와 아들이 하나라고 하신 말씀은 몸이나 인격이 하나이거나 아들이 아버지라는 의미로 사용한 것이 아니고 **상호 내주하여 계신 상태**를 말씀하신 것이다. 이것이 성부와 성자와 성령이 하나라는 바른 성경적 해석이다.

"아버지와 아들 안에 아들이 아버지 안에" (요10:31,38, 14:10,11,20, 17:21,22)

필자는 성령의 감동으로 이 하나는 숫자가 아니고 상호 내주하여 계신 상태를 말씀하고 있다는 사실을 확신할 수 있었으며 이 부분에 대한 명쾌한 해석만이 삼위일체의 오해를 풀 수 있다는 확신을 갖게 되었다. 이 사실을 깨닫고 다시 교회사를 보게 되었을 때 이미 믿음의 선

지자들이 삼위일체를 '상호내주'라는 용어를 사용하여 설명하고 있는 것을 알 수 있었다.

성경에 나타난 삼위 하나됨에 대한 하나님의 존재양태(存在樣態)를 신학용어로 '상호내주'라고 한다. 동방교회의 대표적인 세 신학자들은 '페리코레시스(perichorésis)' 즉 '상호내주, 상호침투, 상호순환'이라는 의미를 가진 단어를 사용하여 '삼위가 어떻게 하나인가'를 설명했다. 그리고 이 단어를 사용하여 칼뱅도 '삼위의 하나됨'을 설명하였다.

"이처럼 삼위가 서로에 대해 구별되는 독립적인 존재라면 삼위는 어떻게 하나가 되는 것인가라는 의문이 당연히 제기된다. 칼뱅에게 삼위는 각각이 구별된 하나님이지만 서로가 상호내주(perichoresis)의 관계를 통해 하나로 연합되어 있다. 칼뱅은 동방의 교부들이 강조하던 상호내주라는 개념을 통해 삼위의 내적 통일성을 확보하고자 하였다. 세 실재는 서로 구별되지만 또한 상호 관계에 의해서 서로 나뉠 수 없는 존재였다. '질서를 가진 상호관계 안에 있는 세 구별된 위격들 (three distinct Person in their ordered interrelations in God)', 이것이 칼뱅의 삼위일체론의 요체이다." [7]

'우리'이신 하나님께서 '상호내주'하여 계신다는 진리는 '삼신론'과 '다신론'으로부터 성경적인 신관을 지켜주는 중요한 계시이다.

동일본질   하나님의 동일한 생명의 본질(우시아, usia; 헬, essence, substance; 영)로서 하나

'동일본질'을 쉽게 설명하면 성부와 성자와 성령 하나님은 동일한 신성을 가지고 계신 동일한 하나님이라는 뜻이다. 하나님의 본질은 무엇일까? '영'이라고 정의한다. 아버지 하나님은 본질상 영이시다.

"하나님은 영이시니" (요4:14)

성경은 예수님도 본질상 아버지와 동일한 '영'이라고 말씀하신다.

"주는 영이시니" (고후4:17)

성령은 당연히 이름 자체가 거룩한 영이시니 본질상 아버지와 동일한 영(Spirit)이시다. 따라서 성부와 성자와 성령은 하나님만이 가지고 있는 본질상 동일한 영이시다. 신학자들은 이것을 '동일본질', 헬라어로는 '호모 우시아'라는 용어를 채택하여 사용한다.

기독교 역사 속에서 많은 사람들은 삼위일체 용어에 대해 자의적으로 해석하는 오류를 범하고 그들만의 우상적인 신관을 만들어 놓았다. 일체의 단어를 몸이 하나라는 의미로 잘못 해석한 것이 대표적이다. 그러나 일체는 동일본질을 의미하는 것으로서 아버지와 아들과 성령은 본질이 각각 동등한 신성을 가지고 계신 하나님을 뜻하고 있는 용어다.

"그는 근본 하나님의 본체시나 하나님과 동등됨을 취할 것으로 여기지 아니하시고 오히려 자기를 비워 종의 형체를 가지사 사람들과 같이 되셨고 사람의 모양으로 나타나사 자기를 낮추시고 죽기까지 복종하셨으니 곧 십자가에 죽으심이라" (빌2:6~8)

일반적으로 몸을 뜻하는 체(體)자가 신체(身體)만 가리키는 단어라고 생각하지만 실상 다양한 용법으로 사용되는데 근본(根本), 본질(本質)이라는 의미로 사용되기도 한다. 삼위일체(三位一體)에서 삼위(三位)는 성부와 성자와 성령이 각각이 구별된 인격(신격)을 가지고 계신 세 분(우리)이심을 표현한 것이다. 그리고 일체(一體)는 몸이 하나라는 의미가 아니라 **성부와 성자와 성령 하나님께서 각각 본질적으로 동일한 신성을 가지고 계신 하나님**이라는 의미로 사용된 것으로 이해해야 한다. 중요한 것은 신학적인 용어나 그 해석이 아니고 성경에 계시된 하나님을 깨닫고 그 하나님을 믿는 것이다.

상호교통   하나님의 사랑(아가페, ajgavph) 안에서 상호교통으로서의 하나

'하나님은 사랑이시다'는 말씀의 의미 안에는 하나님은 한 분 이상이며 우리로 존재하신다는 것을 계시한다.

18세기 미국의 대표적인 신학자 조나난 에드워드는 이렇게 말했다.

"요한일서의 '하나님은 사랑이라'는 말씀은 하나님 안에 한 분 이상의 위격이 존재한다는 것을 보여줍니다. 이 말씀은 하나님에게 있어서 사랑은 본질적이고 필연적인 것이며 하나님의 본성이 사랑이라는 것을 보여주고 있기 때문입니다. 그리고 이는 영원하고도 필연적인 사랑의 대상이 존재함을 의미합니다."

하나님 자체가 사랑으로서 성부와 성자와 성령 하나님은 창세전부터 사랑의 관계 속에서 함께 교통하던 하나님이시다.

"하나님이 이르시되 우리의 형상을 따라 우리의 모양대로 우리가 사람을 만들고 그들로 바다의 물고기와 하늘의 새와 가축과 온 땅과 땅에 기는 모든 것을 다스리게 하자 하시고"(창1:26)

"아버지여 창세 전에 내가 아버지와 함께 가졌던 영화로써 지금도 아버지와 함께 나를 영화롭게 하옵소서... 아버지여 내게 주신 자도 나 있는 곳에 나와 함께 있어 아버지께서 창세 전부터 나를 사랑하시므로 내게 주신 나의 영광을 그들로 보게 하시기를 원하옵나이다"(요17:5,17)

하나님은 사랑이시다. (요일4:8,16) 사랑은 혼자 하는 것이 아니고 이타적인 것이다. 하나님이 사랑이라는 것은 하나님은 사랑의 관계성을 가진 사랑의 공동체를 이루고 있다는 의미다. 태초부터 성부와 성자와 성령 하나님은 사랑의 교제를 하며 사랑의 관계성을 이루고 계신 하나님이시다. (창1:26, 요17:5,23,24, 고후13:13, 요일1:21-3, 4:8,16, 요1:1, 요17:5,23,24) 이러한 의미에서 성경은 삼위 하나님을 하나라고 말씀하시는 것이다.

이러한 관계성을 강조한 것을 신학적인 용어로 '관계적 삼위일체론(Triune God in relation)'이라고 한다. 우리이신 하나님 사이에 상호 간 사랑은 육체적 사랑인 에로스(Eros)도 아니고, 친구간의 우정인 필레오(Phileo)도 아니고, 부모의 사랑인 스톨게(Storge)도 아닌 신적 사랑인 아가페(Agape)를 말한다. 우리이신 하나님은 이러한 신적 사랑인 아가페(Agape)로 하나되어 계신 사랑의 공동체이시다.

한 사역 하나님의 한 사역(One Ministry of God)안에서 하나

성부와 성자와 성령 하나님은 창조 사역이 하나고 구원 사역도 하나고 말씀 사역 역시 하나다. 예수 그리스도와 성령은 자의로 말씀하시지 않고 아버지의 말씀을 그대로 하셨고 함께 말씀하신다고 하셨다. 아들이 말씀할 때 아버지도 아들 안에서 말씀하시고 아들이 일할 때는 아버지도 아들 안에서 함께 일하신다. (창1:1,26, 시149:2, 요1:1-3, 3:11, 10:28-30,37,38, 14:10,11, 26:,16:13)

"나는 아버지 안에 있고 아버지는 내 안에 계신 것을 네가 믿지 아니하느냐 내가 너희에게 이르는 말이 스스로 하는 것이 아니라 아버지께서 내 안에 계셔 그의 일을 하시는 것이라" (요14:10)

예수님이 증거할 때 혼자 증거하는 것이 아니고 성부 하나님과 성령 하나님께서 함께 증거하시는 것이다.

"진실로 진실로 네게 이르노니 우리 아는 것을 말하고 본 것을 증거하노라 그러나 너희가 우리 증거를 받지 아니하는도다" (요3:11)

"예수께서 행하시며 가르치시기를 시작하심부터 그가 택하신 사도들에게 성령으로 명하시고" (행1:1,2)

성령께서 자의로 말씀하실 수 있으나 한 사역을 갖기 위해서 아들이 자의로 말씀하지 않고 아버지의 말씀을 증거한 그 말씀을 생각나게 하고 그대로 말씀하신다.

"그러하나 진리의 성령이 오시면 그가 너희를 모든 진리 가운데로 인도하시리니 그가 자의로 말하지 않고 오직 듣는 것을 말하시며 장래 일을 너희에게 알리시리라"(요16:13)

"보혜사 곧 아버지께서 내 이름으로 보내실 성령 그가 너희에게 모든 것을 가르치고 내가 너희에게 말한 모든 것을 생각나게 하리라" (요14:26)

아버지와 아들과 성령은 한 사역의 목적을 위해서 각각의 뜻과 의지를 가지고 계시지만 아들은 아버지의 말씀을 하고 성령은 아버지의 말씀을 증거한 아들의 말씀을 증거하고 또한 삼위께서 각각 말씀하실 때 함께 말씀하고 증거한다. 이런 의미에서 우리이신 하나님을 하나라고 한다.

이와 같이 크게 4가지로 우리이신 하나님의 의미를 정리할 수 있다.
첫째, 상호 내주하고 하나되어 계신 하나님
둘째, 삼위는 신성에서 동일한 본질을 가지고 계신 하나님
셋째, 삼위는 사랑으로 상호 교통하고 계신 하나님
넷째, 삼위는 동일한 한 사역을 행하고 계신 하나님

이 네 가지 '하나됨'의 성경적인 의미 안에는 결코 인격이 하나이거나 몸이 하나라는 의미는 포함되지 않는다. 또한 아버지가 아들이고, 아들이 성령이고, 성령이 아버지라는 의미 역시 포함되지 않는다. 성경이 계시한 하나님은 우리이신 하나님이시다. 성부만이 하나님이라고 믿

는 것은 우상을 믿는 것이다. 성부와 성자만 하나님으로 믿는 것도 우상을 믿는 것이다. **참 하나님은 성부 한 하나님과 성자 한 하나님과 성령 한 하나님, 즉 우리이신 하나님이시다.**

성경에 계시된 참 하나님은 우리이신 하나님께서 상호 내주하여 계시고 각각의 동일한 신적 생명을 가지고 계시고 하나님의 사랑과 사역 안에서 하나되어 계신 하나님이시다. 이렇게 우리가 하나되어 계신 하나님은 오직 한 분밖에 없는 것이다. 우리는 하나님은 한 분이라고 할 때 먼저 우리이신 하나님을 떠올려야 되고 그 다음은 상호내주, 동일본질, 상호교통, 한 사역 안에서 하나되어 계신 분으로서 우리가 하나되신 성경의 하나님을 떠올려야 한다. 성경은 이러한 하나님은 한 분 밖에 없다고 선언한다. 성경이 계시한 이러한 우리가 하나가 되신 하나님을 믿는 믿음이 참 하나님을 믿는 성경적인 믿음이다.

삼위일체(三位一體) 용어 이해

'삼위일체[三位一體]' 용어는 어떤 의미를 지니고 있을까?

신학자들은 성부 하나님과 성자 하나님과 성령 하나님은 각각이 구별된 인격(Person)을 지니고 계시다는 의미로서 '삼위[三位]'라는 단어를 사용했고 이 세 인격은 하나님의 동일한 본질(essence, substance)을 가지고 있다는 의미로서 '일체[一體]'라는 단어를 사용했다.

'삼위일체' 용어에는 신학적인 두 가지 중요한 단어가 포함되어 있는데 첫 번째 단어는 '인격'을 의미하는 라틴어 '페르소나(persona)'라는 단어인데 '삼위일체[三位一體]'에서 '위[位]'에 해당한다.

두 번째 단어는 '본질'을 의미하는 그리스어 '우시아(usia)'인데 '삼위일체[三位一體]'의 '체[體]'에 해당한다. '삼위일체[三位一體]'에서 '위[位]'에 해당하는 '페르소나(persona)'는 의지와 이성을 갖추고 있는 독립된 실체를 의미하는 것으로서 영어로는 인격을 의미하는 '퍼슨(Person)'에 해당하며 헬라어로는 '휘포시타시스(위격, 본체, 실체)'라고 한다. 따라서 '삼위일체[三位一體]'에서 '삼위[三位]'가 의미하는 바는, 하나님은 세 분으로서 의지와 이성을 갖춘 각각의 독립된 세 실체, 또는 세 인격(신격, 위격)이라는 의미로 사용되었다.

'삼위[三位]' 용어는 이단 신관인 양태론과 단일신관을 배격하고 아버지 하나님과 아들 하나님과 성령 하나님께서 각각의 독립된 세 실체라는 것을 분명하게 보여 주는 함축된 신학적 용어이다. 성경에서 '우리이신 하나님'에 해당한다. (창1:26, 3:22, 요17:21,22)

'체[體]'에 해당하는 그리스어 '우시아(usia)'는 '본질'을 뜻하는데 라틴어로는 '에센티알(essential)'이라고 하고 영어로는 '에센스(essence 본질)', 또는 '섭스턴스(substance본질, 실체)'라고 한다. '우시아(usia)'는 '있다'의 의미인 '에이나이(einai)'에서 파생된 단어로서 플라톤은 이 단어의 의미를 항상 변하지 않는 불가시(不可視)의 이데아라는 의미로 보았고, 아리스토텔레스는 다른 것으로부터 떨어져서도 존재할 수 있는 자존존재(自存存在)를 의미한다고 하였다. 성경적인 관점에서 '우시아(usia)'는 변하지 않고 스스로 자존하시는 하나님의 본질을 의미하는 용어이다. 이렇게 볼 때 삼위일체에서 '우시아'을 의미하는 '체[體]'는 하나님의 몸을 가리키는 것이 아니고 항상 변함이 없고 다른 것으로부터 떨어져서도 스스로 존재할 수 있는 자존존재(自存存在)하시는 하나님의 본질을 가리키는 용어로 이해해야 된다. 따라서 '삼위일체[三位一體]'에서 '일체[一體]'라는 용어의 의미는 성부 하나님과 성자 하나님과 성령 하나님께서 '몸이 하나'라는 의미가 아니고 세 분 모두 하나님의 동일한 본질을 지니고 계신 하나님이라는 의미이다. 신학 용어로는 이러한 의미를 '동일본질[同一本質]', 즉 '호모우시오스'(헬)이라고 한다.

위[位] 위격(신격, 인격), 페르소나, Person, 휘포시타시스
체[體] 본질, 우시아(usia), 에센티알(essential), 에센스(essence 본질), 섭스턴스(substance 본질, 실체)
삼위[三位] 세 인격(세 위격, 세 신격), 쓰리 퍼슨스(Three Persons)
일체[一體] 동일본질, 호모우시오스

삼위(우리) 하나님에서 '하나'의 의미를 성경적으로 바로 이해하기 위해서 히브리어에 나타난 '하나'의 의미를 파악해 보면 성경적 의미에

접근하는데 도움이 된다.

3 히브리어에 나타난 하나의 참된 의미

성경은 하나님을 '하나'라고 말씀한다.

"이스라엘아 들으라 우리 하나님 여호와는 오직 하나(אֶחָד)인 여호와시니" (신6:4)

여기에서 '하나'는 히브리어의 숫자 '하나'를 뜻하는 '야히드'가 아니고 '복합적인 단일'이라는 의미를 지닌 '에하드'라는 단어가 사용되었다. 확실하게 기억해야 할 것은 구약 성경에서 하나님을 '하나'라고 할 때 사용된 단어는 '야히드'가 아니고 '에하드'이다.

에하드 함께, 완전한 연합, 통일된 하나, 하나됨, 복합적인 단일,
         유일한 (창2:23, 겔37:17)
야히드 독자, 한 개체 (삿11:34, 렘6:26, 슥12:10)

에하드의 성경적 의미

신명기 6장 4절에 사용된 '에하드'는 삼위일체의 본질적 의미를 계시해 주는 성경적인 단어이다. 하나님께서 '하나'라고 할 때 사용된 '에하드'는 한 개체의 의미가 아니고 여러 개체가 존재하지만 여러 개체가 '완전한 연합'을 통해 통일성과 일치성을 이루고 있고 '함께 있다'는 의미로서 삼위일체 하나님을 가장 잘 계시한 용어라고 볼 수 있다.

바이블렉스에서는 에하드를 이렇게 설명하고 있다.

"같음, (창40:5, 욥31:15) 소수(몇), (창27:44, 창29:20, 단11:20) 한 사람과 같이, 함께, (삿20:8, 삼상11:7, 스2:46, 스6:20, 전11:6, 사65:25) 각각, 제각기, 모두 다 (출36:30, 민7:3, 7:85,28:21, 왕상4:1, 왕하15:20, 민7:11, 13:2, 수3:12) 등...

일치의 개념은 장막과 관련되는데 장막의 휘장은 함께 동여져서 하나의 단위를 이루었다. (출26:6, 출26:11, 출36:13) 아담과 이브는 '한 몸'으로 묘사되는데 (창2:24) 이 말은 성적 결합 이상의 의미를 내포하고 있다. 창34:16에서 세겜은 사람들을 '한 민족'이 되도록 야곱의 자녀들과 통혼할 것을 제안한다. 후에 에스겔은 상징적으로 두 개의 지팡이를 연합해 놓으면서 분단된 이스라엘 나라가 언젠가는 재결합되리라는 것을 예언한다. (겔37:17) 또다시 유다와 에브라임은 한 왕을 모신 한 국가가 될 것이다. (겔37:22) 일치 속의 다양성은 에하드의 복수형 아하딤을 취한다는 사실도 고찰된다." [8]

우리이신 하나님을 하나라고 표현된 에하드가 성경에서 처음 사용된 곳은 놀랍게도 우리이신 하나님의 형상과 모양대로 지음 받은 부부를 창조하시고 한 몸이라고 말씀하실 때이다.

"이러므로 남자가 부모를 떠나 그의 아내와 합하여 둘이 한(에하드) 몸을 이룰지로다" (창2:24)

'한 몸'에서 '한'은 하나님이 '하나'라고 할 때 사용된 '에하드'로 말씀하신 사실에 주목할 필요가 있다. 남자와 여자는 분명하게 구별된 인격을 가진 두 개체이지만 하나님께서는 두 개체를 한 몸이라고 말씀하신 것이다. 따라서 한 몸 된 부부에서 사용된 하나(에하드)의 의미는 삼위 하나님께서 몸이 하나라는 의미가 아니라는 것을 밝혀주고 있는 것이다.

하나님은 형상과 모양을 가지고 있다. (창1:26) 하나님의 형상과 모양이 무엇을 의미하는 것일까?

이는 우리이신 하나님께서 하나(에하드: 연합, 일치, 통일, 함께, 교통)되어 있는 영적 상태를 가리킨다. 즉 삼위일체 자체가 하나님의 형상이요 모습인 것이다. 이 우리가 하나되어 계신 하나님의 형상과 모양을 따라 지음을 받은 존재가 부부다. (창1:26,27)

창세기 1장 26, 27절은 하나님의 형상과 모양대로 지음을 받아 한 몸 된 부부의 상태를 하나님의 형상과 모양이라고 말씀한다. 따라서 부부는 우리가 하나이신 하나님의 형상이며 보이지 않는 하나님의 형상의 표현인 것이다. 그래서 부부를 성경적으로 깨닫게 될 때 우리가 하나이신 하나님의 형상의 의미를 깨달을 수 있는 것이다.

부부의 관계처럼 각각의 독립된 인격을 가진 개체로서의 둘은 동일한 생명을 가진 존재로서 둘이 하나이듯이 삼위 하나님은 각각의 독립된 인격(신격)을 가진 우리가 되지만 하나님의 본질적인 동일한 신성과 생명을 지닌 분으로서 하나(에하드)가 되신다. 부부가 둘이지만 서로 사랑의 교통을 나누며 함께 하는 사랑의 공동체로서 하나이듯이 삼위 하나님은 영원 전부터 서로 사랑의 교통을 나누고 계신 사랑의 공동체로서 하나되어 존재하신다.

우리가 하나이신 하나님의 형상이 투영된 부부를 통해서도 양태론은 성경적인 신관이 아니라는 사실을 알 수 있다. 부부는 성경적으로 한 몸이라고 하지만 남자와 여자는 각각의 구별된 개체이다. 이 두 개체를 성경적으로는 한 몸이라고 하지만 남자는 여자가 아니고 여자는 남자가 아닌 것이다. 남자와 여자는 모두 사람이지만 남자와 여자는 구별된 인격체요 개체이다. 하나의 의미를 잘못 오해해서 남자를 여자라고 하고 여자를 남자라고 주장한다면 그것이 바로 이단인 양태론의 논리가 되는 것이다. 성부와 성자와 성령은 동일한 하나님이지만 인격체가 하나인 것은 아니고 각각 구별된 하나님으로 존재하신다. 성부 하나님과 성자 하나님과 성령 하나님은 동일한 신격을 가지고 계시지만 명확하게 구별되어 있는 사실을 알아야 한다. 부부가 한 몸이라고 해서 남자가 여자가 아니듯 삼위는 모두 동일한 하나님이지만 성부 하나님은 성자 하나님이 아니고 성자 하나님은 성령 하나님이 아니고 성령 하나님은 성부 하나님이 아닌 것이다.

기독교 유대인이 해석한 신명기 6장 4절

신명기 6장 4절은 유대인들이 토라 중에서 가장 중요한 '쉐마'로 여기며 신앙고백처럼 기도하고 가르친 말씀이다. 영화 '회복'에서 온갖 위험을 무릅쓰고서 노란색 티셔츠를 입고 이스라엘의 거리에 나가 현수막을 들고 전도하는 유대인 선교단체 'Jews for Jesus'가 등장한다. 유대인을 전도하기 위한 목적으로 그들이 만든 전도용 글을 보면 유대인들이 신명기 6장 4절을 어떻게 이해하고 있는지를 알 수 있다. 이 전도용 책자의 글은 유대인들이 가장 잘 알고 있는 쉐마인 신명기 6장 4절부터 '삼위일체'를 설명하고 있다.

이스라엘아 들으라 우리 하나님 여호와는 오직 하나인 여호와시니
(신6:4)

"히브리어 성경은 하나님이 유일하신 분임을 확신시켜 줍니다. 이렇게 유대인들은 항상 쉐마(신명기6장 4절 이하)로 기도했습니다. '오 이스라엘이여 들으라 우리 주 하나님은 한 분이시니'. 유대교인들은 이 구절에서 하나님은 한 분이시라는 것을 강조하지만 이곳에서 사용된 '하나'의 히브리어 의미는 그 분은 한 분 이상이라는 복수의 개념이 동시에 담겨져 있습니다. 또 다른 증거는 하나님의 이름이 복수의 개념으로 사용되어지고 있다는 것입니다. 히브리어에서 하나님이라고 부르는 말 중에서 '엘로힘'이라는 단어를 사용하는데 이것은 복수 형태의 단어입니다. 엘로힘의 단수는 엘로아(Eloah)인데 단수 형태 하나님은 복수형태보다 약 1/10정도 사용되어졌습니다. 창세기 20장 13절에서 보는 것처럼 복수형태의 엘로힘 주어는 복수형의 동사들을 수반합니다. 복수형명사는 창세기 1장 26절처럼 그분 스스로를 지칭하기도 합니다. 이스라엘 기도문 쉐마에서 나타나는 '하나'는 히브리어로 '에하드'인데 이것은 '유일하다'는 것 이상의 뜻이 내포되어 있습니다. 이 말은 '연합되어진 하나, 혹은 다양성'을 지칭합니다.

이와 같은 예는 성경의 여러 곳에서 발견할 수 있습니다. 창세기 1장 5절, 2장 24절, 에스라2장 64절, 그리고 에스겔 37장 17에서는 이렇게 설명합니다. '저녁과 아침이 연합하여 한 날이 되고, 남자와 여자가 하나가 되고, 여러 명이 하나의 회중이 되고, 두개의 막대기가 하나가 됩니다'. 개별적 하나를 나타내는 히브리어 '야히드(yachid)'라는 단어가 있습니다. 주후 1,135-1,204년 동안 스페인에 살았던 마이모나이드스(Maimonides)라는 유명한 랍비도 [믿음의 13가지]라는 제목의 글에서 하나님의 성품을 야히드가 아닌 에하드의 하나님이라 부르고 노래했습니다.

[Jews for Jesus] [9)]

유대교 내에서 연합된 한 분의 하나님을 내동화시켰음에도 불구하고 성경은 하나님의 연합 속에 다양성이 있음을 분명하게 보여주고 있습니다. 유대인 신비주의 책에서 조차도 복수 개념 속에 연합된 하나가 외국인 사고가 아닌 유대인 사상이라고 깨달았습니다. 중세 유대 신비주의 사상은 크리스천의 삼위일체 신학과 많은 차이가 있지만 한 분 안에 복수적 개념을 고수하고 있습니다. 조할이 쉐마 속에서 언급한 것을 읽으면 다음과 같습니다. '들으라 이스라엘아, 우리 하나님 여호와는 오직 하나인 여호와시니'.

"이 세 개는 하나입니다. 어떻게 세 개의 이름이 하나가 됩니까? 그것은 오직 믿음의 인식을 통해서만 가능한 것입니다. 성령님의 비전과 감추어진 눈으로 그것을 바라볼 때만이 가능한 것입니다. 고대 이스라엘 주변국은 다신론적인 환경 속에 있었고 이들 주변 우상의 나라들을 흡수하려고 하였습니다. 히브리어 성경은 세 분의 인격체 속에서 하나됨을 강조하고 있습니다. 신약성경이 쓰여진 시대에는 더이상 우상이 크게 문제시되지 않았습니다. 신약성경에는 하나님 아버지, 메시아되신 예수 그리스도를 지칭하는 하나님의 아들과 성령 하나님이 분명하게 나타나 있습니다. 그러나 이런 삼위일체 사상은 쉐마라고 지칭되는 신명기 6장4절에서 언급되어 있는 하나님이 한 분이시라는 것과 아무런 문제가 되지 않습니다. 성경은 사람이 하나님이 되는 것을 가르치지 않고 메시아가 사람이면서 하나님이 되신다고 설명하고 있습니다.

이사야 9장 6절은 장차 오실 메시아를 이와 같이 말하고 있습니다. '이는 한 아이가 우리에게 났고 한 아들을 우리에게 주신 바 되었는데 그 어깨에는 정사를 메었고 그 이름은 기묘자라, 모사라, 전능하신 하나님이라, 영존하시는 아버지라, 평강의 왕이라 할 것임이라'

만약 하나님이 3개의 연합체라면 메시아가 하나님의 아들로 언급되어 있는 하나님으로 불려질 수 있을 것입니다. 이런 진리는 예수 그리스도를 믿는 유대인들이 성경을 주도면밀하게 연구한 결과 얻어진 것입니다. 이 글을 읽는 여러 유대인 여러분도 우리와 같이 우리 주 하나님은 한 분이시다는 말씀은 바로 세 분이 연합되어서 하나가 되었다는 사실임을 저희와 함께 믿기를 바랍니다." [10]

하나님의 '하나(אחד:)'에서 '하나(אחד:)'는 '연합되어진 하나, 혹은 다양성'이라는 의미가 분명한데도 숫자 하나인 '야히드'의 개념으로 해석함으로써 성경에서 벗어난 이단 사설인 단일신론(군주신론), 양태론, 종속론이 나오게 되었다.

4 삼위일체 진리를 왜곡한 거짓 교리

하나님을 표현한 '에하드(:אחד)'를 어떻게 보느냐에 따라서 영원한 생사가 결정된다고 할 수 있다. 유대교, 여호와의 증인, 이슬람교 등은 하나님을 숫자인 '하나'의 잘못된 개념에 집착하여 생긴 종교이다.

유일신론 (Monotheism)

유대교는 성자 하나님과 성령 하나님을 하나님으로 인정하지 않고 오직 성부 하나님만을 유일한 하나님으로 보고 있다. 이런 신관을 유일신관(唯一神觀)이라고 한다. 따라서 그들은 신명기 6장 4절의 '에하드'가 '복합적인 단일'이라는 의미를 가지고 있음에도 애써 숫자 하나로 해석하는 오류를 범하고 있다.

이슬람교도 유대교의 신관과 비슷한데 꾸란(이슬람교 경전)에서는 역시 삼위일체 신관을 철저하게 부정하며 이방신관이라고 주장한다. 그들은 기독교의 삼위일체 신앙을 극악한 신성모독죄(쉬르크)로 여기고 있다.

"하나님이 셋 중의 하나라 말하는 그들은 분명 불신자라. 하나님 한 분 외에는 신이 없거늘 만일 그들이 말한 것을 단념치 않는다면 그들 불신자들에게는 고통스러운 벌이 가해지리라"(Sura 5:73)

"하나님과 선지자들을 믿되 삼위일체설을 말하지 말라 너희에게 복이 되리라. 실로 하나님은 단 한 분이시니 그 분에게는 아들이 있을 수 없노라"(Sura 4:171)

단일신론 (Monarchianism)

단일신론(單一神論)은 유일신관과 같은 것처럼 보이나 좀 차이가 있다. 단일신론은 예수의 존재와 그의 구속사역과 성령에 관해서는 인정하면서도 오직 한 인격을 가진 하나님을 강조하는 견해이다. 여기서 발전된 것이 한 분 하나님께서 모양, 즉 형태(form)만 바꿔 가며 성부 하나님의 모습으로, 성자 하나님의 모습으로, 그리고 성령 하나님의 모습으로 나타났다고 주장하는 양태론이다.

단일신론(Monarchianism)에서 주장하는 'monarch(마너크)'의 뜻은 '군주'라는 의미로서 성부 하나님께서 군주처럼 하나님의 아들이신 그리스도와 성령님을 다스리고 지배한다는 의미를 내포하는 종속론의 토대가 되는 견해이다. 이 주장의 출발은 2~3세기경 다원적인 영지주의에 대한 반동으로부터 시작되어 성경에서 가르치는 유일신 사상을 옹호하는 것이었다. 그러나 이러한 주장은 그 생각이 지나쳐 성부 하나님만 하나님이고 성자와 성령은 성부 하나님보다 열등한 존재로 인식하며 예수 그리스도는 피조되었다고 하는 '종속설'과 예수 그리스도는 성령의 능력으로 하나님의 아들이 되었다는 '동적단일신론, Dynamic Monarchianism; 양자론)과 같은 비성경적인 이단 사설과 맥을 같이 하게 되었다.

종속론 (Subordinationism)

종속론(從屬論)은 성부 하나님만을 하나님으로 인정하고 성자와 성령을 피조물로 본다. 이 주장은 예수 그리스도는 신적 성질을 가진 분이기는 하지만 하나님 자신은 아니며 단지 성부에게 종속된 관계로 보면서 성령을 인격적인 존재로 보지 않고 하나님의 능력으로 보는 이단 이론이다. 대표적인 인물은 초대교부시대의 신학자인 오리겐(185-254

년)과 니케아 논쟁의 중심 인물인 아리우스(250? ~ 336년?)다. 이들은 모두 종속론자였다. 이들이 예수 그리스도는 피조물이라고 주장하는 근거가 되는 구절이 골로새서 1장 15절이다.

"그는 보이지 아니하시는 하나님의 형상이요 모든 창조물보다 먼저 나신(πρωτότοκος) 자니" (골1:15)

종속론자들은 예수 그리스도는 '모든 창조물보다 먼저 나신 자'라고 하였으니까 예수는 피조물이라고 주장한다. 그러나 골로새서 1장 15절에서 예수 그리스도를 가리켜 '모든 창조물보다 먼저 나신(πρωτότοκος) 자'라는 말씀의 의미는 예수 그리스도가 피조되었다는 의미로 사용된 것이 아니고 '예수 그리스도는 모든 창조물보다 먼저 부활한 부활의 첫 열매가 되었다'는 의미로 사용된 것이다. (고전15:23) 같은 장 18절의 '나신'이라는 의미가 어떤 의미로 사용되고 있는지를 통해서 이를 확인할 수 있다.

"그는 몸인 교회의 머리라 그가 근본이요 죽은 자들 가운데서 먼저 나신(πρωτότοκος) 자니 이는 친히 만물의 으뜸이 되려 하심이요" (골1:18) - 개혁한글
"그리스도는 또한 당신의 몸인 교회의 머리이십니다 그분은 모든 것의 시작이시고 죽은 자들 가운데서 살아나신 최초의 분이시며 만물의 으뜸이 되셨습니다" (골1:18) - 공동번역

골로새서 1장 15절의 '나신'이라는 원문은 '프로토토고스(πρωτότοκος, firstborn)'인데 18절의 죽은 자들 가운데서 그리스도께서

65

'부활하셨다'는 의미로 '프로토고스'라는 단어를 사용하고 있다. 그러므로 골로새서 1장 15절의 예수 그리스도께서 '모든 창조물보다 먼저 나셨다'는 것은 그리스도께서 피조되었다는 의미가 아니고 모든 피조물도 부활할 것이지만 모든 피조물보다 처음 부활하신 분이라는 의미인 것이다. (롬8:21, 계21:5, 고전15:23,24)

예수는 피조물이 아니고 하나님이지만 피조물의 모습, 즉 종의 모습으로 오신 하나님의 아들이다.

"너희 안에 이 마음을 품으라 곧 그리스도 예수의 마음이니 그는 근본 하나님의 본체시나 하나님과 동등됨을 취할 것으로 여기지 아니하시고 오히려 자기를 비어 종의 형체를 가져 사람들과 같이 되었고 사람의 모양으로 나타나셨으매 자기를 낮추시고 죽기까지 복종하셨으니 곧 십자가에 죽으심이라"(빌1:5-8)

양자론 (역동적 단일신론; Dynamistischer Monarchianismus)

역동적 단일신론이라고도 하는 양자론(養子論, Adoptionism)은 예수님이 우리와 똑같은 사람이었는데 하나님께서 그에게 성령을 부어서 아들을 삼았다는 견해이다. 예수님은 비록 동정녀에게서 태어났지만 처음에는 평범한 사람이었는데 세례를 받으실 때에 비로소 성령을 통해서 신적 요소가 부여되었다고 주장한다. 그들은 하나님은 한 분이시며 예수님은 성령을 통해 하나님과 역동적인 관계를 갖게 되어 하나님의 아들이 되었다는 것이다. 따라서 그들은 예수님이 하나님과 본질적으로 같은 하나님은 아니라는 것이다. 예수님이 성령을 통해 하나님의 양자가 되었지만 하나님은 아니라고 말한다. 따라서 양자론자들에게 있어서 예수 그리스도는 태초부터 존재하신 분이 아니라 사람이 하나님의 영을 받아 하나님의 아들이 된 것이고 하나님은 성부 하나님만 존재한다고 주장한다. 그러나 성경은 예수 그리스도께서 처녀의 몸을 통해 마리아로부터 태어나기 전, 아브라함이 태어나기 전, 태초부터 스스로 계셨던 성부 하나님과 함께 계셨던 하나님으로 계시하고 있다.
(요1:1-14,18, 8:56-58, 단7:9,22)

양태론 (Modalism)

양태론(樣態論)은 한 하나님이 세 양태, 즉 성부, 성자, 성령 하나님으로 나타났다고 하는 이론이다. 이 주장은 하나님은 '하나'라는 유일신관에 집착하면서 유일신관으로부터 삼위일체를 설명하다 보니 생긴 이단 이론이다. 2세기 후반에 사르디스(사데)의 감독이었던 멜리토는 양태론자라고 전해지고 있지만 최초의 양태론자는 노에투스(Noetus of Smyrna, 200?-225)라고 볼 수 있다. 그는 '성부가 친히 성육신하시어 그리스도가 되시고 고난 받고 죽었다가 스스로 부활했다'고 '성부수난설(聖父受難說, Patripassianism)'을 주장했다. 이런 주장을 했던 사람들이 사모사타의 바울, 프락세아, 노에투스, 사벨리우스와 같은 사람들이다.

한국에서도 몇몇 교회가 이러한 주장을 하고 있다. 이들과 동일한 주장을 하지는 않지만 한국의 정통교회와 신학대학에서도 양태론과 유사한 가르침이 지배하고 있다. 이를테면 성부 하나님과 성자 하나님과 성령 하나님을 각각 구별된 분으로 인정하지만 결론은 이 삼위가 하나이므로 성부 하나님이 성자 하나님이고 성자 하나님이 성령 하나님이라는 주장이다. 이것은 실상 변형된 양태론에 불과하다. 이들은 왜 이런 주장을 할까?

그 이유는 '하나'라는 성경적인 개념을 오해한 결과이고 다음은 성경에 그들이 그렇게 주장할 만한 오해되는 구절이 있기 때문이다.

이단신론		내 용	단체	설명
유대교 (유일신론)		숫자 개념의 한 하나님 오직 성부 하나님만 인정	유대교	하나님의 단일성만 강조
단 일 신 론	양태론	한 인격을 가진 한 분 하나님께서 아버지와 아들과 성령의 모습으로 바뀌어 나타남	사벨리우스 주의	한 하나님께서 아버지와 아들과 성령의 존재로 양태만 바꿔서 나타났다고 주장
	동적 단일신론	성령의 능력으로 예수 그리스도가 하나님 아들이 되었다.	에비온적 양자론	예수는 사람이었는데 성령을 받아 하나님의 양자가 되었다는 주장.
	종속론	오직 성부만 하나님, 아들은 피조물	아리우스 주의	예수는 피조물이라고 주장

5 양태론의 근거로 사용된 오해 요절들

① 이사야 9:6

"이는 한 아기가 우리에게 났고 **한 아들**을 우리에게 주신 바 되었는데 그 어깨에는 정사를 메었고 그 이름은 기묘자라 모사라 전능하신 하나님이라 **영존하시는 아버지라** 평강의 왕이라 할 것임이라" (사9:6)

이 말씀은 마치 아들이 아버지라는 의미로 이해될 수 있는 부분이다. '한 아들'은 분명하게 메시아이신 예수를 가리키고 있는데 그 이름이 '영존하시는 아버지라'고 하니까 아들이 아버지이고 아버지는 아들이라고 양태론자들은 주장을 하는 것이다. 양태론의 주장을 뒷받침하는 중요한 근거가 되는 요절이다. 과연 이 말씀이 아들이 아버지라고 말씀하고 있는 것일까? 이사야 9장 8절의 말씀은 '아들이 영존하시는 아버지'라는 의미가 아니고 **'아들의 이름이 영존하시는 아버지'**라고 말씀하고 있는 것이다. 다시 말하면 '아들 하나님이 아버지 하나님'이란 의미가 아니고 **'장차 아들 하나님이 아버지 하나님의 이름을 가지고 올 것'**을 예언한 말씀이다. 이 사실을 깊이 이해하기 위해서 '하나님의 이름의 비밀'에 대한 바른 이해가 필요할 것이다.

여호와의 이름은 아버지와 아들과 성령의 이름

구약에서 하나님의 이름 중 가장 많이 언급된 이름이 '여호와'이다. 일반적으로 사람들은 '여호와'는 성부 하나님만 가리키는 것이라고 생각한다. 그래서 '여호와여!'라고 부르면 성부 하나님을 향하여 부르짖는 것이라고 생각한다. 과연 성부 하나님만 여호와라는 이름을 가지고 있는가?

성경은 성부 하나님만 여호와라고 칭하지 않고 성자 하나님도 여호와라고 칭하고 있다. (슥11:12, 13, 14:3,4, 사11:40:3~5, 롬10:13-요엘2:32)

"내가 그들에게 이르되 너희가 좋게 여기거든 내 고가를 내게 주고 그렇지 아니하거든 말라 그들이 곧 은 삼십을 달아서 내 고가를 삼은지라 여호와께서 내게 이르시되 그들이 나를 헤아린 바 그 준가를 토기장이에게 던지라 하시기로 내가 곧 그 은 삼십을 여호와의 전에서 토기장이에게 던지고" (슥11:12)

이 말씀은 여호와께서 자신의 몸값이 은 삼십에 헤아린 바 되어 팔릴 것을 예언한 말씀이다. 예수님은 은 삼십에 팔렸고 그 몸값인 은 삼십은 성전에 던져졌으나 결국 그 돈은 나그네의 묘지를 만들기 위해 토기장이의 밭을 사게 됨으로써 예언이 성취되었다. (마26:15, 27:3-8)

인용된 구약	신 약
"나 여호와가 말하노라 그러나 그 날 후에 내가 이스라엘 집에 세울 언약은 이러하니 곧 내가 나의 법을 그들의 속에 두며 그 마음에 기록하여 나는 그들의 하나님이 되고 그들은 내 백성이 될 것이라" (렘31:33)	"또한 성령이 우리에게 증거하시되 주께서 가라사대 그 날 후로는 저희와 세울 언약이 이것이라 하시고 내 법을 저희 마음에 두고 저희 생각에 기록하리라 하신 후에" (히10:15,16)

"**여호와께서** 가라사대 가서 이 백성에게 이르기를 너희가 듣기는 들어도 깨닫지 못할 것이요 보기는 보아도 알지 못하리라 하여 이 백성의 마음으로 둔하게 하며 그 귀가 막히고 눈이 감기게 하라 염려컨대 그들이 눈으로 보고 귀로 듣고 마음으로 깨닫고 다시 돌아와서 고침을 받을까 하노라" (사6:9,10)

"서로 맞지 아니하여 흩어질 때에 바울이 한 말로 일러 가로되 **성령이** 선지자 이사야로 너희 조상들에게 말씀하신 것이 옳도다 일렀으되 이 백성에게 가서 말하기를 너희가 듣기는 들어도 도무지 깨닫지 못하며 보기는 보아도 도무지 알지 못하는도다" (행28:25,26)

이 예언의 말씀에서 여호와의 몸값은 예수님의 몸값을 가리키는 것이다. 곧 여호와는 예수님을 지칭한 표현이다.

성령도 역시 여호와의 이름을 가지신 하나님이다. 구약에서 '여호와'라고 언급된 말씀을 신약에서 인용하면서 '여호와'를 '성령'으로 대치하여 기록했다. (히10:15,16-렘31:33, 히3:7~9-시95:6~11, 행28:25,26-사6:9,10) 이는 여호와의 이름도 성령의 이름이 된다는 것을 말씀하고 있는 것이다. 구약에서 여호와의 이름은 성부 하나님뿐만 아니라 동시에 성자 하나님과 성령 하나님을 칭하는 이름이다. 따라서 여호와는 성부 하나님만 여호와가 아니고 성자와 성령도 여호와이기 때문이 여호와 자신을 '우리'라고 한 것이다.

"**여호와 하나님이** 가라사대 보라 이 사람이 선악을 아는 일에 **우리 중 하나같이** 되었으니 그가 그 손을 들어 생명나무 실과도 따먹고 영생할까 하노라 하시고" (창3:22)

여호와 하나님은 자신을 '우리'라고 말씀하셨다. '우리'는 성부와 성자와 성령 하나님을 가리키는 것이다. 따라서 여호와는 성부 하나님만 여호와가 아니고 성자 하나님과 성령 하나님도 여호와인 것이다. 그래서 신명기 6장 4절에서도 이렇게 말씀하셨다.

"이스라엘은 들으라 우리 하나님 여호와는 오직 하나인 여호와이시니" (신6:4)

'하나님 여호와'에서 '하나님'은 '엘로힘'으로서 복수인 '하나님들'이다. 이것을 원문대로 직역하면 '하나님들 여호와'라고 번역할 수 있다. 즉 **'여호와는 하나님들이며 성부 하나님과 성자 하나님과 성령 하나님'** 인 것이다. 따라서 성부 하나님도 여호와이시고 성자 하나님도 여호와이시고 성령 하나님도 여호와이신 것이다. 성부 하나님과 성자 하나님과 성령 하나님 모두가 동일한 이름을 가지고 계신 것이다.

예수의 이름은 아버지와 아들과 성령의 이름

이와 같이 신약에서는 '예수'의 이름은 아들의 이름이고 아버지와 성령 하나님의 이름이면서 동시에 성부와 성자와 성령 하나님의 이름인 사실을 밝히고 있다.
"그러므로 너희는 가서 모든 족속으로 제자를 삼아 아버지와 아들과 성령의 이름으로 세례를 주고"(마28:19)

이 말씀을 잘못 해석하여 세례를 줄 때 '아버지와 아들과 성령의 이름으로 세례를 주노라'하고 세례를 준다. 그러나 아버지의 이름으로 세례를 주라고 했는데 실상은 '아버지'라는 것은 이름이 아니다. 네 아버지의 이름이 무엇이냐고 물으면 '양성민'이 이름이지 '아버지'라는 단어가 이름이 아니다. 아들의 이름이 무엇인가? 물으면 '양권세'가 이름이지 '아들'이 이름이 아니다. 아버지와 아들과 성령의 이름으로 세례를 주라고 했다. 그러면 아버지와 아들과 성령의 이름은 무엇인가? 이 명령을 받은 예수님의 제자들이 누구의 이름으로 세례를 주었는지 말씀을 통해 확인해 보면 정확하게 알 수 있을 것이다. 그런데 제자들은 단한 번도 '아버지와 아들과 성령의 이름으로 세례를 주노라' 하면서 세례를 주지 않고 모두 예수 이름으로 세례를 주었다. (행2:28, 8:16, 10:48, 19:5, 22:16)

"이는 아직 한 사람에게도 성령 내리신 일이 없고 오직 주 예수의 이름으로 세례만 받을 뿐이러라"(행8:16)

이것을 통하여 예수의 이름이 아버지와 아들과 성령의 이름이라는 사실을 알 수 있다. 본래 '예수'라는 이름은 아버지의 이름이었다.

"나는 세상에 더 있지 아니하오나 저희는 세상에 있사옵고 나는 아버지께로 가옵나니 거룩하신 아버지여 내게 주신 아버지의 이름으로 저희를 보전하사 우리와 같이 저희도 하나가 되게 하옵소서 내가 저희와 함께 있을 때에 내게 주신 아버지의 이름으로 저희를 보전하와 지키었나이다 그 중에 하나도 멸망치 않고 오직 멸망의 자식뿐이오니 이는 성경을 응하게 함이니이다"(요17:10,11)

예수님은 '내게 주신 아버지의 이름'이라고 말씀했는데 이는 예수의 이름은 아버지의 이름인 동시에 아들의 이름이 되는 것을 밝히신 것이다. 또한 예수의 이름으로 성령이 믿는 자 안에 오셨으니 성령의 이름도 예수인 것이다.

"보혜사 곧 아버지께서 내 이름으로 보내실 성령 그가 너희에게 모든 것을 가르치시고 내가 너희에게 말한 모든 것을 생각나게 하시리라" (요14:26)

그러므로 '예수'의 이름은 본래 아버지의 이름이었으며 아버지 이름을 아들이 가져왔고 성령이 믿는 자 안에 가지고 오신 것이다.

영존하시는 아버지는 예수 이름의 비밀

이 아버지의 이름의 비밀을 깨닫게 되면 이사야 9장 6절의 정확한 본래 의미를 알 수 있을 것이다.

"이는 한 아기가 우리에게 났고 한 아들을 우리에게 주신 바 되었는데 그 어깨에는 정사를 메었고 그 이름은 기묘자라, 모사라, 전능하신 하나님이라, 영존하시는 아버지라, 평강의 왕이라 할 것임이라" (사9:6)

다시 말하지만 여기서 주목해야 할 것은 아들이 영존하시는 아버지라는 뜻이 아니고 '아들의 이름이 영존하시는 아버지'라는 사실이다. 이는 아들이 아버지의 이름으로 가지고 올 것을 예언한 말씀이다. (요 17:10,11)

만약에 아들이 영존하시는 아버지라는 것을 가리키는 것이라면 '우리에게 주신 한 아들이 영존하시는 아버지'라고 표현했어야 했다. 그러나 우리에게 주신 한 아들에 대해 **'그 이름은 영존하시는 아버지'**라고 말씀한 것은 아들이 영존하시는 아버지가 아니고 **'그 이름이 영존하시는 아버지'**라는 사실을 분명히 하기 위함이라는 것이다. 그러므로 이사야 9장 6절은 아버지 하나님이 아들 하나님이고 아들 하나님이 아버지 하나님이라는 의미가 아니다.

아버지가 아들이라는 주장의 두 번째 오해하고 있는 말씀이다.

② 요한 10:30

"나와 아버지는 하나이니라 하신대" (요10:30)

'나와 아버지가 하나'라는 의미는 아들 하나님이 아버지 하나님이고 아버지가 아들 하나님이라는 뜻이 아니고 숫자 하나를 뜻하는 것도 아니다. 예수 그리스도는 이 '하나'의 의미를 친절하게 요한복음10장 38절에서 설명하고 계신다.

"내가 행하거든 나를 믿지 아니할지라도 그 일은 믿으라 그러면 너희가 아버지께서 내 안에 계시고 내가 아버지 안에 있음을 깨달아 알리라" (요10:38)

이 말씀은 유대인들이 예수 그리스도께서 '나와 아버지는 하나'라고 하자 돌을 들어 치려고 할 때에 '하나'라고 한 의미가 무엇인지를 설명하신 말씀이다. '나와 아버지는 하나'라는 의미가 숫자 하나를 뜻하는 것이 아니고 '아버지께서 내 안에 계시고 내가 아버지 안에 있음'을 말씀하고 있는 것이다. 여기에서 '하나'라는 의미는 **'아버지와 아들은 분명하게 구별되어 계시면서 상호 내주하여 계신 상태를 의미하는 것'**이다. 따라서 요한복음 10장 30절은 결코 아들이 아버지이고 아들이 아버지라는 의미의 말씀이 아니다.

성도가 하나님과 하나된다고 해서 사람이 하나님이고 하나님이 사람이 된다는 의미가 아닌 것처럼, 아버지와 아들이 하나라고 해서 아버지가 아들이 된다는 의미가 아니다.

다음은 성자 하나님이 성령이라고 주장하는 근거로 제시하는 오해하고 있는 말씀이다.

③ 고전 15:45

"기록된 바 첫 사람 아담은 생령이 되었다 함과 같이 마지막 아담은 살려 주는 영이 되었나니"(고전15:45)

마지막 아담은 살려주는 영이 되었다는 말씀을 예수 그리스도가 성령이 되었다는 뜻으로 이해하면 될까? 이것은 억지 해석이다. 본래 하나님은 영이시다(요4:24). 하나님은 성부와 성자와 성령 하나님이시다. 말씀이 육신이 되었다는 것은 예수 그리스도가 본래 영으로 계셨는데 육신이 되셨다는 것을 의미한다. (요1:1, 14, 6:63)

성부와 성자와 성령 하나님은 본래 영이시다. 성부와 성자와 성령 하나님이 영이라고 해서 성자가 성령 하나님이 된다는 의미인가? 아니다. 마지막 아담이 살려주는 영이 되었다는 것의 바른 의미는 구속하시는 하나님이 되었다는 것이지 성령이 되었다는 의미가 아니다. 그러므로 성부 하나님이 성자 하나님이고 성자 하나님이 성령 하나님이라고 주장하는 근거로 제시하는 요절들은 사실 오해에서 비롯된 것이다. 성부는 성자가 될 수 없고 성자는 성령이 될 수 없다.

④ **고후3:17**

영은 하나님, 주의 영은 성령

"주는 영이시니 주의 영이 계신 곳에는 자유함이 있느니라" (고후3:17)
(the Lord is the Spirit, and where the Spirit of the Lord is, there is liberty. : NASB
Version)

양태론을 주장하는 이들은 이 구절을 인용하여 '주는 영'이라고 했으
니까 예수는 성령이라고 주장한다. '주는 영'이라는 말씀에서 '영(the
Spitir)'을 '성령'으로 해석하기 때문이다. 그러나 여기서 '영'은 성령을
지칭하는 것이 아니고 하나님의 본질을 지칭하고 있는 것이다.

"하나님은 영이시니 예배하는 자가 신령과 진정으로 예배할지니라"
(요4:24)

이 말씀에서 영이 성령을 가리키는 것일까? 여기서 영(the Spirit)은
성령(the Holy Spirit)을 가리키는 것이 아니고 하나님의 본질적인 특성
을 나타내는 용어이다. 마찬가지로 고린도후서 3장 17절의 '주의 영
(the Spirit of the Lord)'이라는 말씀에서도 영은 성령을 가리키는 것이
아니고 하나님의 본질적인 특성을 나타내고 있는 것이다. 즉, 예수 그
리스도는 본질적으로 하나님의 특성을 지니고 계신 분이라는 의미이다.
고린도후서 3장 17절의 '주는 영, 주의 영'은 예수님은 본질적으로 하
나님과 동등된 하나님 (빌2:6-8) 으로서 하나님의 모든 신성의 충만이
있고(골2:9) 하나님의 영광이 충만하게 거하는 하나님의 독생하신 영

광이요(요1:14) 본질적으로 하나님이라는 사실을 밝혀 주고 있다(요 1:8, 롬9:5). 예수가 하나님이라는 진리의 빛, 이것이 사도 요한이 본 그리스도의 영광의 복음의 광채이다. (요1:1-18, 요일1:1-4)

고린도후서 3장 17절의 '주는 영'이 되심, 즉 '예수 그리스도가 하나님'이라는 진리를 18절에서는 '주의 영광', 고린도후서 4장 3절에서는 '복음', 4절에서는 '그리스도의 영광의 복음의 광채', 그리고 5절에서는 '그리스도 예수의 주 되신 것'이라고 선언하고 있다.

"17절 주는 영이시니 주의 영이 계신 곳에는 자유함이 있느니라
18절 우리가 다 수건을 벗은 얼굴로 거울을 보는 것 같이 주의 영광을 보매 그와 같은 형상으로 변화하여 영광에서 영광에 이르니 곧 주의 영으로 말미암음이니라" (고후3:17,18)

"3절 만일 우리의 복음이 가리었으면 망하는 자들에게 가리어진 것이라
4절 그 중에 이 세상의 신이 믿지 아니하는 자들의 마음을 혼미하게 하여 그리스도의 영광의 복음의 광채가 비치지 못하게 함이니 그리스도는 하나님의 형상이니라
5절 우리는 우리를 전파하는 것이 아니라 오직 그리스도 예수의 주 되신 것과 또 예수를 위하여 우리가 너희의 종 된 것을 전파함이라
6절 어두운 데에 빛이 비치라 말씀하셨던 그 하나님께서 예수 그리스도의 얼굴에 있는 하나님의 영광을 아는 빛을 우리 마음에 비추셨느니라" (고후4:3-6)

고린도후서 4장 6절에서 예수는 주, 즉 '예수는 하나님'이라는 진리

는 '예수 그리스도의 얼굴에 있는 하나님의 영광'이라고 했다. 결국 '주
는 영'이라는 의미는 예수가 주 되심, 즉 예수는 하나님이라는 의미이
다. 이 진리의 빛이 바울이 말씀하고 있는 '주의 영광'이요, '복음'이요,
'그리스도의 영광의 복음의 광채'요, '예수 그리스도의 얼굴에 있는 하
나님의 영광'인 것이다. 예수가 '영', 즉 '하나님'이라는 진리의 빛을 보
게 하는 분은 '주의 영(the Spirit of the Lord)', 즉 '성령(the Holy Spirit)'
이다. (고후3:3,17,18, 요14:26, 고전12:3) 주의 영, 곧 성령은 예수께서 본
질적으로 아버지 하나님과 영원 전부터 스스로 계셨던 독생하신 창조
주라는 영광의 진리의 빛을 보게 하시는 분이시다.

고린도후서 3장 17절에서 '주는 영(the Spirit)이시니'라고 말씀하시고
는 이어서 '주의 영(the Spirit of the Lord)'이라고 말씀했는데 이는 '영'
과 '주의 영'을 구분하여 달리 표현하고 있는 것이다. '주는 영(the
Spirit)'에서 '영'은 성령을 가리키는 것이 아니라는 사실을 알 수 있다.

예수 그리스도와 '주의 영'은 명확히 구별된다. 만약에 같은 대상을
지칭하는 것이라면 '주의 영'이라고 표현하는 대신 '그가'라고 하거나
'주가'라고 표현했어야 한다. '주'라는 표현은 예수 그리스도가 하나님이
라고 표현할 때 주로 사용된 표현이고 (요20:28, 행1:6,21,2:21,4:33,
7:59,8:1, 9:42, 11:7) '주의 영'이라는 표현은 예수 그리스도를 칭하는 표
현이 아니라 성령을 칭하는 표현이다. (행5:9,8:39, 행16:7, 롬8:9) 따라서
'주'와 '주의 영'은 명확히 구별된 호칭이라는 것을 알 수 있다.

예수 그리스도가 본질적으로 하나님이라는 것을 강조하기 위해서 '주
는 영'을 사용했고 '주의 영'은 성령을 가리킬 때 사용했다. '주의 영이

계신 곳에는 자유가 있느니라'는 말씀은 주의 성령이 계셔서 역사하는 곳에는 예수께서 본질적으로 하나님이라는 진리를 보게 되어 율법의 너울이 벗겨지게 되고 율법과 정죄와 노예됨에서 벗어나 자유케 된다는 의미이다.

'주는 영이시니'라는 말씀과 '주의 영이 계신 곳에는 자유함이 있느니라'는 말씀이 원문에는 두 개의 문장으로 구분되어 있다. 개혁 한글 성경에서는 '주는 영이시니 주의 영이 계신 곳에서는'이라고 한 문장으로 번역되어 있지만 원문에는 '주는 영이시다 주의 영이 계신 곳에는 자유가 있느니라'는 두 개의 문장으로 구별되어 있다.

18절에서 '영'과 '주의 영'이 구별되었다는 것을 다시 한번 확인할 수 있다.

"주는 영이시니 주의 영이 계신 곳에는 자유함이 있느니라 우리가 다 수건을 벗은 얼굴로 거울을 보는 것 같이 주의 영광을 보매 그와 같은 형상으로 변화하여 영광에서 영광에 이르니 곧 주의 영으로 말미암음 이니라"(고후3:17,18)

18절에서는 '주의 영광'과 '주의 영'을 구분하고 있는데 '주의 영광'은 17절 '주는 영'의 다른 표현이고, '주의 영'은 17절과 동일한 '주의 영'을 가리키는 것이다. 왜 '주의 영광'이 '주는 영'의 다른 표현이라고 확신하는가? 이어지는 말씀인 고린도후서 4장에서는 그리스도의 영광을 그리스도 예수께서 주 되신 것이라고 말씀하고 있다.

"만일 우리의 복음이 가리었으면 망하는 자들에게 가리어진 것이라 그 중에 이 세상의 신이 믿지 아니하는 자들의 마음을 혼미하게 하여 그리스도의 영광의 복음의 광채가 비치지 못하게 함이니 그리스도는 하나님의 형상이니라 우리는 우리를 전파하는 것이 아니라 오직 그리스도 예수의 주 되신 것과 또 예수를 위하여 우리가 너희의 종 된 것을 전파함이라"(고후4:3-5)

'그리스도 예수의 주 되신 것'은 바울이 전파한 복음인데 사탄은 이 그리스도의 영광의 복음의 광채를 보지 못하게 했고 예수께서 주 되신 진리가 그리스도의 영광인데 이 영광을 보게 하는 분이 주의 영, 즉 성령이고 주의 영으로 예수가 주 되신 복음의 영광의 광채를 보면 율법의 정죄에서 자유케 되며 하나님의 생명을 받아 그리스도의 형상으로 변화하여 영광에서 영광에 이르게 된다는 사실을 말씀하고 있다.

'주의 영'의 의미는 성령과 예수 그리스도와의 관계성이 강조된 것으로서 성령은 주님으로부터 나왔다는 의미와 주님의 영광을 나타내고 일을 행하시는 분임을 나타내는 명칭이다. (요1:33, 14:26, 16:13,14, 롬8:9) 그래서 로마서 8장 9절에 그리스도와 관련될 때에는 '성령'을 '그리스도의 영'이라고 칭하고 있는 것이다.
"만일 너희 속에 하나님의 영이 거하시면 너희가 육신에 있지 아니하고 영에 있나니 누구든지 그리스도의 영이 없으면 그리스도의 사람이 아니라"(롬8:9)

그러나 아버지 하나님과 관련될 때에는 성령을 '하나님의 영'이라고 지칭하고 있는 것을 볼 수 있다.

"무릇 하나님의 영으로 인도함을 받는 그들은 곧 하나님의 아들이라 너희는 다시 무서워하는 종의 영을 받지 아니하였고 양자의 영을 받았으므로 아바 아버지라 부르짖느니라"(롬8:14,15)

그러므로 고린도후서 3장 7절의 '주는 영'은 '예수 그리스도의 본질', 즉 하나님 되심을 의미하는 것이고, '주의 영'은 성령의 사역을 의미하고 있다. 다시 말하면 '주의 영'은 성령을 가리키는 것으로서 '성령이 계신 곳에는 자유함이 있다'는 것을 의미한다.

주의 영, 즉 성령이 계신 곳에 자유함이 있다는 의미는 무엇일까? 성령께서는 예수님이 본질상 하나님(주는 영)이라는 비밀한 진리의 빛을 보게 한다는 의미이다. 성령은 '주는 영(본질상 하나님)'이라는 진리의 빛, 즉 예수님은 신성의 모든 충만이요, (골2:9) 하나님의 말씀 그 자체요, (요1:1,14) 하나님의 영광 자체요. (요1:14, 고후4:4,6) 나타난 하나님 (요1:1,10,14,18, 14:7-9, 롬9:5, 빌2:6-8) 이라는 영광의 진리의 빛을 성도 안에 비추어 보게 함으로써 성도를 율법의 속박에서 자유케 하고 영광에서 영광에 이르게 하여 그리스도의 형상으로 화하게 하는 사역을 행하시고 있는 것을 말씀하고 있다. 그리고 다음 절에서는 '주의 영(성령)'의 사역을 구체적으로 풀어서 설명하고 있다.

"우리가 다 수건을 벗은 얼굴로 거울을 보는 것 같이 주의 영광을 보매 그와 같은 형상으로 변화하여 영광에서 영광에 이르니 곧 주의 영으로 말미암음이니라"(고후3:18)

17절의 '주는 영'이라는 말씀을 18절에서는 '주의 영광'이라고 표현했고, 주의 영이신 성령께서 성도에게 주가 본질적으로 하나님과 동일한 영이라는 '주의 영광'의 빛을 보게 할 때에 성도는 율법의 수건에서 벗어나게 되며, 예수 안에서 하나님 자체를 보게 될 것이고, 그 결과 하나님이 거하시고 하나님 안에 들어가는 것, 즉 영광에 들어가 '영광에서 영광에' 이르게 되고, (요일4:15,고후3:18, 롬8:29,30) 하나님의 자녀가 되어(요1:1-13) 맏아들인 예수 그리스도와 동일한 형상을 가진 자가 되어 율법의 저주에서 영원히 해방되고 결코 정죄 받거나 버림받을 수 없으며 하나님을 아바 아버지라 부를 수 있게 되어 어느 누구도 하나님의 사랑에서 끊을 수 없는 하나님의 자녀가 되게 한다는 진리를 말씀하고 있다. (롬8:29-39, 14-17)

이것은 '주는 영', 즉 예수님이 하나님 됨을 알게 함으로써 주의 영광을 보게 하여 영광에서 영광에 이르게 하는 성령의 사역을 의미한다.

고린도후서 3장 17절을 좀 더 바로 이해하려면 바울이 말씀한 배경을 이해할 필요가 있다. 바울은 정죄의 직분(율법의 직분)과 영의 직분(복음의 직분)을 대조하면서 먼저 정죄의 직분, 즉 율법의 직분에 대해 말씀한다. 율법은 하나님을 설명하는 하나님의 그림자일뿐이고 하나님의 실체는 아니다. (히10:1, 9:24, 8:5)

율법은 정죄의 도구

율법은 하나님의 어떠함을 나타내는 문자로 된 계명이기 때문에 율법 자체는 거룩하고 의롭고 선하고 신령하기까지 하다. (롬7:12,14) 그러나 하나님의 생명을 잃어버리고 마귀의 종이 된 인간의 의와 수단과 방법으로는 하나님의 영광을 나타내는 율법을 지킬 수도 그 요구에 완전하게 도달할 수도 없기 때문에 (롬7장, 8:3) 율법은 오히려 율법을 받는 자에게 정죄의 선언을 하고 마귀가 합법적으로 참소하고 공격하여 사망과 저주를 가져오는 정죄의 도구가 되어 버렸다. (롬3:20,7:7-11,8:3, 요8:44, 엡2:1-3)

생명을 가져와야 할 율법은 오히려 사람의 숨겨진 죄까지도 드러나게 하고 하나님 앞에서 죄인이라고 선언함으로써 마귀로 하여금 합법적으로 정죄하고 지배하고 저주를 가져오게 하는 근거가 되었던 것이다. 그래서 바울은 '생명에 이르게 할 그 계명이 내게 대하여 도리어 사망에 이르게 하는 것이 되었도다 죄가 기회를 타서 계명으로 말미암아 나를 속이고 그것으로 나를 죽였는지라'고 고백하고 있다. (롬7:10,11) 결론적으로 바울은 율법의 직분에 대하여 정의하기를 '돌에 써서 새긴 죽게 하는 의문의 직분, 정죄의 직분'이라고 했다. (고후3:7,9)

우리가 기독교인이 되고서 주의 영(성령)으로 말미암아 '주는 영'이라는 진리 안으로 인도받아 영적인 너울이 벗겨지면서 영의 눈이 열려 주의 영광을 보지 못한다면 초대 교회 시대의 유대인 기독교인들처럼 율법의 너울에 가려져 그리스도의 영광을 보지 못하는 외식하는 종교인이 되거나 남을 판단하는 정죄의 직분을 행하여 복음의 광채를 보지 못하게 되고 결론적으로 마귀를 이롭게 하는 자가 될 것이다. (계12:10, 고후4:4)

하나님의 생명을 잃어버리고 마귀의 종노릇하는 죄인은 결코 율법과 자신의 의와 철학이나 어떠한 종교로도 하나님의 영광, 즉 하나님의 생명을 소유하고 그 생명 안에서 자라가며 하나님의 자녀가 된 그리스도의 형상에 이를 수 없다. 그러나 주께로 돌아가면 주의 영, 즉 성령으로 말미암아 주의 생명을 얻고, 그 안에서 자라가며 마침내 영광에서 영광에 이르러 그리스도의 형상으로 변화하게 될 것이다. (롬8장)

"오늘까지 모세의 글을 읽을 때에 수건이 그 마음을 덮었도다 그러나 언제든지 주께로 돌아가면 그 수건이 벗겨지리라 주는 영이시니(주는 영이시다) 주의 영이 계신 곳에는 자유가 있느니라 우리가 다 수건을 벗은 얼굴로 거울을 보는 것 같이 주의 영광(주는 영이시다)을 보매 그와 같은 형상으로 변화하여 영광에서 영광에 이르니 곧 주의 영으로 말미암음이니라"(고후3:15-18)

16절에서 율법의 수건이 벗겨져 그리스도의 형상으로 변화하여 영광에서 영광에 이르려면 주께로 돌아가야 한다고 말씀한다. 우리는 어떻게 주께로 돌아갈 수 있는가?

17절에서 '주는 영이시다(원문)'라고 선언하고 있다. 이 진리로 가는 것이 주께로 돌아가는 것이다. 이것이 복음이요 그리스도의 영광의 복음의 광채요 바울이 전파한 복음 중의 복음이다. (고후4:3-5)

주는 영, 즉 '예수는 하나님'이라는 복음의 영광의 광채를 보게 하시는 분이 주의 영(성령)이라는 사실이다. 바울은 이것을 17절에서 '주의 영이 계신 곳에는 자유가 있느니라'고 분명하게 정의했다.

18절에서 '주의 영광(주는 영이시다)을 보매 그와 같은 형상으로 변화하여 영광에서 영광에 이르니 곧 주의 영으로 말미암음이니라'고 했는데 이는 '하나님의 영'의 사역인 성령의 사역을 의미한다.

"2절 너희는 우리의 편지라 우리 마음에 썼고 뭇 사람이 알고 읽는 바라

3절 너희는 우리로 말미암아 나타난 그리스도의 편지니 이는 먹으로 쓴 것이 아니요 오직 살아 계신 하나님의 영으로 쓴 것이며 또 돌판에 쓴 것이 아니요 오직 육의 마음판에 쓴 것이라

6절 그가 또한 우리를 새 언약의 일꾼 되기에 만족하게 하셨으니 율법 조문으로 하지 아니하고 오직 영으로 함이니 율법 조문은 죽이는 것이요 영은 살리는 것이니라

8절 하물며 영의 직분은 더욱 영광이 있지 아니하겠느냐"(고후3:2-8)

성령은 성도에게 세상 죄를 지고 죽고 부활하신 예수님은 하나님이라는 그리스도의 영광의 복음의 광채를 보게 함으로써, 이 진리를 마음판에 새겨지게 하여 하나님을 얻게 하고 하나님 안에 들어가게 하고 하나님과 연합되게 하여 성도가 그리스도의 형상으로 변화하게 하는 중요한 역할을 하고 있다. 이것이 신약의 복음인 새 언약이다.

"여호와의 말씀이니라 보라 날이 이르리니 내가 이스라엘 집과 유다 집에 새 언약을 맺으리라 그러나 그 날 후에 내가 이스라엘 집과 맺을 언약은 이러하니 곧 내가 나의 법을 그들의 속에 두며 그들의 마음에 기록하여 나는 그들의 하나님이 되고 그들은 내 백성이 될 것이라 여호와의 말씀이니라 그들이 다시는 각기 이웃과 형제를 가리켜 이르기를 너는 여호와를 알라 하지 아니하리니 이는 작은 자로부터 큰 자까지 다 나를 알기 때문이라 내가 그들의 악행을 사하고 다시는 그 죄를 기억하지 아니하리라 여호와의 말씀이니라"(렘31:31-34)

"맑은 물을 너희에게 뿌려서 너희로 정결하게 하되 곧 너희 모든 더러

운 것에서와 모든 우상숭배에서 너희를 정결하게 할 것이며 또 새 영을 너희 속에 두고 새 마음을 너희에게 주되 너희 육신에서 굳은 마음을 제거하고 부드러운 마음을 줄 것이며 또 내 영을 너희 속에 두어 너희로 내 율례를 행하게 하리니 너희가 내 규례를 지켜 행할지라 내가 너희 조상들에게 준 땅에서 너희가 거주하면서 내 백성이 되고 나는 너희 하나님이 되리라" (겔36:25-28)

이 새 언약의 중보가 바로 예수님이다. 예수님은 세상 죄를 지고서 죽고 부활하여 새 언약의 중보가 되셨다. (히8:6-13, 9:15, 12:24) 예수 그리스도는 그의 택하신 자들에게 새 언약을 체험할 권리를 얻게 하기 위하여 잠시 하나님의 품을 떠나 육신이 되어 이 땅에 오셨고 세상 죄를 지고 피 흘려 죽으신 것이다.

"이 잔은 내 피로 세우는 새 언약이니 곧 너희를 위하여 붓는 것이라" (눅22:20)

율법은 짐승의 피로 세운 언약이지만 새 언약은 흠 없는 하나님의 피로 세운 언약이다. (히9:14-28, 행20:28) 세상 죄를 지고 죽고 부활하신 예수가 하나님이라는 진리를 진심으로 받아들이고 믿을 때에 하나님께서는 새 언약대로 회개하여 구원받고 성도가 된 이들의 죄를 다시는 기억하지 않고 의롭다 하실 것이며, (겔36:25, 히8:12,13, 롬8:1,30-39) 하나님은 그 안에 성전 삼고 거하실 것이고 그는 하나님 안에 거하게 될 것이고, (겔36:26, 37:25-28, 요14:16-23, 17:21-24, 요일4:15) 그리스도의 형상으로 화하게 할 것이며, (렘31:31-33, 겔36:26-27, 롬8:3, 갈5:22-26, 고후4:17,18) 죄 된 육체도 예수 그리스도가 오셔서 거룩한 몸으로 구속하여 영광에 이르게 할 것이고, (롬8:23, 고후15장) 마침내 그리스도의 형상으로 완전히 변화하게 하여 그리스도의 장성한 분량에 이르게 하실 것이며 하나님과 어울리는 아내로서 (사54:5, 호2:16,19,20, 계21:9,10) 에덴처럼 새롭게 된 만물 안에서 하나님과 더불어 세세토록 왕 노릇하게 할 것이다. (겔36:34-36, 호2:19-23, 사65:17,18, 66:22, 계21:5,22:5, 5:10, 고전15:28)

이것이 예수 그리스도가 증언한 자신의 피로 세운 새 언약인 천국복음이다. 세상 죄를 지고 죽고 부활하신 예수를 하나님으로 믿는 이들에게 새 언약을 이루시기 위해 먼저 성령이 처소 삼고 오실 것이며, 다음은 성자 하나님께서 오실 것이고, 마지막은 성부 하나님까지 오심으로 천국복음인 새 언약이 창조세계에 성취될 것이다. 그 결과가 천국의 최종 완성인 새 하늘과 새 땅과 새 예루살렘인 것이다. 새 언약의 최종 성취의 결과는 창조세계가 하나님의 임재의 결과로 완전한 하나님의 나라로 변화되는 것이다. 누구든지 주의 영의 역사로 말미암아 주께로 돌아가면 종교의 너울이 벗겨져 이 놀라운 복음의 영광의 광채를 보게 될 것이다.

'우리'이신 하나님께서는 신약의 전 역사를 통해 이루신 흠 없는 하나님의 피의 언약대로 새 언약인 천국복음을 이루기 위해 보좌 삼고 삼 단계의 과정을 통해 오실 것이다. '예수가 영', 즉 '예수가 하나님'이라는 그리스도의 영광의 복음의 광채는 그를 믿는 자들에게 하나님을 얻고 하나님께로 돌아가게 하는 유일한 길이다.

"예수께서 가라사대 내가 곧 길이요 진리요 생명이니 나로 말미암지

않고는 아버지께로 올 자가 없느니라" (요.14:6)

"누구든지 예수를 하나님의 아들이라 시인하면 하나님이 저 안에 거하시고 저도 하나님 안에 거하느니라" (요일4:15)

예수께서 성육신하셔서 세상 죄를 지고 죽고 부활하시고 다시 오실 하나님이라는 그리스도의 영광의 복음의 광채를 주의 영(성령)으로 보게 되면 신약의 전 역사를 통해 하나님께서 반드시 새 언약을 그에게 성취하실 것이다. 이것이 바울이 본 그리스도의 영광의 복음의 광채를 의미하는 것이다. (고후3:17-4:5) 바울은 로마서 8장에서 새 언약의 시작인 예수 안에 있는 자는 결코 정죄함이 없다는 진리로부터 시작하여 믿는 자 안에서 역사하시는 거룩하게 하시는 성령의 사역, (롬8:3-17) 재림하실 때 부르심을 입은 자들에 대한 구속의 약속 (롬8:28) 과 그리스도의 형상을 본받게 하기 위해 영원히 붙잡아 주실 것에 대하여 확신하며 말씀한 것이다. (롬8:28-39)

결론적으로 고린도후서 3장 17절의 '주는 영'이라는 말씀은 예수가 본질적으로 하나님이라는 사실이고 '주의 영'은 예수 그리스도와 관련된 성령을 가리키는 것이다.

삼위일체론적 양태론 신관의 위험성

오늘날 많은 성도는 삼위일체론적 양태론 신관을 가지고 있다고 본다. 하나님이 세 분이면서 동시에 아버지가 아들이고 아들은 성령이라고 주장하는 삼위일체적 양태론이 교회를 점령하고 있다. 이러한 이론은 지방교회라고 불리는 윗트니스 리와 워치만 니가 주장했고 대표적인 신학자인 그레스하케(Gisbert Gereshke)도 역시 같은 주장을 했다.

> **하나의 의미는 상태에 있어서 상호 내주하여 있고**
> **관계에 있어서는 끊을 수 없는 사랑의 관계로 존재하면서**
> **한 사역을 행하는 동일한 신성의 본질과 그 본질을 가지고 있는**
> **동등한 하나님이라는 의미이다.**

성부 하나님과 성자 하나님과 성령 하나님은 각각의 구별된 인격(신격)을 가지고 계시는 동등하신 참 하나님이시고 삼위(우리) 하나님은 명확히 구분(distinction)되신 '우리 하나님'이시다.

'우리이신 하나님', 즉 삼위 하나님께서는 분리(separation)되지 않으시고 상호 내주하여 계시면서 동시에 공존(함께)하고 계심을 뜻한다. 성경에 계시된 하나님은 '우리가 하나'인 하나님이시다.

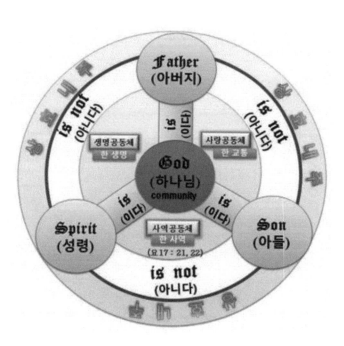

삼위일체의 정의

성경이 '하나님은 하나'라고 말씀할 때 하나님을 숫자로 '한 분'이라고 생각하거나 성부 하나님만 하나님이라는 오해를 할 수 있다. '하나님은 하나'의 바른 의미는 '우리가 하나되어 계신 하나님'은 오직 '한 분' 밖에 없다는 것이다. 성부 하나님과 성자 하나님과 성령 하나님, 즉 우리이신 하나님께서 하나되어 계신 '하나님은 오직 한 분'이고 '유일한 존재로서 하나'라는 진리가 성경이 말씀하고 있는 하나님에 대한 정의이다.

4가지 질문과 답의 형식으로 성경적인 삼위일체 신관을 정리해 본다.

Q 성부 하나님과 성자 하나님과 성령 하나님 중에 누가 제일 높습니까?

A 더 높은 분도 더 낮은 분도 없이 동등하시고 같은 하나님이십니다.

Q 성부 하나님과 성자 하나님과 성령 하나님 중에 누가 먼저 계셨습니까?

A 먼저 계시거나 나중에 계시는 분이 없이 영원 전부터 함께 계셨고, 시작도 없고 끝도 없이 변함없고 스스로 계신 참 하나님이십니다. 누가 높고 낮음이 없고, 먼저와 나중이 없이 똑같은 성부 하나님과 성자 하나님과 성령 하나님은 영원 전부터 '우리'로서 존재하지만 동시에 '하나'되어 존재하시는 '우리가 하나'인 하나님입니다.

Q 그러면 '우리', 즉 성부 하나님과 성자 하나님과 성령 하나님께서 하

나되어 계시다는 의미는 삼위께서 몸과 인격이 하나라는 말씀입니까? 성부 하나님이 성자 하나님이고 성자 하나님이 성령 하나님이라는 의미입니까?

A 아닙니다. '우리가 하나'되어 존재하신다는 의미는 성부 하나님과 성자 하나님과 성령 하나님께서는 세 개체로서 각각의 구별된 인격(신격, 위격)을 가지고 계시면서 동시에 명확하게 구별되어 '우리'로 존재하고 계시다는 의미입니다. 삼위(우리) 하나님께서는 동시에 아래의 설명과 같이 '하나'가 되어 존재하신다는 의미입니다.

Q 그렇다면 우리이신 하나님이 어떻게 하나되어 계신다는 말씀입니까?

A '우리'이신 하나님은 네 가지 측면에서 '하나'되어 계십니다.

하나, 삼위(우리)께서는 상호 내주하여 하나로 존재하십니다.
  (상호내주, 상호처소 공동체)
하나, 삼위(우리)께서는 동일하고 동등한 신적 생명을 지니고 계십니다.
  (동일본질, 생명공동체),
하나, 삼위(우리)께서는 하나님의 사랑 안에서 하나되어 계십니다.
  (상호교통, 사랑의 공동체),
하나, 삼위(우리)께서는 하나의 목적을 향한 한 사역을 가지고 계십니다. (한 사역, 사역 공동체)

  그러므로 성부 하나님과 성자 하나님과 성령 하나님께서 '하나'되어 계시다는 의미는 몸과 인격이 '하나'라는 의미가 아니고 ① 상호 내주하여 계시고 ② 동일한 신적 생명을 갖고 계시며 ③ 하나님의 사랑 안에서 하나되어 계시고 ④ 한 사역을 행한다는 의미입니다. 이 네 가지 안에서 삼위는 하나되어 계시지만 각각의 삼위는 명확하게 구분되어 계신 '우리'로 존재 하시는 하나님이십니다.

"하늘에 증언하는 세 분이 계시니 곧 아버지와 말씀과 성령님이시라 또 이 세 분은 하나이시니라" (요일5:7,8)

삼위일체진리를 믿는 것과 구원과의 관계

다음 주제로 넘어가기 전에 왜 복잡해 보이는 삼위일체에 대한 진리를 바로 깨달아야 하는가에 대한 질문을 던진다면 한마디로 '삼위일체 진리는 구원 얻는 진리이기 때문이다.'라고 말할 수 있다.

왜 삼위일체가 구원 얻는 진리가 되는가? 구원은 주 예수 그리스도를 믿어서 얻는 것이 아닌가? 그렇다. 그러나 구원 얻기 위해 주 예수 그리스도를 믿는다는 것은 '예수 그리스도는 하나님'으로 인정하고 믿는 것을 말한다. 구원의 문은 '예수는 하나님'이라는 진리에 있고 누구든지 이 진리를 깨닫고 중심에 믿을 때 구원의 문에 들어가게 된다. '예수 그리스도는 하나님'이라는 구원 얻는 진리를 알게 되면 영적인 갈등이 야기될 수 있다. 이 갈등의 근원은 '하나님은 두 분인가?' 하는 의문에서 시작된다. 이 문제는 예수님도 하나님이라면 어떻게 하나님을 한 분이라고 말할 수 있는가의 문제, 즉 삼위일체에 대한 명확한 해석과 이해에 대한 문제에 직면하게 되는 것이다.

삼위일체의 논쟁은 '예수 그리스도는 하나님'이라는 기독교의 핵심 고백으로부터 시작되는 필연적인 과제이고 피한다고 해결될 문제가 아니다. 진리의 성령을 힘입어 말씀의 빛을 추구하며 정면으로 맞선 진리의 전쟁을 통해 반드시 풀어가며 승리해야 할 과제이다.

만약 그리스도인이 이 진리의 전쟁을 회피하고서 이 과제에 대한 정확한 성경의 답을 찾아내지 못하면 사탄의 공격이 들어올 때 제대로 방어할 수 없고 성도와 교회는 심각한 손상을 입게 될 수도 있다. '예수 그리스도는 하나님'이라는 근본 진리는 흔들릴 수 있고 교회의 존립까지도 위협을 받을 수 있다. 따라서 성도와 교회는 '예수 그리스도는 하나님'이라는 구원 얻는 진리와 그 진리를 견고하게 하는 성경적인 삼위일체 신관을 튼튼하게 세울 수 있게 하는 영적 수고의 과정을 거쳐야만 한다.

교회개혁의 핵심 주자였던 칼뱅은 '예수 그리스도는 하나님'이라는 진리가 구원 얻는 진리이고 이 진리를 견고히 하기 위해서는 성경을 통해 삼위일체 진리를 명확하게 규명할 필요성을 인식하고 있었다.

"홀트롭은... 칼뱅의 삼위일체론이 '우리를 위한' 구원의 실천적 교리였음을 밝혀 주고 있다. 티모디 조지(Timothy George)가 [개혁자들의 신학]에서 말한 바는 칼뱅의 핵심을 찌르고 있다. 삼위일체가 칼뱅에게 왜 그토록 중요했는가? 우리가 살펴 본대로, 그는 추상적 신학의 형이상학적인 까다로움에 관심이 없었으며, 전통적인 용어에 노예적으로 집착하지도 않았다. 삼위일체는 예수 그리스도의 신성(하나님)에 대한 증언이었고 따라서 그리스도에 의해 주어진 구원의 확실성에 대한 증거였기 때문에 결정적으로 중요한 것이었다. 칼뱅의 삼위일체론의 목적은

아타나시오스의 그것과 마찬가지로 구원론적이었다." [11]

  칼뱅이 '삼위일체는 예수 그리스도의 신성(하나님)에 대한 증언이었
고 따라서 그리스도에 의해 주어진 구원의 확실성에 대한 증거였기 때
문에 결정적으로 중요한 것이었다'라고 말했듯이 삼위일체 진리를 견고
히 하면 할수록 구원 얻는 진리인 '예수 그리스도는 하나님'이라는 진
리는 더욱 견고해 진다. 역으로 '예수 그리스도는 하나님'이라는 진리
를 견고히 하면 할수록 삼위일체 진리 또한 더욱 견고해질 것이다. 이
런 의미에서 성경적인 삼위일체 신관과 삼위일체 신관이 증거하고 있
는 구원 얻는 진리를 견고히 하기 위해서 '과연 예수 그리스도는 하나
님이신가?'라는 다음 주제는 성경적인 주요 핵심 주제이다.

3장 예수 그리스도는 하나님이신가?

예수 그리스도는 하나님이라는 진리는 삼위일체의 중심 진리이고 성경적인 삼위일체 신관에 대한 견고한 믿음을 갖기 위한 핵심 진리이다. 예수 그리스도는 하나님이라는 진리는 성경이 제시한 구원 얻는 진리로서 영생에 이르게 하는 삼위일체 신관의 견고한 기초가 된다. 따라서 이번 주제에는 예수 그리스도는 하나님이라는 진리가 성경이 제시하고 있는 구원 얻는 진리인가에 대한 것과 성경은 예수 그리스도가 하나님이라고 어떻게 증거하고 있는가에 대해 다룰 것이다. 이 두 진리는 성경적인 삼위일체 신관의 견고한 기반이 되며 성경적인 구원관의 견고한 기초가 된다.

1 예수 그리스도는 하나님, 구원 얻는 유일한 진리

목회자가 되어 30년 이상 수많은 성도와 목회자들을 만나 보면서 그들이 구원, 영생, 천국에 대해 관심을 두지만 '예수 그리스도는 하나님이신가?'라는 주제에는 별로 관심이 없는 이들이 의외로 많다는 사실을 알게 되었다. 왜 그럴까? 예수 그리스도는 하나님이라는 진리만이 구원과 영생과 천국에 들어가는 유일한 문이라는 것을 모르고 있는 것은 아닐까? 구원 얻는 길이 어떠한 영적 체험이나 '믿습니다!'라고 하는 암시적 확신에 기반한다고 착각하고 있거나 또는 교회 출석과 예배와 봉사의 일상적인 종교 행위를 통해 구원 얻는다는 생각을 하는 것은 아닐까?

때론 기도하며 응답을 받았다고 간증하는 신앙인들도 자주 만날 수 있었다. 그러나 여러 종교 행위에 충실하고 기도의 응답을 받았다고 주장할지라도 '예수 그리스도는 하나님'이라는 진리가 중심이 된 믿음이 아니라면 그들이 정말 구원받은 성도인가에 대한 의문을 가질 수 밖에 없다.

성경은 구원의 유일한 길을 세상 죄를 지고 죽고 부활하신 예수 그리스도를 도마처럼 '나의 주요 나의 하나님'으로 믿는 자에게만 약속하고 있다. (요1:1-13, 20:28,29, 8:24, 10:28-31, 롬10:9,10, 요일4:15, 5:5-8)

과연 성경은 '예수는 하나님'이라는 진리를 믿는 믿음을 구원 얻는 믿음이라고 하는가?

하나님의 자녀로 거듭나는 길, 예수는 창조주

당신은 어떻게 마귀의 자녀에서 하나님의 자녀가 되었는가? 기도해서 응답 받고 하나님의 자녀가 되었는가? 열심히 종교 생활을 해서 하나님의 자녀가 되었는가? 성경은 이런 방식이 아닌 예수 그리스도를 창조주 하나님으로 믿고 영접할 때 하나님의 자녀가 되는 권세를 주고 성령으로 거듭나게 된다고 말씀하셨다.

"태초에 말씀이 계시니라 이 말씀이 하나님과 함께 계셨으니 이 말씀은 곧 하나님이시니라 그가 태초에 하나님과 함께 계셨고 만물이 그로 말미암아 지은 바 되었으니 지은 것이 하나도 그가 없이는 된 것이 없느니라... 그가 세상에 계셨으며 세상은 그로 말미암아 지은 바 되었으되 세상이 그를 알지 못하였고 자기 땅에 오매 자기 백성이 영접지 아니하였으나 영접하는 자 곧 그 이름을 믿는 자들에게는 하나님의 자녀가 되는 권세를 주셨으니 이는 혈통으로나 육정으로나 사람의 뜻으로나지 아니하고 오직 하나님께로서 난 자들이니라"(요1:1-13)

성경은 주 예수 그리스도를 영접하고 믿으면 하나님의 자녀로 거듭나게 된다고 말씀한다. 주 예수 그리스도를 어떠한 존재로 영접하고 믿어야 하나님 자녀로 거듭나는지에 대한 답은 1절부터 11절의 말씀이다.

주 예수 그리스도는 태초부터 아버지와 함께 세상 만물을 창조한 창조주 하나님이요 독생하신 하나님인 사실을 선언한다. (요1:1-3,10,18)

그분은 세상에 사람이 되어 오셨지만 세상은 이를 알아보지 못하고 창조주 하나님으로 영접하지 아니하였고 심지어 자기 백성들도 영접하지 아니하였으나 (요10:10,11) 예수를 창조주로 인정하고 영접하고 믿는 자는 진정한 하나님의 자녀로 거듭난다고 말씀한다. (요1:12,13) 주 예수 그리스도가 창조주 하나님이라는 진리를 믿는 것이 하나님의 자녀로 거듭나게 하는 진리인 것이다.

예수 그리스도를 스스로 있는 자로 믿을 때 죄에서 구원

당신은 어떻게 죄사함을 받았는가? 성경은 모든 사람은 하나님께 죄를 범한 죄인이고 모든 사람이 죽는 것은 정한 것이며 죽은 후에는 반드시 심판이 있다고 했는데 어떻게 당신은 거룩하신 하나님의 영원한 심판을 피할 수 있다고 생각하는가?

예수님은 자신을 '스스로 있는 자', 즉 '하나님'으로 믿지 않으면 죄사함이 없고 그 죄 가운데 죽을 것을 분명히 말씀하셨다.

"이러므로 내가 너희에게 말하기를 너희가 너희 죄 가운데서 죽으리라 하였노라 너희가 만일 내가 그 인(에고 에이미)줄 믿지 아니하면 너희 죄 가운데서 죽으리라 저희가 말하되 네가 누구냐 예수께서 가라사대 나는 처음(아르케: 태초)부터 너희에게 말하여 온 자니라" (요8:24,25)

본문의 '그 인줄'은 '스스로 있는 자', 즉 하나님을 의미한다. '그 인줄'이라는 헬라어 원문은 '에고 에이미'인데, 하나님께서 모세에게 자신의 이름을 '에고 에이미(스스로 있는 자)'라고 소개했던 사건에서 말씀하신 것과 동일한 용어이다.

"그의 이름이 무엇이냐 하리니 내가 무엇이라고 그들에게 말하리이까 하나님이 모세에게 이르시되 **나는 스스로 있는 자(에고 에이미)니라** 또 이르시되 너는 이스라엘 자손에게 이같이 이르기를 스스로 있는 자(에고 에이미)가 나를 너희에게 보내셨다 하라 하나님이 또 모세에게 이르시되... 너희 조상의 하나님 곧 아브라함의 하나님, 이삭의 하나님, 야곱의 하나님 여호와라 하라 이는 나의 영원한 이름이요 대대로 기억할 나의 표호니라" (출3:13-15)

예수님이 자신을 '에고 에이미'라고 말씀하시며 사용한 이 용어는 모세에게 나타나 말씀하셨던 그 '스스로 있는 자'와 동일한 용어이다. 이 진리를 깨닫고 믿지 못하면 너희 죄 가운데서 죽으리라고 말씀하신 것이다. (요8:24)

요한복음 8장의 핵심 주제는 예수님을 향하여 '네가 누구냐?'라는 논쟁이다. 이 답은 예수님께서 아브라함이 태어나기 전부터 '에고 에이미'라고 말씀하심으로 결론을 맺는다.

"진실로 진실로 너희에게 이르노니 **아브라함이 나기 전부터 내가 있느니라(에고 에이미)**" (요8:57)

예수님은 그보다 이천 년 전에 살았던 아브라함이 나기 전부터 존재하여 계신 그 '에고 에이미(스스로 있는 자)'라고 선포하신다. (창12장, 요8:56-58) 이어서 유대인들의 '네가 누구냐?'는 질문에 '나는 처음(아르케: 태초)부터 너희에게 말하여 온 자니라'고 말씀하셨다. (요8:25) 이 말씀은 구약 시대부터 약속되어지고 말씀해 온 그 여호와임을 밝히신 것이다.

'내가 있느니라'는 말씀은 아브라함이 태어나기 전부터 과거에 존재했다는 의미인데 '내가 있었다(I was)'는 과거 시제로 말씀하지 않고 'before Abraham was born, I AM.'이라는 현재 시제(I AM)로 말씀하셨다. 왜 예수님은 이렇게 말씀하셨을까?

출애굽기 13장 14절에서 여호와는 자신을 히브리어로 미완료형인 '에흐예(I AM)'로 말씀하셨고 예수님도 그와 동일하게 현재형 'I AM'을 그대로 인용하셨다. 이는 예수님 자신이 아브라함이 나기 전부터 'I AM(에흐예/에고 에이미/스스로 있는 자)'이 되심을 확실하게 선언하고 있는 것이다.

'처음'이라는 단어는 헬라어로 '아르케'이다. 요한복음 1장 1절에 '태초에 말씀이 계시니라 이 말씀이 하나님과 함께 계셨고 이 말씀이 곧 하나님이시니라'는 말씀에서 사용된 '태초(아르케)'에 사용된 단어와 동일하다. 예수님은 태초(처음:아르케)부터 하나님과 함께 계셨던 하나님으로서 장차 사람으로 오시고 은 삼십에 팔려 세상 죄를 지고서 죽고 부활할 것을 말하여 온(예언된) 그 여호와이시다. 예수님은 자신을 여러 번 '스스로 있는 자(에고 에이미)'라고 말씀하셨다. (막6:50,14:62, 요 6:20, 63, 8:12,24,58 10:7, 11:25, 13,19, 14:6, 15:1) 이는 자신이 '여호와'임을 계속해서 증거하고 있는 것이다.

모세가 하나님께 "만약 내 백성들이 당신을 보낸 자의 이름이 무엇이냐고 물으면 내가 어떻게 대답하리이까?"(13절)라고 질문했을 때

"나는 스스로 있는 자니라"(14절)라고 말씀하시고 이어서 "너희 하나님 여호와라 하라 이는 나의 영원한 이름이요"(15절)라고 말씀하셨다. 이 말씀을 통해 '스스로 있는 자'와 '여호와'는 같은 의미를 가진 하나님의 이름이라는 것을 알 수 있다. '여호와'는 하나님의 이름을 가리키는 것이고 '스스로 있는 자'는 '여호와' 이름의 의미가 무엇인지를 밝혀 주고 있는 말씀이다.

예수님은 구약에서 여호와가 당신의 이름을 다양한 의미로 나타내는 방식대로 역시 자신을 여호와로 말씀하셨다. 구약에서 '여호와 이레', '여호와 삼마', '여호와 닛시', '여호와 샬롬', '여호와 라파' 등과 같이 '여호와' 이름에 다양한 상징을 나타내는 단어를 붙여서 여호와의 여러 이름을 나타내신 것 같이 예수님도 자신을 가리켜 '나는 생명의 떡이다', '나는 세상의 빛이다', '나는 양의 문이다', '나는 부활이요 생명이다'라고 선언하셨다. 이 문장들 안에는 모두 '에고 에이미' 즉, '여호와'라는 이름이 포함되어 있다. 따라서 예수님은 자신을 '여호와 생명의 떡 (요 6:35)', '여호와 세상의 빛 (요8:12)', '여호와 양의 문 (요10:11)', '여호와 부활 생명 (요11:25)'이라고 선언하신 것이다. 예수님이 계속해서 자신을 '여호와(에고 에이미)'로 계시하고 있는 사실을 깨닫는 사람은 당시나 지금이나 그리 많지 않은 듯하다. 예수님은 죽음 앞에서도 자신이 '스스로 있는 자(에고 에이미)', 즉 '여호와'라고 분명하게 말씀하셨다.

"잠잠하고 아무 대답도 아니하시거늘 대제사장이 다시 물어 가로되 네가 찬송 받을 자의 아들 그리스도냐 예수께서 이르시되 내가 그니라 (에고 에이미)... 대제사장이 자기 옷을 찢으며 가로되 우리가 어찌 더 증인을 요구하리요 그 참람한 말을 너희가 들었도다 너희는 어떻게 생

각하느뇨 하니 저희가 다 예수를 사형에 해당한 자로 정죄하고"(막 14:61-64)

대제사장은 출애굽기 3장 14절에 하나님께서 모세에게 나타나 계시한 하나님 이름이 '에고 에이미'라는 사실을 너무나 잘 알고 있었는데 예수님께서 '내가 그니라(에고 에이미)'고 말씀하셨을 때 대제사장은 모세에게 나타난 그 '스스로 있는 자(에고 에미이)'라고 주장하고 있는 예수님께 대하여 크게 분노해서 참람한 말을 했다고 하며 자신의 옷을 찢고 예수를 사형죄로 정죄했던 것이다. 바로 예수님이 '스스로 있는 자'인 이 진리를 믿어야 죄의 삯인 사망에서 해방되어 죽어도 살고 영원히 죽지 않고 영생을 얻을 수 있다는 사실을 깊이 새겨야 할 것이다.

"예수께서 가라사대 나는 부활이요 생명(스스로 있는 자 부활 생명)이니 나를 믿는 자는 죽어도 살겠고 무릇 살아서 나를 믿는 자는 영원히 죽지 아니하리니 이것을 네가 믿느냐"(요11:25,26)

'나를 믿는 자는 죽어도 살겠고 무릇 살아서 나를 믿는 자는 영원히 죽지 아니하리라'는 말씀 속에 감추어진 진리는 아래와 같다.

"나는 부활이요 생명이니(에고 에이미 헤 아나스타시스 카이 헤 조에)"

이 말씀에서 예수님은 당신이 '에고 에이미(스스로 있는 자)'인 사실을 밝힌다. 즉 창조주 여호와라는 사실을 밝히신 것이다. 창조주 여호와는 부활이요 생명이 되고 그를 믿는 자를 죄의 삯인 사망에서 해방시켜 부활에 이르게 할 수 있는 능력이 있음을 말씀하신 것이다.

당신이 정말 오신다고 하던 그 '에고 에이미'가 맞습니까?

"지금부터 일이 일어나기 전에 미리 너희에게 일러둠은 일이 일어날 때에 내가 그(에고 에이미/스스로 있는 자)인 줄 너희가 믿게 하려 함이로라"(요13:19)

'스스로 있는 자'의 이름에 계시된 구원 얻는 복음의 비밀

'여호와'라는 이름은 창세기 2장부터 사람에게 계시되어 계속해서 불려왔던 이름이고, (창2:4,5,7) 아브라함도 여호와께 단을 쌓고 불렀던 이름이고 (창12:7,8, 13:4) 이삭도 익히 알고 있었던 이름이며 (창25:21-23, 16:2-29) 야곱 역시 당연히 알고 있었던 이름이다. (창31:3, 49, 32:9)

출애굽기 6장 3절에서는 하나님은 모세에게 '내가 아브라함과 이삭과 야곱에게는 전능의 하나님으로 나타났으나 나의 이름을 여호와로는 그들에게 알리지 아니하였다'고 말씀하신다. 이미 모세 이전에도 '여호와'의 이름은 계시하셨다. 그러나 모세에게 처음으로 여호와의 이름의 비밀, 즉 '스스로 있는 자'의 의미를 말씀하고 계신 것이다.

한글성경에서는 히브리어로 '에흐예'라는 하나님의 이름이 '스스로 있는 자'로 번역되어 있다. 그러나 히브리어 원문의 뜻을 보면 이 이름 안에 놀랍게도 ①하나님께서 누구인 것과, ②여호와께서 사람이 되어 오실 초림에 대한 예언과, ③초림의 결과로 하나님께서 성도를 성전 삼고 오시겠다는 천국복음의 비밀이 계시되어 있다.

'스스로 있는 자(에흐예)'의 히브리어 기본형은 '하야'이다. '하야'는 여러 용법으로 사용 되지만 복음을 예표한 출애굽 사건과 관련하여 복음적인 관점으로 볼 때 이 단어는 크게 세 가지 중요한 의미를 담고 있다.

첫째, '존재하다'. 이 '하야'의 첫 번째 의미는 '여호와'가 누구인지를 잘 계시하고 있다.

둘째, 하나님의 말씀이 사랑하는 자에게 '오다'. 이 '햐야'의 두 번째 의미는 여호와께서 사람으로 오실 성육신 사건을 예언하고 있다.

셋째, 하나님께서 '오다', '임재하다.' 이 '햐야'의 세 번째 의미는 여호와께서 성도를 성전 삼고 오시겠다는 천국복음의 핵심을 예언하고 있다.

이 세 가지 복음의 핵심이 하나님의 이름에 숨겨진 비밀이고 구원 받게 하는 하나님의 이름의 비밀이다.

첫째, '하야'는 '존재하다'는 의미가 있다.

어떤 이름이든지 의미를 지니고 있다. 하나님의 이름이 '존재하다'는 의미를 지니고 있는데 이것은 어떤 존재들이 있기 전인 창세 이전, 즉 영원 전부터 존재하였으며 누군가에 의해 창조되어 존재하지 않는 '자존자'라는 의미이다. 이러한 의미에서 한글성경에서는 '스스로 있는 자'로 번역한 것이다. 영어성경에서는 '나는 있는 자이다', 혹은 '나는 나다', '나는 곧 스스로 있는 자니라'로 번역되어 있다.

'스스로 있는 자'의 이름은 '존재하다'는 의미를 지닌 '하야'를 기본형으로 하는 미완료형이기 때문에 '영원 전부터 스스로 존재하였고, 지금도 스스로 존재하고, 앞으로도 영원히 스스로 존재할 자'라는 하나님의 자존성(창조주)과 영원성을 강조한 이름이다.

예수님은 자신을 '에고 에이미', 즉 '스스로 있는 자'라고 여러 번 선포하셨다. 이는 성경이 증거하듯이 자신이 영원 전부터 스스로 계신 창조주 하나님이고 (요1:1-3, 8:58, 요일1:1,2) 항상 현존하시는 하나님이고, 영원토록 존재하시는 '여호와'임을 분명하게 선언하신 것이다. (롬 9:5, 히13:8) 여호와의 이름 속에 감추어진 이 놀라운 사실은 구원을 얻게 하는 첫 번째 진리이다.

둘째, '하야'는 하나님의 말씀이 사랑하는 자에게 '왔다'는 의미로 사용된다.

"이 후에 여호와의 말씀이 환상 중에 아브람에게 임하여(하야) 이르시되 아브람아 두려워하지 말라"(창15:1)

이것이 하나님의 이름의 두 번째 의미이다. (창15:1, 삼상15:10, 삼하 7:4, 렘36:1) 하나님의 이름 안에 하나님의 말씀이 사랑하는 자에게 '오다'는 의미가 있는 사실이 참으로 놀랍다. 하나님의 말씀이 사랑하는 자에게 오신 사건이 무엇인가? 그것이 예수 그리스도의 초림의 사건이다. 예수님은 태초부터 하나님과 함께 계셨고 말씀이 되신 하나님으로서 (요1:1) 말씀이 육신이 되어 사랑하는 자에게 오신 하나님이시다. (요 1:14,18) **'하나님의 말씀이 사랑하는 자에게 왔다(하야)'**는 의미를 지닌 '스스로 있는 자', 그분이 바로 예수님이시다.

"태초에 말씀이 계시니라 이 말씀이 하나님과 함께 계셨으니 **이 말씀은 곧 하나님이시니라... 말씀이 육신이 되어 우리 가운데 거하시매** 우리가 그의 영광을 보니 아버지의 독생자의 영광이요 은혜와 진리가 충만하더라 요한이 그에 대하여 증언하여 외쳐 이르되 내가 전에 말하기를 **내 뒤에 오시는 이가 나보다 앞선 것은 나보다 먼저 계심이라** 한 것이 이 사람을 가리킴이라 하니라"(요1:1,14,15)

세례 요한은 예수님이 태초에 하나님과 함께 계신 분이고 말씀이 육신이 되어 나타나신 '스스로 있는 자'라는 사실을 깨닫고서 예수님을 향하여 '나보다 먼저 계심이라'고 선포했다. '계심이라'는 단어는 '엔'으로서 '에이미'의 미완료형이다. '스스로 있는 자'라는 이름은 헬라어로 미완료형 '에고 에이미'이다.

예수님보다 육 개월 먼저 태어난 세례 요한은 예수님을 향하여 '나보다 먼저 계심이라'고 선포했는데 예수님을 '스스로 계신 자'라는 사실을 분명히 인식하고서 이렇게 선포한 것이다. 이것이 하나님의 이름 속에 숨겨진 구원을 얻게 하는 진리이다.

여호와께서 육신이 되어 사람으로 나타나실 것을 하나님의 이름인 '에흐예'로 이미 예언되었다는 사실이 놀라울 뿐이다. 이것이 '에흐예'의 기본형 '햐야'의 두 번째 의미에 계시된 복음의 비밀이다.

셋째, '햐야'라는 의미는 하나님께서 '오다, 임재하다, comming'의 의미를 가지고 있다. (삿11:29, 삼상19:20)

"이에 여호와의 영이 입다에게 **임하시니(햐야)**"(삿11:29)

111

이것은 하나님의 이름 속에 계시된 세 번째의 놀라운 사실이다. '스스로 계신 자'가 '존재하다'는 의미와 더불어 '하나님께서 오다, 임재하다'는 의미를 지니고 있는 사실에 대해서는 의외로 모르는 이들이 많다. 이것은 번역의 한계 때문이다. 그러나 '스스로 있는 자', 즉 '에흐예'라는 히브리어 단어에는 하나님께서 장차 성도를 성전 삼고 오시겠다는 천국복음의 핵심 언약이 암시되어 있다. '스스로 있는 자'라는 하나님의 이름은 이미 천국복음을 예언하고 있었던 것이다.

모세에게 복음을 예표하는 출애굽 당시 계시한 '에흐예(스스로 있는 자)'라는 하나님 이름에 감추어진 비밀은 '영원 전부터 스스로 계신 하나님께서 장차 육신이 되어 오셔서 성도를 자신의 피로 구속하여 거룩한 성전이 되게 하시고 하나님께서 성도를 성전 삼고 오시겠다'는 천국복음의 비밀을 계시하고 있다.

이스라엘의 역사는 하나님의 이름의 비밀을 증거한다

'스스로 있는 자'라는 하나님 이름의 비밀이 곧 천국복음의 비밀이라고 하면 혹자는 너무 확대 해석한 것이라고 반론을 제기할 수 있다. 그러나 모세에게 나타나 '스스로 있는 자', '말씀이 오다', '하나님이 오다'는 의미를 지닌 하나님의 이름을 계시하시고, 그 이후 하나님께서 모세를 통해 행하신 출애굽 사건을 영적으로 조명하여 보면 필자의 주장은 하나님의 의도와 일치한다는 것을 알 수 있을 것이다.

하나님께서 천국복음의 핵심 언약과 일치하는 하나님의 이름을 모세에게 계시하신 후 모세를 통해 어떤 일을 행하셨는가? 여호와께서 모세를 통해 유월절 날 하나님의 백성을 어린 양의 피로 출애굽 시킨 후 시내산에서 성막을 계시하시고, 모세가 성막을 마친 뒤 여호와께서 성전에 오셔서 충만히 임재하는 것으로 출애굽기의 결론을 맺는다.(출 40:33-38)

이 내용이 예표하는 영적 의미는 무엇일까? 유월절 어린 양은 장차 하나님께서 사람이 되어 오셔서 세상 죄를 지고 죽으실 그리스도를 예표한다. (요1:14,29,36, 고전5:7, 계21:22) 그리고 성전은 어린 양 되신 하나님 예수 그리스도의 피로 구속 받아 참 성전이 될 성도(교회)를 예표한다. (행20:28, 고전3:16, 엡2:21,22, 벧전2:5) 따라서 이스라엘 백성의 출애굽 여정은 장차 하나님께서 사람이 되어 오셔서 예수 그리스도가 세상 죄를 지고 가는 십자가의 어린 양이 되시고 그의 흘린 피로 성도를 구속하여 그들을 하나님께서 거하실 만한 거룩한 성전이 되게 하고 하나님께서 성도를 성전 삼고 오시겠다는 '예수의 피로 세운 천국복음'을 예표하는 것이다. 이 복음의 비밀이 놀랍게도 출애굽 시점에 모세에게 계시한 '스스로 있는 자'라는 이름의 의미이고, 그 다음에 이어지는 이스라엘의 출애굽 여정에 모든 것이 계시되어 있다.

성경은 예수 그리스도의 구원은 창세 전에 예정하신 것이고 (엡1:3-13) 천국복음은 창세 때부터 계획하셨다고 말씀하신다. (마13:35) 그리스도의 초림을 통해 주어지는 구원과 천국복음의 비밀은 이미 그리스도가 오시기 1,446년 전에 모세에게 '스스로 있는 자'라는 이름을 통해 예언 되었고, 그 예언된 이름이 출애굽한 이스라엘의 여정 속에 역사를 통해 계시되었으며 파노라마처럼 펼쳐져 하나님 이름의 비밀을 보여주고 증거하고 있다는 사실이 놀라울 뿐이다.

에흐예 = 천국복음						
천국복음	초림		성령의 오심	성자의 오심		성부의 오심
구약의 절기	유월절	초실절	오순절	나팔절	대 속죄절	초막절
신약의 시대	예수의 피 십자가	부활	성령시대	재림시대	천년왕국 시대	새 예루살렘 시대
			뜰의 시대	성소시대		지성소 시대
이스라엘의 여정	출애굽	홍해	광야시대	정복시대	가나안 땅의 분배	성전시대 통일왕국 시대

'스스로 있는 자(에흐예)'라는 하나님 이름은 장차 하나님께서 성육신 하셔서 자신의 피로 세울 '천국복음'을 나타내 주는 것이고 이 천국복음의 예언을 실증한 것이 출애굽 때 계시한 하나님의 절기이다.

출애굽 당시 계시된 절기는 하나님의 이름의 비밀

하나님께서는 이스라엘의 여정을 통해 하나님 이름에 예언된 천국복음의 비밀을 증거하셨을 뿐만 아니라 출애굽 때 말씀하신 하나님의 절기를 통해서도 하나님의 이름이 천국복음의 비밀을 예언하고 있다는 사실을 거듭 확인해 주고 있다.

하나님은 이스라엘의 출애굽 역사를 통해 하나님의 이름이 계시된 천국복음의 비밀을 드러내시고 이 천국복음이 이스라엘 백성의 체험과 역사가 되도록 하셨다. 또한 하나님의 절기를 통해 이 천국복음이 이스라엘 백성의 삶 자체가 되게 하셨다. 물론 그 당시에 이스라엘 백성들은 하나님의 이름에 예언된 천국복음의 비밀을 깨닫지 못했기 때문에 출애굽 역사와 절기를 통해 행하시려는 하나님께서 감추어 놓은 깊은 의도를 알 수 없었지만 예수 그리스도께서 오셔서 창세부터 감추어진 천국복음의 비밀을 드러내시고 (마13:11,17,35) 진리의 성령이 오심으로 깨닫기 시작했던 것이다. (요16:12,13)

하나님의 절기는 이스라엘 백성의 삶 속에 천국복음을 예언하고 있는 하나님의 이름을 기록하려는 놀라운 계획이 숨겨져 있다. 하나님의 절기는 곧 천국복음이라는 사실이다.

구약의 절기	천국복음	절기의 비밀	성취
유월절	유월절 어린 양 되신 예수	우리의 유월절 양 곧 그리스도께서 희생되셨느니라(고전 5:7)	성취
초실절	부활의 첫 열매가 되신 예수	먼저는 첫 열매인 그리스도요(고전 15:23)	
오순절	성령의 오심	오순절 날이 이미 이르매 그들이 다같이 한 곳에 모였더니... 저희가 다 성령 충만함을 받고(행 2:1-5)	
나팔절	성자의 오심	주께서 호령과 천사장의 소리와 하나님의 나팔 소리로 친히 하늘로부터 강림하시리니... (살전 4:16)	될 일
대 속죄절	천년왕국	이 첫째 부활에 참여하는 자들은 복이 있고 거룩하도다... 도리어 그들이 하나님과 그리스도의 제사장이 되어 천 년 동안 그리스도와 더불어 왕 노릇 하리라(계 20:6)	
초막절	성부의 오심	그들이 밤낮 쉬지 않고 이르기를... 주 하나님 곧 전능하신 이여 전에도 계셨고 이제도 계시고 장차 오실 이시라 하고 (계 4:8)	

유월절과 초실절

하나님의 절기의 핵심을 한마디로 정의하면 '하나님께서 오시겠다는 언약'이다. 유월절과 초실절은 초림에 대한 예언으로서 장차 하나님께서 사람이 되어 오셔서 세상 죄를 지고 유월절 참 어린 양이 되시고 삼 일만에 부활하셔서 부활의 첫 열매로서 초실절을 완성할 것을 예언한 것이다.

오순절

오순절은 초림의 비밀(성육신, 죽고, 부활)을 나타내는데 믿는 성도를 성전 삼고 성령 하나님께서 오시겠다는 예언이다.

나팔절과 대 속죄절

나팔절과 대 속죄절은 성자 하나님께서 성도를 성전 삼고 오시겠다는 예언이다.

오순절은 성령 하나님께서 오심을 예언한 것이고 나팔절과 대속절은 성자 하나님의 오심을 예언한 것이라면 마지막 남은 초막절의 절기는 무엇을 예언하고 있는 것일까?

초막절

오순절과 나팔절과 대 속죄절은 성령과 성자 하나님의 오심에 대한 예언이고 남은 마지막 절기인 초막절은 성부 하나님의 오심을 예언하고 있다. 성경에 성부 하나님께서 창조세계에 성도를 성전 삼고 오시겠다는 예언이 기록되어 있는가? 성부 하나님의 오심에 대한 이 초막절의 핵심 비밀을 예언하고 있는 책이 바로 성경의 마지막 책인 요한계시록이다. (계1:4, 4:8,9, 7:1, 21:3)

이것이 절기에 계시된 천국복음의 핵심 비밀이다. 천국복음이 무엇인지에 대해 좀 더 구체적으로 4장에서 다루겠지만 간단히 정의하면 '천국복음은 하나님께서 성도의 성전(천국)이 되어 주시기 위하여 (렘17:12, 계7:15,21:22, 요17:21) 삼 단계의 과정을 통해 성도를 성전 삼고 오시겠다는 신약의 예언'이다. (요14:16,17,18,23, 요일4:15) 이것이 절기 속에 계시된 천국복음이고 하나님 이름의 비밀이다.

천국복음은 신약의 절기

이 놀라운 천국복음의 핵심 비밀이 출애굽 당시 모세에게 계시한 하나님 이름의 비밀이고 하나님 이름의 비밀에 계시된 천국복음의 비밀은 출애굽 당시 계시한 하나님의 절기의 비밀이라는 사실이다.

하나님은 모세에게 바로 왕에게 가서 '내 백성을 보내라 그들이 광야에서 내 앞에 절기를 지킬 것이니라'는 말씀을 전하라고 명령하셨다. 이는 하나님께서 이스라엘의 백성을 출애굽 시키는 목적이 하나님 앞에 절기를 지키게 하려는 것을 의미한다. 어린 양의 피로 출애굽한 이스라엘 백성에게 여호와의 절기는 대대로 지켜야 할 영원한 규례가 되었고 그들의 삶의 중심이 되었다. 이 절기는 초림을 이루고 삼 단계의 과정을 통해 창조세계에 성도를 성전 삼고 오시겠다는 하나님의 아들이 증거한 신약의 절기인 천국복음을 의미한다. 이는 신약의 참 이스라엘인 교회가 마음에 새기고 지키고 대대로 증거하고 누려야 할 영원한 규례이다.

출애굽할 시점에 하나님께서 모세에게 계시한 '스스로 있는 자', 즉 '에흐예'라는 하나님 이름의 비밀이 천국복음의 비밀을 예언하고 있다는 사실은 이스라엘의 출애굽 여정과 여호와의 절기의 비밀을 통해 확인할 수 있다. 사도 요한은 모세에게 계시된 그 '에흐예'라는 비밀을 깨닫고 예수 그리스도를 '에흐예', 즉 헬라어로 '에고 에이미'라고 증거했고, (요6:20, 63, 8:12,24,58 10:7, 11:25, 13,19, 14:6, 15:1) 동시에 유월절 어린 양이라고 증거 했으며, (요1:29, 계5:6, 21:9, 14, 22, 23, 27, 21:7, 22:3) 하나님께서 성전(천국)이 되어 주시기 위해 삼 단계의 과정을 통해 성도를 성전 삼고 성령 하나님과 성자 하나님과 성부 하나님까지 오신다는 천국복음을 증거했다. (요14-17장, 요한계시록)

사도 요한은 이 천국복음의 비밀을 담고 있는 '스스로 있는 자'는 예수 그리스도를 말씀하고 있는 사실과 (요6:20, 63, 8:12,24, 58, 10:7, 11:25, 13,19, 14:6, 15:1) 유월절 어린 양 역시 예수 그리스도라는 진리를 깨닫고 이를 증거했다. (요1:29, 계5:6, 21:9, 14, 22, 23, 27, 21:7, 22:3) 그리고 그는 유월절 어린 양의 피로부터 시작된 절기에 그 어린 양의 피로 세운 천국복음의 비밀이 있는 사실을 깨닫고 증거했다. (요14-17장, 요한계시록)

예수님께서 자신을 '스스로 있는 자'라고 선포하셨다. 이는 예수님께서 참 어린 양이 되어 친히 그의 피로 구속하여 믿는 자를 성전이 되게 하고 하나님께서 그를 성전 삼고 오시는 길을 열기 위함이고 최종적으로 하나님께서 거하실 우주적인 성전을 완성할 '스스로 있는 자'라는 사실을 선포한 것이다. 그를 '스스로 있는 자'로 믿지 아니하면 자기 죄 가운데 그대로 죽을 것이라고 말씀하셨다. (요8:24)

예수 그리스도는 자신을 모세에게 처음 계시한 하나님의 이름인 '에고 에이미'라고 선언하셨다. (막6:50, 14:62, 요6:20, 63, 8:12, 24, 58, 10:7, 11:25, 13,19, 14:6, 15:1) 그렇게 선언한 이유는 모세에게 계시된 하나님의 이름의 비밀처럼 첫째, 자신이 스스로 계신 창조주 하나님인 사실과 둘째, 그 이름의 예언처럼 말씀이 육신이 되어 오신다던 그 하나님이라느 사실, 셋째는 그 이름의 비밀처럼 천국복음의 언약을 증거하고 성취하러 온 '스스로 있는 자'라는 사실을 드러내어 밝힌 것이다.

이미 당시로부터 1,660년 전에 스스로 계신 여호와께서 사람이 되어 오시고 세상 죄를 지는 어린 양이 되셔서 천국복음이 성취될 길을 여시겠다는 예언은 모세에게 계시한 하나님의 이름과 이스라엘 출애굽 여정과 여호와의 절기 속에서 나타나고 있고 예수 그리스도를 통해 완전하게 성취된 사실이 놀라울 뿐이다.

2 예수 그리스도는 여호와 하나님 중 한 분

예수는 창조주 하나님

성경은 예수님을 태초부터 하나님과 함께 계셨던 창조주 하나님이라는 진리를 분명하게 밝히고 있다.

"조상들도 저희 것이요 육신으로 하면 그리스도가 저희에게서 나셨으니 **저는 만물 위에 계셔 세세에 찬양을 받으실 하나님이시니라** 아멘"
(롬9:5)

"아들에 관하여는 하나님이여 주의 보좌가 영영하며 주의 나라의 홀은
공평한 홀이니이다"(히1:8)

"저 복된 소망과 위대하신 하나님 곧 우리의 구원자 예수 그리스도의
영광스러운 나타나심을 기다리게 하셨으니"(딛2:13)

**"그분의 아들 예수 그리스도 안에 있음을 아노니 이분은 참 하나님이
시요** 영원한 생명이시니라"(요일5:20)

"태초에 말씀이 계시니라 이 말씀이 하나님과 함께 계셨으니 이 말씀
은 곧 하나님이시니라 그가 태초에 하나님과 함께 계셨고 만물이 그로
말미암아 지은 바 되었으니 지은 것이 하나도 그가 없이는 된 것이 없
느니라... **그가 세상에 계셨으며 세상은 그로 말미암아 지은 바 되었으
되** 세상이 그를 알지 못하였더라 말씀이 육신이 되어 우리 가운데 거
하시매 우리가 그 영광을 보니 아버지의 독생자의 영광이요 은혜와 진
리가 충만하더라... **본래 하나님을 본 사람이 없으되 아버지 품속에 있
는 독생하신 하나님이 나타내셨느니라**"(요1:1-18)

많은 기독교인들에게 '예수 그리스도는 여호와'라고 말한다면 예수님
이 하나님이라는 사실은 인정하는데 여호와는 성부 하나님만을 지칭하
는 이름이 아니냐고 반문을 하게 될 것이다. 그러나 예수님은 모세에게
나타난 그 '여호와' 하나님이시다. 창세기 2장은 여호와를 단수가 아닌

복수로 계시하고 있다.

"**여호와 하나님이 이르시되** 보라 이 사람이 선악을 아는 일에 **우리 중 하나같이** 되었으니 그가 그의 손을 들어 생명 나무 열매도 따먹고 영생할까 하노라 하시고" (창3:22)

사도요한이 본 최고의 진리의 빛은 예수는 여호와

사도 요한이 본 최고의 진리의 빛은 주 예수 그리스도는 태초부터 아버지 품속에 있는 독생하신 하나님으로서 만물을 지으신 창조주 하나님이라는 사실이다. 사도 요한은 그 창조주 하나님이신 예수 그리스도는 바로 모세에게 나타난 '에고 에이미', 즉 '여호와'가 되신다는 비밀과 (요6:20, 63, 8:12, 24, 58, 10:7, 11:25, 13,19, 14:6, 15:1) 창조 때 만물을 창조하시고 에덴동산에서 말씀하신 그 여호와라는 사실을 깨달은 것이다. (창1:26, 3:22, 요1:1,2,10, 17:21,22)

요한복음 1장 앞부분에서 사도 요한은 예수 그리스도는 태초에 하나님과 함께 계셨던 독생하신 창조주 하나님이라고 말씀하고 (요1:1,2,10, 18) 후반부에서 그분을 세상 죄를 지고 가는 어린 양으로 기록한다. (요1:29) 창조주 하나님 여호와께서 사람이 되어 오셔서 세상 죄를 지고 십자가에 못박혀 죽으실 것을 말씀하고 있는 것이다. 이 놀라운 예언은 스가랴서에 기록되어 있다.

예수는 못박히신 여호와

스가랴에서는 여호와 중 한 분이 사람이 되어 오셔서 은 삼십에 팔리고 (슥11:12,13) 그 여호와께서 십자가에 못박힐 사건을 (슥12:10) 예언하고 있다. (창3:22) 이 놀라운 예언은 **'여호와(יהוה=요드 헤 바브 헤 출3:14)'**의 이름 안에 이미 계시되어 있다.

여호와 이름의 비밀은 여호와가 사람이 되어 죽으실 것

많이 알려진 이야기지만 '여호와'는 하나님을 가리키는 신명으로서 히브리어 네 가지 자음으로 이루어져 있다.

요드(י), 헤(ה), 바브(ו), 헤(ה)' = 여호와(יהוה)

놀랍게도 이 이름 안에 장차 여호와께서 사람이 되어 오시고 십자가에 못박히실 사건이 계시되어 있다. 히브리어는 상형문자(표의문자)로서 한자처럼 단어 하나하나에 의미가 포함되어 있다.

요드(י) 손, 헤(ה) 보라, 바브(ו) 못, 헤(ה) 보라

'여호와(יהוה)'의 이름을 파자하여 그 의미를 보면 놀랍게도 **'손을 보라 못을 보라'**로 해석된다. 왜 하나님께서 모세에게 어린 양의 피로 출애굽 시킬 시점에 하나님 손에 못이 박힐 것에 대한 의미를 지닌 하나님의 이름을 계시하셨는지 생각해 보자. 이는 못박혀 죽고 부활하여 손에 못자국을 가지고 있는 분만이 영생을 주는 참 여호와 하나님이라는 사실을 나타내는 것이다. 손에 못박혀 죽음을 경험하지 않고 손에 못자국이 없는 자는 결코 영생을 주는 여호와가 될 수 없고 구세주가 될 수 없다. 이것이 창세기 2장 4절부터 수천 번 자신의 이름을 통해 계시하고 있는 구원의 도의 비밀이고, 하나님께서 택하신 사랑하는 자에게 허락하신 여호와 이름의 비밀인 것이다.

손을 보라 못을 보라

예수님은 부활하여 도마에게 손의 못자국을 보여 주시면서 '손을 보라'고 말씀하셨다. 그 때 그 손을 본 도마는 놀랍게도 '손을 보라'는 그분을 향하여 '나의 주님이시요 나의 하나님이시니이다'라고 고백한다. 어떠한 이유와 증거로 도마는 그 분을 향하여 '나의 하나님'이라는 고백을 하게 되었을까?

첫 번째 이유는, 그는 부활 사건을 직접 보았기 때문이다. 그러나 도마가 단지 부활하신 예수님을 만났기 때문에 나의 하나님이라고 고백했을까? 도마는 예수님이 죽은 나사로를 살리신 사건의 증인이 아닌가. 그렇다고 해서 사람들이 나사로를 하나님이라고 인정할 수는 없는 것이다. 도마가 예수님을 나의 하나님이라고 고백할 수 있었던 이유는 하나님 되심을 고백할 수 밖에 없는 결정적인 증거를 확인한 것이라고 생각해 볼 수 있다.

도마는 유대인으로서 어린 시절부터 성경에 6,000번 이상 기록된 '여호와'의 이름을 늘 배우고 들으면서 성장했을 것이고 모세에게 계시된 '여호와'의 이름이 '손을 보라 못을 보라'는 뜻을 지니고 있다는 사실도 알고 있었을 것이다. 그런데 유대인들은 메시아가 여호와 하나님이라는 비밀과 어린 양이 되어 세상 죄를 지고 십자가에 못박히기 위해 오신다는 비밀을 알지 못하였기에 '여호와'의 이름이 '손을 보라 못을 보라'는 의미를 지니고 있는 이유에 대해 설명할 길이 없었을 것이다. 부활한 예수님께서 의심하는 도마에게 자신의 못자국 난 손을 보여 주시며 '손을 보라'고 했을 때 수없이 들었던 '손을 보라 못을 보라'는 하나님의 이름이 지닌 의미를 생각했을 것이고 그 여호와가 자신에게 못자국을 보여 주시며 말씀하고 계시는 바로 그 예수님이라는 사실에 큰 충격을 받고서 '나의 주시며 나의 하나님이시니이다 (요20:28)'라는 고백을 할 수 밖에 없었던 것이다.

사실 예수님은 제자들에게 자신이 모세에게 나타나 계시하셨던 이름인 '에고 에이미'라고 여러 번 말씀하셨지만 제자들은 예수님이 모세에게 나타나셨던 바로 그 여호와라는 사실은 상상조차 못했을 것이다. 도마는 부활하신 예수님이 자신의 앞에서 '내 손을 보라(여호와)... 그리고 믿음 없는 자가 되지 말고 믿는 자가 되라'고 말씀하시며 못자국 난 손을 보여 주실 때 왜 '여호와' 이름이 '손을 보라 못을 보라'는 의미를 지니고 있었는지 즉각 깨달을 수 있었고 예수님께서 평소에 자신을 '에고 에이미'라고 여러 번 말씀 하셨던 기억이 떠 올랐을 것이다. 그래서 도마는 그러한 예수님을 향하여 '나의 주요 나의 하나님'이라는 진심어린 고백을 할 수 밖에 없었던 것이다.

도마가 예수님을 '나의 주 나의 하나님'으로 고백한 사건은 십자가에 달리시기 전 제자들과의 마지막 만찬에서 예언한 말씀의 성취이다.

"내게 발꿈치를 들었다 한 성경을 응하게 하려는 것이니라 지금부터 일이 일어나기 전에 미리 너희에게 일러둠은 **일이 일어날 때에 내가**

124

그인(에고 에이미) 줄 너희가 믿게 하려 함이로라" (요13:17,18)

나흘 전 밤에 들었던 이 말씀의 의미가 무엇인지 몰랐던 도마는 부활하신 예수님 손의 못자국을 보고서 예수님이 '에고 에이미'인 사실과 여호와 이름의 비밀을 깨닫게 되었고 '나의 주요 나의 하나님'이라고 진심 어린 고백을 한 것이다.

죽고 부활하신 예수님이 '여호와'라는 이 엄청난 비밀을 깨닫지 못한다면 '여호와' 이름의 비밀을 모르는 것이고 그 이름을 힘입어 생명을 얻지 못하는 것이요 하나님의 자녀로 거듭난 것이 아닌 것이다. (요1:10-13, 20:31, 롬10:9-13)

[The Resurrected Lord by Del Parson]

요한복음, 요한일서, 계시록이 증거하는 예수는 여호와 어린 양

성경 중에서 여호와의 이름의 비밀과 그 여호와의 이름의 비밀대로 여호와께서 사람이 되어 세상 죄를 지고 십자가에 못박혀 어린 양이 되셔서 그 이름의 비밀을 성취하고, 그 이름을 깨닫고 믿어 하나님이 주시는 생명을 얻고 하나님의 자녀로 거듭나게 되어 영생과 하나님의 나라를 얻게 된다는 진리를 가장 잘 계시하고 있는 성경이 요한복음과 요한일서와 요한계시록이다. 이 세 책은 예수님이 하나님인 것과 동시에 어린 양임을 강조하고 있다. 예수님은 죽고 부활하여 영원히 손에 못자국을 가지고 계신다. 그래서 성경의 마지막 책인 요한계시록의 결론 부분에서는 예수님을 세상 죄를 지고 못박힌 '어린 양'이라고 칭하고 있다. (계22:3) '여호와(יהוה)' 이름의 비밀은 예수님이 여호와이시고, 세상 죄를 지고 죽으실 약속된 참 어린 양이라는 비밀을 증거한다. 어린 양의 피로 출애굽 할 시점에 모세에게 계시된 이 '여호와(יהוה)' 이름의 비밀은 매우 놀랍고 중요한 진리이다. (출3:13-15, 12장)

여호와, 손을 보라 못을 보라

이는 여호와께서 장차 사람이 되어 오셔서 세상 죄를 지고 십자가에 못박혀 죽으시는 어린 양이 되실 것을 예언하고 있는 것이다. 여호와 이름에 숨겨진 예언대로 태초부터 스스로 계셨던 창조주 여호와께서 사람이 되어 오셔서 세상 죄를 지고 십자가에 못박혀 죽으셨으며 그분이 예수라는 비밀을 밝히 드러낸 것이 요한복음이다.

요한복음은 예수님께서 자신을 출애굽 당시 모세에게 나타나 말씀하셨던 '스스로 있는 자/에고 에미이'라고 주장하신 사실을 기록하고 있다. (요6:20, 63, 8:12,24,58 10:7, 11:25, 13,19, 14:6, 15:1) 요한복음1장에서 예수님은 태초부터 하나님과 함께 계셨던 창조주 하나님이라고 선언하면서 동시에 (요1:1-3,10,18) 그 창조주 하나님이신 예수께서 출애굽 당시 어린 양이 되심을 계시하고(요1:29) 자신을 모세에게 나타나 말씀하셨던 그 '스스로 있는 자'라고 선포하신 사실을 기록하고 있다. (요6:20, 63, 8:12,24,58 10:7, 11:25, 13,19, 14:6, 15:1)

결론 부분에서 부활하신 예수님이 도마에게 손을 보여 주시며 '손을 보라'고 하셨고 도마는 '나의 주요 나의 하나님'이라고 고백했던 사실을 기록하고 있다. 요한일서에서는 '태초부터 아버지와 함께 있었던 생명의 말씀이 나타난 것을 보았고 십자가에서 세상 죄를 지고 죽으심으로 하나님의 사랑이 나타나고 확증된 것을 보았다'고 증언하고 있다. 성경 마지막 책인 요한계시록에서는 예수님을 '세상 죄를 지고 못박힌 어린 양'이라고 결론을 맺는다. (계22:3)

역대 이래로 자신이 구원주라고 외친 많은 종교 사기꾼들이 있었다. 진정한 구원자는 십자가에서 손과 발에 못박혀 죽고 부활한 경험이 있어야 하며 그 부활한 손에 못자국의 영원한 성흔(stigmata, 聖痕)이 있어야 한다. 흠도 점도 티도 없었던 여호와의 몸은 세상을 구원하기 위해 영원한 흉터를 지니게 된 것이다. 여호와의 흉터는 우리의 영원한 구원의 표징이요 영광이요 찬양이다. 그 어린 양께 찬송과 존귀와 영광과 능력을 세세토록 돌릴찌어다! 아멘! (계5:13,14)

'여호와(יהוה)' 이름의 비밀은 예수님은 여호와라는 사실과 세상 죄를 지고 죽으실 약속된 어린 양이라는 사실을 깨닫게 한다. 그 비밀을 깨닫고 믿는 자는 하나님의 피의 댓가로 허락된 하나님을 모시고 하나님과 연합되고 하나님을 영원토록 공급받고 하나님으로 영생을 얻게 될 것이다. 아멘, 할렐루야!

예수의 이름은 여호와의 이름이 성취된 이름

'여호와(יהוה)'의 이름이 구약의 하나님 이름으로서 구원주가 오실 것에 대한 예언적인 이름이라고 한다면 '예수(예슈아/(ישוע)'의 이름은 신약의 하나님 이름으로서 '여호와의 이름이 성취된 이름'이다. 즉 여호와의 이름은 장차 사람이 되어 세상 죄를 지고 십자가에 못박혀 죽으실 것을 예언한 이름이고 예수의 이름은 그 예언대로 여호와께서 이 땅에 사람이 되어 오셔서 세상 죄를 지고 십자가에서 못박힌 이름이다.

'예수(예슈아/(ישוע)' 이름의 뜻은 '여호와 구원'이라는 의미가 있다. 문자를 파자해 보면 구약에서 여호와의 이름에 계시된 '장차 여호와께서 사람이 되어 오셔서 십자가에서 세상 죄를 지고 못박혀 죽을 것이다'라는 예언이 성취되었다는 복음의 비밀이 계시된 이름인 것을 깨닫게 된다.

'예수(예슈아/(ישוע)'는 히브리어 네 자음으로 이루어져 있다.

י (요드)	손	
ש (쉰)	거룩한 이름, 전능자	
ו (바브)	못	
ע (아인)	경험하다, 체험하다, 알다, 보다, 눈	

따라서 '예수'의 이름을 파자하면 '전능자의 손이 못을 경험하다'라는 의미인데 이는 장차 여호와의 손이 못을 경험할 것이라는 여호와의 이름의 성취인 것이다.

יהוה 여호와(야웨)				ישוע 예수(예슈아)			
알파벳	음가	발음	뜻	알파벳	음가	발음	뜻
י	Y	요드	손, 만들다, 창조하다	י	Y	요드	손, 만들다, 창조하다
ה	H	헤	바라보다, 계시, 나타내다	ש	SH	신/쉰	전능자, 거룩한 이름, 이, 소멸하다
ו	U	와우/바브	못, 갈고리, 연결하다	ו	U	와우/바브	못, 갈고리, 연결하다
ה	H	헤	못, 갈고리, 연결하다	ע	O	아인	경험하다. 눈, 알다, 보다

예수/예슈아 = 전능자의 손이 못을 경험하여 구원주가 되셨다

'예수(예슈아/(ישוע)' 이름의 본래 뜻은 '여호와 구원'이라는 의미이다. 문자를 파자해 보면 '전능자의 손이 못을 경험하다'라는 의미이며 이를 조합해 보면 예수의 이름은 **'여호와의 손이 못을 경험하여 구원자가 되셨다'**는 의미가 된다. 이것이 바로 구원 얻는 예수 이름의 비밀이다

우연인지는 모르겠으나 예수님이 달리셨던 십자가 위의 팻말에 '나사렛 예수, 유대인의 왕'이라고 히브리어와 헬라어로 기록되었는데 팻말의 첫 글자를 따면 여호와 이름의 4글자인 **'요드(손), 헤(보라), 바브(못), 헤(보라)'**가 완성된다. (요19:19,20) 십자가에 못박히신 예수님은 출애굽기 3장 15절에 기록된 '여호와께서 장차 사람으로 오셔서 못박힐 그 여호와'라는 사실을 계시하고 있는 것이리라.

에덴동산에 계시된 여호와 이름

'여호와'의 이름이 처음 등장한 것은 창세기 2장 4절이다. 하나님은 처음으로 여호와, 즉 **'손의 못을 보라'**는 의미를 지닌 자신의 이름을 계시하고서 에덴동산을 만드셨고 그 중앙에 생명나무와 선악을 알게 하는 나무를 두었다. 에덴동산 중앙의 이 두 나무는 **'장차 여호와께서 사람으로 오셔서 세상 죄를 지고 부활할 것'**이라는 복음에 대한 계시이고 여호와 이름의 비밀에 대한 계시이다.

성전은 여호와의 이름을 두는 곳이다. (역상22:7, 왕상8:16) 에덴동산은 하나님께서 거하시는 성전이었다. 따라서 에덴동산은 여호와의 이름의 비밀을 계시하며 여호와의 이름을 두는 성전이었고 성전인 에덴동산 중앙에 있는 생명나무와 선악을 알게 하는 나무가 바로 여호와의 이름인 것이다.

3 못 박히실 여호와에 대하여 예언된 태초의 복음

에덴 동산의 예수 그리스도가 여호와라는 비밀과 그 여호와께서 사람이 되어 오셔서 죽고 부활하실 것에 대한 복음이 예언되었다는 말씀을 들어보았는가? 놀랍게도 에덴동산에 태초의 복음이 예언되어 있다.

태초의 에덴동산에는 놀라운 복음이 가득하다. 먼저 에덴동산에 계시된 복음을 정리하면 아래와 같다..

에덴동산에 계시된 태초의 복음 요약정리

생명나무와 선악을 알게하는 나무
(창2:9, 16, 17)

장차 여호와께서 성육신하시고 죽고 부활하실 그리스도를 예표

☯ 생명나무: 여호와는 장차 성육신하실 그리스도
☯ 선악을 알게 하는 나무: 장차 죽고 부활하실 그리스도

이 두 나무에 대한 그림은 장차 여호와 하나님 중 한 분이 처녀의 몸을 통해 사람이 되어 오셔서 세상 죄를 지고 죽고 부활할 것에 대한 태초의 예언이고, 여호와 이름의 계시이며, 여호와의 이름이다.

잠자는 아담으로부터 하와의 출현
(창2:20~24)

장차 죽으실 그리스도와 교회를 예표 (엡5:31,32, 롬5:14, 고전15:45)

- ☯ 잠자는 아담: 장차 죽으실 그리스도
- ☯ 하와: 마지막 아담인 그리스도의 죽음과 부활을 통해 출현할 그리
  스도의 아내인 교회

이 그림은 장차 여호와 중 한 분이 처녀의 몸을 통해 사람으로 오셔
서 죽는 목적이 여호와 하나님과 동일한 생명(갈빗대)으로 건축된 하나
님과 어울리는 아내를 얻기 위함이라는 것에 대한 계시이다.

(슥2:16,19,20, 사54:5, 계21:9,10)

여자의 후손이 뱀에게 발꿈치를 상하게 됨
(창3:15)

장차 여호와께서 처녀의 몸을 통해 사람으로 오셔서
죽으실 그리스도를 예언

- ☯ 여자의 후손: 장차 처녀의 몸을 통해 성육신하실 그리스도
  (사7:14, 마1:23-25)
- ☯ 발꿈치가 상하게 됨: 장차 죽으실 그리스도 (요13:2,18,17)

이 말씀은 장차 여호와 중 한 분이 처녀의 몸을 통해 여자의 후손으
로서 사람이 되어 오시는 목적이 사탄의 머리를 상하게 하고 그에게
종노릇하는 자들을 놓아 주려함이라는 복음을 계시한 예언이다.
(히2:14,15, 눅4:18,19, 눅13:32, 막3:13-15)

> ## 여호와 하나님이 가라사대 선악을 아는 일에
> ## 우리 중 하나같이 되었으니 (창3:22)

삼위일체 하나님과 장차 죽으실 그리스도에 대한 예언

- '여호와 하나님이 가라사대... 우리': 삼위일체 하나님
- '선악을 아는 일에 우리 중 하나같이 되어': 장차 죽으실 그리스도

이 말씀은 장차 여호와 하나님 중 한 분이 사람이 되어 오셔서 죽고 부활하실 것에 대한 복음을 예언한 것이다.

> ## 여호와 하나님이... 가죽옷을 지어 입히시니라
> ### (창3:21)

장차 세상 죄를 지고 어린 양으로 죽으실 그리스도 (요1:29, 고전5:7)

이 말씀은 장차 여호와 하나님 중 한 분이 처녀의 몸을 통해 사람이 되어 오셔서 죄인을 덮어 주려고 세상 죄를 지고 어린 양이 되실 것에 대한 예표이다.

> ## 생명나무로 가는 에덴동산 동편 길을 막고 있는
> ## 그룹천사 (창3:24)

하나님 안에 들어가는 산 길이 되시기 위해 장차 죽으실 그리스도
(마27:51, 막15:38, 눅24:45, 히10:20)

이 말씀은 장차 여호와 하나님 중 한 분이 처녀의 몸을 통해 사람이 되어 오셔서 세상 죄를 지고 육체가 찢어짐으로 하나님 안에 들어가는 산 길이 되실 것에 대한 예언이다. (요14:6, 히10:20)

에덴동산은 성전
(창2:8, 10)

- 에덴동산 중앙(다웨크: 쪼개지다): 속죄소
- 동산: 지성소
- 에덴: 성소
- 아담이 쫓겨난 에덴 동편 땅: 뜰

이 그림은 여호와 하나님 중 한 분이 장차 처녀의 몸을 통해 사람이 되어 오셔서 세상 죄를 위해 죽으시는 목적에 대한 그림으로서 하나님과 사람의 상호 거처인 살아있는 성전을 건축하기 위한 것에 대한 계시이다.

물의 근원, 네 강, 생명나무와 선악을 알게 하는 나무 (창2:9~10)

성전의 중심이 되시는 삼위일체 하나님

◐ 물의 근원: 성부 하나님
◐ 생명나무와 선악을 아는 나무: 성육신하시고 죽고 부활하실 그리스도
◐ 네 강: 생수의 강이 되신 성령 하나님 (요7:38,39)

이 그림은 장차 여호와 하나님 중 한 분이 처녀의 몸을 통해 사람이 되어 오셔서 세상 죄를 지고서 죽고 부활하신 결과 성령 하나님과 성자 하나님, 뿐만 아니라 성부 하나님까지도 성도를 성전 삼고 중심에 오셔서 영원히 거처함으로 성도를 적시는 영생하는 생수의 강이 되어 주실 것에 대한 그림이다. (요14:23, 계1:4, 5:8,9, 22:1-5)

이것이 창조시부터 감추어졌던 태초의 복음이다. 여호와 하나님 중 한 분이 사람이 되어 오셔서 창조시 감추어진 복음을 드러내셨으니 그 분이 바로 주 예수 그리스도이다.

"이는 선지자로 말씀하신 바 내가 입을 열어 비유로 말하고 창세부터 감추인 것들을 드러내리라 함을 이루려 하심이니라" (마13:35)

에덴동산은 하나님이 중심에 계신 지성소

독자는 에덴동산 중앙에 있는 생명나무와 선악을 알게 하는 나무가 장차 여호와께서 성육신하실 그리스도와 죽고 부활하실 그리스도를 예표한다는 사실을 쉽게 받아들일 수 있겠는가? 생명나무와 선악을 알게 하는 나무의 실체에 숨겨진 비밀을 보기 위해서는 우선 에덴동산은 어

떤 장소였는가에 대한 바른 이해를 필요로 한다. 에덴동산은 하나님의 집이요 거처인 지성소이다.

에덴동산에는 하나님의 집이요 거처인 지성소에 나타나는 그룹천사가 있다. (창3:24) 그룹천사가 있는 곳이 곧 하나님의 보좌요 지성소이다. 그래서 지성소의 중심에는 '우리'이신 하나님을 상징하는 세 가지 성물이 들어있는 법궤를 그룹천사가 덮고 있는 것이다. 뿐만 아니라 하나님의 처소인 지성소의 휘장과 지성소의 벽과 천장에는 그룹천사가 그려져 있다. 성경은 하나님께서는 그룹천사들 사이에 좌정해 계신다고 말씀하고 있다. (왕하19:15, 대상13:6, 28:18, 시18:10, 80:1, 99:1, 사37:16) 요한계시록 4장에서는 하나님의 보좌 가운데와 보좌 주위에 그룹천사인 네 생물이 있다고 했다. (계4:6. 겔10:20) 따라서 그룹천사가 있는 곳이 곧 하나님 보좌가 있는 곳이요 처소요 지성소인 것이다.

창세기 3:24에는 "하나님이 그 사람을 쫓아 내시고 에덴동산 동편에 그룹들과 두루 도는 화염검을 두어"라고 기록되었는데 에덴동산에는 그룹 천사가 생명나무의 길을 지키는 임무를 수행하게 된다. 이를 통해 에덴동산은 하나님께서 거하시는 지성소라는 사실을 알 수 있다. 지성소 중앙은 하나님이 좌정하여 계신 장소이다. 지성소의 중앙에는 하나님이 계신다. 따라서 지성소인 에덴 중앙에 있는 생명나무와 선악을 알게 하는 나무는 바로 하나님을 상징하고 있는 것이다.

에덴동산은 담이 있는 정원으로서 유일한 문은 동편에 있다. (창3:24) 그래서 히브리어 원문에는 동편으로부터 에덴동산이 있다고 기록하고 있다. 성전을 구조를 보면 지성소의 휘장 문과 성전의 유일한 문은 동편에 있다. 이는 에덴동산이 지성소의 구조를 가지고 있는 에덴 성전이라는 사실을 보여준다. 이는 지성소인 에덴 중앙에 있는 생명 나무와 선악을 아는 나무는 하나님을 상징하고 있음을 보여준다.

속죄소(시은좌)	지성소	성소	성소 뜰
에덴동산 중앙	동산	에덴	에덴동산의 동쪽 밖
창2:9 중앙(타웨크)	창2:8,10	창2:8,10	창3:24

지성소 중심에는 법궤가 있고 법궤 안에 성부 하나님을 상징하는 십계명과 성자 하나님을 상징하는 만나와 성령 하나님을 상징하는 아론의 싹 난 지팡이가 있다. (히9:4) 지성소의 중심은 우리이신 하나님인 것이다. 그렇다면 지성소인 에덴동산 중앙에는 당연히 우리이신 하나님이 계셔야 한다. 우리이신 하나님이 에덴동산에서는 어떻게 계시되어 있을까?

에덴 동산에 계시된 삼위일체 하나님

창세기1-3장에서 하나님은 당신을 우리이신 하나님이라고 계시한다. (창1:26, 3:24) 이 우리이신 하나님께서 지성소인 에덴동산에 상징적으로 계시되어 있다. 창세기 2장에서는 에덴 중앙에 하나의 근원되는 강이 나오는데 이는 생명의 물의 근원이 되는 성부 하나님을 상징하며 (사12:2,3, 렘2:13, 17:13) 그 한 근원으로부터 강이 발원하고 네 강의 근원이 되어 에덴을 적시는데 이 네 강은 생수의 강이 되시는 성령 하나님을 상징한다. (요7:38,39) 그렇다면 지성소인 에덴동산에서 성자 하나님은 무엇으로 상징되고 있을까? 바로 지성소인 에덴동산 중심에 있는 생명 나무와 선악을 알게 하는 나무로 상징되어 계시되고 있는 것이다. 창조시부터 하나님께서는 에덴동산에 아담을 두시고 그에게 우리이신 하나님을 계시하였고 영생이 되시는 참된 음료요 음식으로 계시하고 있었던 것이다.

에덴동산 중앙에 있는 나무는 성육신하신 그리스도를 상징

에덴동산은 지성소이고 지성소 중앙에 있는 나무는 하나님을 상징하는 것이라고 하면 에덴동산 중앙에 있는 하나님은 왜 나무로 상징되었을까? 성경에서 나무는 사람을 상징한다. (단4:22, 렘24:5, 시1:3, 요15:1, 계11:4) 그렇다면 생명나무와 선악을 알게 하는 나무는 하나님과 사람을 동시에 상징하고 있는 것이다. 하나님인 동시에 사람인 분은 누구일까? 바로 하나님께서 사람이 되신 예수 그리스도이시다. (요1:1,14,18, 요15:1, 롬9:5)

"조상들도 저희 것이요 육신으로 하면 그리스도가 저희에게서 나셨으니 저는 만물 위에 계셔 세세에 찬양을 받으실 하나님이시니라 아멘" (롬9:5)

그리스도는 육신으로는 유대인의 혈통에서 나셨기에 사람이지만 또한 만물 위에 계셔서 세세에 찬양을 받으실 하나님이라고 선언하고 있다. 따라서 생명나무와 선악을 아는 나무는 하나님이면서 동시에 사람이 되신 예수 그리스도를 상징하는 것이다.

많은 성경학자들은 사람이 선악을 알게 하는 나무의 과실을 따먹으면 정녕 죽는다고 말씀하셨기에 그 나무를 부정적인 의미로 생각하여 율법, 거짓 목자, 마귀 등을 나타내는 의미라고 주장을 한다. 그러나 그 나무는 실상 하나님이 사람이 되어 죽고 부활하실 그리스도를 예표한 것이다.

생명 나무와 선악 나무는 두 나무가 아니라 한 나무

생명나무도 그리스도를 상징하고 선악을 알게 하는 나무도 그리스도를 상징하고 있다면 이 두 나무는 한 나무라는 말씀인가? 그렇다. 이 두 나무는 두 개의 나무가 아니라 실상 한 개의 나무인 것이다. 이 비밀을 본 사람은 종교개혁자 루터이다.

"이 나무는 두 개가 아니라 서로 다른 이름을 가진 하나의 나무이다. 3:3에서 이브가 한 말이 그 사실을 입증해준다. 빌시우스(Witsius), 루터(Luther), 캔니코트(Kennicott), 헹스텐버그(Henstenberg) 등은 이 나무가 개별성을 띤 나무가 아니라 집단성을 띤 나무라고 주장한다." [12]

"여호와 하나님이 그 땅에서 보기에 아름답고 먹기에 좋은 나무가 나게 하시니 동산 가운데에는 생명나무와 선악을 알게 하는 나무도 있더라"(창2:9)

'동산 가운에 있는 생명나무와 선악을 알게 하는 나무'를 수식하고 있는 '보기에 아름답고 먹기에 좋은 나무'는 놀랍게도 단수로 되어있다.

즉 먹기에 좋은 하나의 나무가 동산 가운데 있는 생명나무와 선악을 알게 하는 나무라는 것이다. '아름답고 먹기에 좋은 나무'는 장차 성육신하실 '여호와 예수'를 상징하고 있다. '아름답고'는 히브리어로 '하마다'로서 '심히 사랑받는 자, 아름다움'을 의미하고 '먹기에'는 히브리어로 '마아칼'로서 '양식, 여물'이라는 뜻이다. '좋은'은 '콜'로서 '완전한'을 뜻하고 '나무'는 '에쯔'로서 '남성, 명사, 단수'로 되어 있다.

하나님은 예수님이 요단강에서 침례받고 올라오실 때 하늘에서 '이는 내 사랑하는 아들이라'고 말씀하셨다. 태어난 아기 예수님은 짐승의 여물통에 누이셨다. 예수님은 자신을 하늘에서 내려온 참된 양식이라고 말씀하셨다. 그리고 예수님은 완전한 하나님이 사람이 되어 오신 흠도 점도 티도 없는 완전한 사람이고 남자였다. 따라서 '아름답고 먹기에 좋은 나무'는 장차 여호와께서 사람으로 오실 예수 그리스도를 예표하고 있는 것이다. 이 나무가 바로 에덴동산 중앙에 있는 생명나무와 선악을 알게 하는 나무인 것이다

에덴동산 중앙은 속죄소

왜 한 개의 나무를 두 개의 나무라고 하여 그리스도를 계시하고 있는 것일까? 이 두 나무는 에덴동산 가운데(중앙)에 있었다. '가운데(중앙)'라는 히브리어는 '다베크(타웨크)'로서 '절단하다, 이등분 하다, 쪼개다'라는 뜻을 가진 단어이다. 에덴동산의 중앙이 '쪼개지다, 절단되다'는 의미를 지니고 있는 것은 어린 양이 절단되어 피가 뿌려지는 지성소 중앙 법궤 위에 있는 속죄소(시은좌)를 의미한다는 사실을 말씀하고 있는 것이다. (출25:18-22, 26:34) 쪼개진 어린 양의 피가 뿌려지는 속죄소를 상징하는 생명나무와 선악을 알게 하는 나무가 에덴 동산 중앙에 서 있었다는 것은 장차 하나님이 사람이 되어 오시고 쪼개질 그리스도라는 사실을 계시하고 있는 것이다.

아담과 하와는 죄를 범하고 여호와의 낯을 피하여 동산 나무 사이에 숨었다. (창3:8) '동산 나무 사이'라는 말씀에서 '사이'라는 단어는 '에덴동산 가운데' 할 때 사용된 '다웨크(쪼개지다)'라는 단어와 같다. 이는 시은좌(속죄소)인 에덴동산 가운데 있는 쪼개진 생명나무와 선악을 알게 하는 나무 사이에 숨었다는 의미인데 이는 장차 하나님께서 사람이 되어 세상 죄를 지고 쪼개질 그리스도 안에 숨었다는 것을 의미한다. (창3:8) 이어지는 창세기 3장 15절에서는 장차 하나님께서 처소인 몸을 통해 여자의 후손으로 오셔서 세상 죄를 지고 쪼개질 어린 양 되실 그리스도에 대하여 계시하고 있다. 속죄소를 상징하는 에덴동산 가운데 서 있는 생명나무와 선악을 알게 하는 나무는 장차 하나님께서 사람이 되어 세상 죄를 지고 십자가에서 쪼개질 그리스도에 대한 계시이다. 이것이 창세 때에 에덴에 계시된 태초의 복음이다.

에덴동산 중앙의 쪼개진 나무는 쪼개진 반석 되신 그리스도

모세가 반석을 쳐서 둘로 쪼개져 그 사이에서 생수가 흘러나와 백성들이 죽을 지경에서 살아난 기록이 있는데 신약성경은 둘로 쪼개져 생수가 흘러나온 그 반석을 그리스도라고 말씀하고 있다. (출 17:6, 고전 10:4) 살리는 생수가 나오는 장소는 쪼개진 그리스도를 지칭하는 것이다.

에덴동산에 강이 있는데 이 강을 요한계시록에서는 생명수 강이라고 말씀하고 있다. (계21:1-3) 아마도 에덴동산 강의 근원이 되는 장소는 에덴동산 가운데 있는 쪼개진 생명나무와 선악을 알게 하는 나무 사이일 것이다. 에덴동산의 최종 완성인 새 예루살렘 중심에는 쪼개진 생명나무와 선악을 알게 하는 나무의 성취인 어린 양의 보좌가 있고 그 보좌로부터 생명수 강이 흘러 새 예루살렘을 적셨다고 말씀하고 있다. (계 22;1-3) 이는 에덴동산 중앙에 있는 쪼개진 생명나무와 선악을 알게 하는 나무로부터 강이 흘러 나와 동산을 적시고 있다는 것을 암시하고 있는 것이다.

성경에서는 '강이 에덴에서 발원하여'라고 했는데 강이 발원한 구체적 장소는 에덴동산 중앙에 있는 생명나무와 선악을 알게 하는 나무 사이일 것이다. 왜냐하면 아담이 죄를 범하고 숨었던 나무 '사이'라는 단어가 '쪼개지다'는 의미로서 에덴동산 '중앙'이라는 단어는 '쪼개지다'는 의미인 '타웨크'이고 생명나무와 선악을 알게 하는 나무는 에덴동산 '중앙', 즉 '타웨크'에 서 있었기 때문이다. '타웨크'로서 쪼개진 반석은 그리스도를 상징하고 (요4:10, 7:38,39) 그 쪼개진 반석에서 나오는 생수는 성령을 상징하고 있는데 에덴동산에 생명을 낳는 강이 발원하는 장소는 바로 쪼개진 반석이신 그리스도를 상징하는 에덴동산 중앙(시은좌)에 있는 생명나무와 선악을 알게 하는 나무인 것이다.

여호와 하나님 중 한 분이 사람이 되어서 세상 죄를 지고 십자가에서 쪼개지신 예수 그리스도를 믿어야만 부활 생명이 되고 진리의 성령을 받으며 만국을 소생시키는 생명의 왕 노릇(선교, 전도)하는 하나님 보좌의 역사를 누릴 수 있다. 이러한 예수 그리스도를 믿어야만 생수의 강의 역사가 이루어 지는 것이다.

"나를 믿는 자는 성경에 이름과 같이 그 배에서 생수의 강이 흘러나리라 하시니 이는 그를 믿는 자의 받을 성령을 가리켜 말씀하신 것이라 예수께서 아직 영광을 받지 못하신 고로(죽고 부활) 성령이 아직 저희에게 계시지 아니하시더라"(요7:38,39)

　진리의 성령은 오직 쪼개진 그리스도, 쪼개진 그리스도를 상징하는 반석, 쪼개진 그리스도를 상징하는 어린 양의 보좌로부터 흘러 나온다. 이 진리는 에덴동산과 에덴동산의 최종 완성인 새 예루살렘의 그림에도 나타나고 있다. 에덴동산 중앙의 쪼개진 두 나무 사이에서 부활 생명이신 진리의 성령을 상징하는 강이 흘러 에덴동산을 소생시킨다. (요14:17,26, 16:13, 롬8:11) 에덴동산의 최종 완성인 새 예루살렘의 중앙에 있는 어린 양의 보좌로부터 성령을 상징하는 생명수 강이 흘러 나와 새 예루살렘을 적시고 있고 그 좌우에는 영생을 주는 생명나무와 만국을 소생시키는 생명나무의 잎사귀들이 있다. (계22:1-3)

　이러한 영적인 그림은 구약의 성전 중앙에 있는 속죄소에서도 나타나고 있다.

"거기서(속죄소) 내가 너와 만나고 속죄소 위 곧 증거궤 위에 있는 두 그룹 사이에서 내가 이스라엘 자손을 위하여 네게 명할 모든 일을 네게 이르리라"(출25:22)

　하나님께서는 약속하시기를 여호와 중 한 분이 사람이 되어 오셔서 세상 죄를 지고 쪼개진 그리스도를 상징하는 속죄소 위에서 만나 주시고 명할 모든 일을 네게 이르리라고 말씀하셨다. 속죄소는 하나님께서 좌정하시는 장소이다. 여호와 하나님은 속죄소를 덮고 있는 두 그룹 사이에 처소 삼고 보좌 삼아서 좌정하신다. (삼상4:4, 삼하6:2, 대상13:6,

28:18, 시80:1, 99:1,사37:16, 히 9:5) 따라서 속죄소는 죄인인 사람이 거룩하신 하나님을 만날 수 있는 유일한 장소이다. (출30:6) 속죄소는 하나님께서 나타나시는 장소이다. (레16:2, 겔9:3 10:4) 속죄소는 하나님의 음성을 들을 수 있는 장소이다. (민7:89)

이 얼마나 놀라운 그림인가, 이 언약이 에덴동산의 그림인 것이다.

[the Garden of Eden] [13)]

신약의 속죄소는 쪼개진 그리스도

신약의 속죄소는 십자가로서 세상 죄를 지고 대신 죽으시고 삼 일 만에 부활하신 예수 그리스도는 하나님이라는 진리이다. 여호와 하나님께서 사람이 되어 세상 죄를 지고 십자가에서 죄인을 대신해서 쪼개지신 진리를 믿으면 하나님께서 그를 보좌 삼아 좌정하시고 만나 주시고 모든 일을 말씀하시고 나타내시겠다는 언약이 신약의 속죄소 진리이다. 하나님께서 보좌 삼고 처소 삼고 임하시는 속죄소요, 하나님께서 죄인을 만나시는 속죄소요, 하나님께서 나타나시고 진리의 성령을 통해 말씀하시는 신약의 속죄소인 것이다. 그러므로 세상 죄를 지고 십자가 위에서 죽으시고 부활하신 그리스도께서 하나님이라는 진리를 깨닫고 믿을 때, 믿는 자 안에 속죄소가 있게 되는 것이고, 하나님께서는 그 속죄소를 처소 삼아 좌정하시고 만나 주시고 말씀하시고 나타내시는 것이다. (요일4:15, 마16:16-19, 요7:38,39, 14-16장, 롬10:8-10)

쪼개진 여호와 하나님, 예수 그리스도 자신이 바로 하나님이 좌정하시는 속죄소이다. 세상 죄를 지고 쪼개지신 여호와 하나님! 이 진리가 바로 성도들의 마음속에서 하나님 나라와 보좌를 가져오는 속죄소이다!

생명나무는 성육신하실 그리스도

다음은 구체적으로 생명나무와 선악을 알게 하는 나무가 그리스도의 두 가지 면을 어떻게 계시하고 있는지에 대한 말씀이다.

생명나무는 성육신하실 그리스도를 계시하고 있다. 생명나무는 영생을 주는 나무인데 (창3:22) 하나님이 영생이고 예수 그리스도는 하나님으로서 영생이시다. (창3:24, 요일5:20) 그리고 나무는 사람을 상징한다. 즉 생명나무는 **'영생이신 하나님께서 사람이 되신 그리스도를 계시'**하고 있는 것이다. 생명나무는 장차 여호와 중 한 분이 사람이 되어 오실 것을 예언하고 있는 나무인 것이다.

창세기 3:15에서 하나님은 '여자의 후손'이라는 표현을 사용하여 계시하고 있다. 이것은 하나님께서 처녀의 몸을 통해 성령으로 잉태되어 사람이 되어 오실 것에 대한 예언으로서 생명나무의 비밀을 또 다시 계시하고 있는 것이다.

선악을 알게 하는 나무는 죽고 부활하실 그리스도

다음으로 선악을 알게 하는 나무가 가리키는 것은 무엇인가? 선악을 알게 하는 나무는 죽고 부활하실 그리스도를 상징하고 있다. 선은 생명에 속한 것이고 악은 사망에 속한 것이다. '알다'는 '체험하여 알다'라는 의미이다. 선악을 알게 하는 나무는 지성소인 에덴동산 중앙에 있는데 이는 하나님인 동시에 사람이 되는 분을 의미하고 있다.

하나님인 동시에 사람으로서 죽고 부활을 체험한 분은 누구인가? 바로 주 예수 그리스도다. 따라서 선악을 아는 나무는 하나님이 사람이 되어서 죽음과 부활을 경험하게 될 그리스도를 상징하는 것이며 그리스도의 초림에 대한 복음을 예언하고 있는 것이다.

아담과 하와가 선악을 알게 하는 나무의 열매를 따먹자 "여호와 하나님이 가라사대 사람이 선악을 아는 일에 우리 중 하나 같이 되었다"

고 말씀하셨다. (창3:22) 이 말씀은 선악을 알게 하는 나무가 무엇인가에 대한 비밀을 풀 수 있는 중요한 근거를 제공한다. 어떤 이들은 선악을 알게 한다는 의미가 문자적 의미로서 선악을 알게 하는 나무는 선악을 구분할 수 있게 하는 나무라고 해석을 한다. 만약 선악을 문자적으로 해석하게 되면 사람이 선악을 알게 하는 나무를 먹었을 때 여호와께서는 선악을 아는 일에 '우리 중 하나같이 되었다'고 했는데 이는 여호와 중 한 분만이 선악을 분별하고 알 수 있다는 의미가 되어 버린다. 이는 합리적으로 동의 할 수 없는 해석이다.

창세기 3장 22절 말씀의 의미는 인간이 타락하기 전에 여호와 중 한 분이 사람이 되어 오셔서 세상 죄를 지고 죽고 부활을 경험하게 될 일이 이미 작정되었다는 비밀을 계시하고 있는 것이고 (엡1:4-12) 인간도 그리스도와 함께 죽고 부활을 경험하게 될 것을 말씀하고 있는 것이다. (엡2:5,6, 갈2:20)

지금까지의 내용을 종합해 보면 에덴동산 중앙에 있는 생명나무는 성육신하실 그리스도, 선악을 아는 나무는 죽고 부활을 경험하게 될 그리스도를 예표한 것으로서 창세 때에 계시된 태초의 복음이다. 이 태초의 복음은 창세 전부터 하나님께서 계획하신 것이다. (마13:35, 엡1:4, 고전2:7)

여호와 하나님 중 한 분, 예수 그리스도가 사람이 되어 죽고 부활을 경험하게 될 사건은 아담이 타락하기 전에 이미 작정된 것이다. 아담의 타락 이후에 계획된 것이 아니라는 것이다. (창3:22, 엡1:4-13) 타락하기 전에 구속사를 계시하고 있는 에덴동산 중앙의 두 나무와 하와의 출생

과정에 대한 계시를 통해 이를 확인할 수 있다. (창 2:21-25)

옆구리가 열린 잠자는 아담은 생명나무와 선악과 나무의 반복적 계시

하와의 출생 과정은 아담의 타락 사건 이전의 그림으로서 그리스도의 죽음을 통해 교회의 출현을 계시하고 있는 생명나무와 선악을 아는 나무의 의미와 동일한 것을 나타내는 또 다른 계시이다. 바울은 아담을 장차 오실 자의 표상, 즉 그리스도의 표상이라고 했다. (롬5:14) 오실 자 그리스도의 표상인 아담을 잠재우고 옆구리를 열어 갈빗대를 취해서 하와와 한몸되게 하시는 그림은 교회를 예표하는 예언이다. 즉, 하나님께서 성육신하셔서 십자가의 죽음과 부활의 과정을 통해 교회를 출현시키는 것에 대한 예표이고 예언인 것이다. (엡5:31,32, 롬5:14, 고전 15:45)

아담의 갈비뼈는 사망에도 꺾이지 않는 하나님의 생명을 가리킨다. 십자가 옆의 강도는 뼈가 꺾였지만 예수 그리스도는 뼈 하나도 꺾이우지 않은 것이다. (출12:43,46, 민9:12, 요19:31-36) 예수 그리스도는 자신의 옆구리를 열어 사망에 꺾이지 않고 쇠하지 않고 낡아지지 않고 영생하는 자신과 동일한 생명을 믿는 자에게 줌으로써 자신과 어울리는 하나님의 가족에 속한 아내로 만드시길 원하셨던 것이다. 그러므로 '옆구리가 열린 잠자는 아담'은 장차 여호와께서 사람이 되어 오셔서 죽고 부활하심으로 하나님의 어울리는 아내가 되게 하기 위해서 하나님의 생명을 나누어 주실 그리스도를 예표하는 생명나무와 선악을 알게 하는 나무의 반복적인 계시인 것이다. 이는 생명나무와 선악을 아는 나무를 통해 생명을 주시려는 목적은 하나님과 동일한 생명과 형상을 가진 아내를 얻기 위함이라는 진리이다.

여자의 후손에 대한 예언은 생명나무와
선악과 나무에 대한 반복적 계시

옆구리가 열린 잠자는 아담의 이야기에 이어서 창세기 3장 15절에 '여자의 후손이 발꿈치가 상하게 될 것'을 계시하고 있는데 이 또한 여호와께서 장차 사람이 되어 오셔서 죽고 부활하실 그리스도를 예표하는 생명나무와 선악을 알게 하는 나무에 대한 반복적인 계시이다. '여자의 후손'이라는 것은 하나님께서 처녀의 몸을 통해 사람으로 오시는 과정을 함축적으로 표현한 영적 언어이다. (사9:6, 마1:23-25) '여자의 후손'은 생명나무에 관한 계시인데 '생명나무'의 또 다른 이름이 '여자의 후손'인 것이다. 이 여자의 후손이 발꿈치가 상하게 된다는 것은 성육신한 그리스도께서 십자가에서 죽으실 것에 대한 계시로서 선악을 아는 나무를 계시하고 있는 것이다. 여자의 후손에 대한 예언은 생명나무와 선악을 아는 나무에 대한 좀 더 구체적인 계시인데 성육신하시고 죽고 부활하시는 목적은 사탄을 멸하기 위함이다. (창3:15, 히2:24,25) 여자의 후손인 그리스도께서 사탄에 의해 십자가에 못 박혀 발꿈치가 상하게 될 것을 예언하고 있는 것이다. (요13:2,18,27)

'여호와 하나님께서 선악을 아는 일에 우리 중 하나 같이 되었으니'는
두 나무의 반복적인 계시

'여자의 후손'에 대한 말씀에 이어서 22절에는 "여호와 하나님께서 가라사대... 선악을 아는 일에 우리 중 하나 같이 되었으니"라고 말씀하는데 이는 생명나무와 선악을 알게 하는 나무에 대하여 반복되는 계시이다. 여호와 하나님이 우리 중 하나같이 되었다고 말씀하신 것은 여호와 중에 한 분인 성자 하나님께서 사람이 되어 죽고 부활하실 사건을 예언하고 있는 것이다.

"여호와 하나님께서 가라사대... 선악을 아는 일에 우리 중 하나같이 되었으니"라는 말씀은 생명나무와 선악을 알게 하는 나무에 대한 반복적인 계시인데 생명나무와 선악을 알게 하는 나무에 대하여 더 구체적이고 직설적인 전진된 비밀을 계시하고 있다. 즉 창세기 3장 22절의 말씀은 생명나무와 선악을 알게 하는 나무가 예표하는 ① '장차 죽고 부활하실 예수 그리스도는 여호와 중 한 분'이라는 사실과 ② '아담이 타락하기 전에 이미 여호와 하나님 중 한 분이 사람이 되어 죽고 부활하실 것이 작정되어 있다'는 것을 계시하고 있는 놀라운 말씀이다.

"내가 다윗의 집과 예루살렘 거민들 위에 은혜의 영과 간구하는 영을 부어 주리니 그들이 나(여호와) 곧 자기들이 찌른 나(여호와)를 바라보고 사람이 자기 외아들을 위하여 애곡하듯 그를 위하여 애곡하며 사람이 자기의 처음 난 자를 위하여 쓰라리게 슬퍼하듯 그를 위하여 쓰라리게 슬퍼하리라"(슥12:10)

아담과 하와가 범한 죄의 수치를 덮는 죽임 당한 짐승은 생명나무와 선악과 나무의 반복적 계시

계속해서 21절에서는 아담과 하와의 죄와 벌거벗은 몸의 수치를 덮은 죽임 당한 짐승의 가죽옷을 통하여 '생명나무와 선악을 알게 하는 나무의 비밀'에 관해 반복적으로 계시하고 있다. 아담과 하와의 죄의 수치를 덮은 가죽옷은 장차 여호와 하나님 중 한 분이 처녀의 몸을 통해 성육신하셔서 세상 죄를 지고 죽으심으로 죄인의 죄를 덮어 주시는 어린 양이 되실 그리스도를 예표하고 있다. (요 1:29, 36, 행8:32-36, 고전 5:7, 계5:6,7,8,12, 21:1,3) 따라서 아담과 하와가 범한 죄의 수치를 덮은 가죽옷은 생명나무와 선악을 알게 하는 나무에 대한 반복적인 계시로서 이는 장차 여호와 중 한 분이 성육신하셔서 세상 죄를 지고 어린 양이 되실 것에 대한 예언으로서 ① 장차 여호와 중 한 분이 사람이 되어 오셔서 죽고 부활하시는 그리스도의 사역이며 ② 이 사역의 목적은 죄인의 죄를 덮기 위함이라는 전진된 진리를 계시하고 있다.

생명나무 가는 길을 막고 있는 그룹 천사는 두 나무의 반복적인 계시

창세기 3장 24절에서 생명나무로 가는 길을 막고 있는 그룹 천사는 장차 성육신하시고 죽고 부활하실 그리스도를 계시하고 있다. 지성소로 들어가는 길을 막고 있는 지성소의 휘장은 그룹 천사로 수가 놓아져 있다. 성경은 휘장은 예수의 육체를 상징한다고 말씀한다. (히10:20) 예수 그리스도께서 세상 죄를 지고 육체가 죽임을 당할 때 그 휘장이 둘로 나뉘어져 지성소로 들어가는 산 길이 영원히 열리게 된다. (막15:38, 233:45) 따라서 생명나무로 나아가는 길을 막고 있는 지성소인 에덴 동편에 있는 그룹 천사에 대한 계시는 장차 그리스도께서 죽으심으로 생명나무에 나아가는 산 길이 열려질 것과 이를 예표하고 있는 생명나무와 선악을 알게 하는 나무에 대한 반복적인 계시인 것이다.

장차 올 생명나무와 선악을 알게 하는 나무를 분별하는 방법

창세기 2, 3장에 이러한 생명나무와 선악을 알게 하는 나무에 대한 반복적인 그림을 통해 두 나무가 계시하고 있는 진리의 빛이 분명해 진다. 이 땅에 생명나무와 선악을 알게 하는 나무의 실체가 장차 더욱 선명하게 드러날 것이다. 하나님과 어울리는 아내를 얻기 위해, 그리고 그에게 하나님과 같은 동일한 생명을 주어 영생을 얻게 하기 위해 생 명나무와 선악을 알게 하는 나무가 오실 것이다.

첫째, 처녀의 몸을 통해 오는 분만이 생명나무와 선악을 알게 하는 나무가 된다. (창3:15) 이 조건을 충족시키지 않는 자가 아무리 자신이 영생을 주는 나무라고 주장해도 그는 가짜다. 예수 그리스도만이 처녀 의 몸을 통해 태어난 여자의 후손이다. (마1:18-25)

둘째, 생명나무와 선악을 알게 하는 나무는 사탄의 머리를 상하게 하 려고 오시는 분이기 때문에 귀신을 쫓는 권세가 나타나야 한다. (창3:15) 예수 그리스도는 귀신을 쫓는 권세가 있는 분이고 마귀를 멸하려 오신 분이다. (눅13:32, 히2:14,15) 귀신을 쫓는 권세가 나타나지 않으면 영생 을 주는 생명나무와 선악을 알게 하는 나무가 아니다. 창세기 3장15절 에 약속된 여자의 후손이 아니고 약속된 생명나무와 선악과나무도 아 닌 것이다.

셋째, 마귀에 의해 십자가에서 발꿈치가 상하게 될 경험, 즉 십자가 에 못박힌 경험이 있어야 한다. (창3:15) 마귀에 의해 발꿈치가 상하게 된 분이 바로 예수 그리스도다. (요13:2,18,27)

넷째, 여호와 하나님 중 한 분만이 생명나무와 선악을 알게 하는 나 무가 된다. 여호와 하나님이면서 동시에 죽을 수 있는 육체를 가진 사람이 되신 분만이 생명나무와 선악을 알게 하는 나무가 될 수 있는 것이다. (창3:22) 그분이 누구인가? 주 예수 그리스도다.
(슥11:12,13, 12;10, 요1:1,2,10,14,18, 롬 9:5)

다섯째, 죄인을 위해 세상 죄를 지고 어린 양처럼 죽임을 당해야 영생을 줄 수 있는 생명나무와 선악을 알게 하는 나무가 된다. (창3:21) 그가 누구인가? 유월절 어린 양 되신 예수 그리스도다.
(요1:29,26, 행3:32-36, 고전5:7)

여섯째, 영생이신 하나님께 나아갈 수 있는 길을 막고 있는 그룹 천사가 그려져 있는 휘장이 찢어져야 한다. (창3:24) 그가 누구인가? 예수 그리스도다. (마27:50,51, 히10:20)

일곱째, '여호와'로서 여호와의 이름에 계시된 예언처럼 손에 못 박힌 경험과 부활하여 손에 못자국을 지니고 있어야 한다. (창2:4, 3:15,22) 이런 분만이 생명나무와 선악을 알게 하는 나무가 된다. 그가 누구인가? '전능자의 손이 못을 경험하다'는 의미를 지니고 '여호와 구원'이라는 이름을 가진 '예수(예슈아)'인 것이다.

이러한 일곱 가지 조건이 완전히 충족되어야만 창조시에 예언된 영생을 주는 생명나무와 선악을 알게 하는 나무의 자격이 있는 것이다. 이러한 조건을 완전하게 갖춘 분은 오직 주 예수 그리스도만이 유일하다.

많은 이단 사이비 종교의 교주들이 자신이 영생을 줄 수 있는 자이고 구원주라고 주장하지만 처녀의 몸에서 태어나지 않았거나, 귀신을 쫓아내는 능력이 나타나지 않거나, 죽을 때 휘장이 찢어지지 않았거나, 여호와 하나님 중 한 분이라는 증거가 없다면 그는 영생을 줄 수 있는 생명나무와 선악을 알게 하는 나무가 아닌 것이다.

오직 주 예수 그리스도만이 이러한 모든 조건을 충족한 분이시니, 그 분만이 바로 영생을 줄 수 있는 생명나무와 선악을 알게 하는 나무가 되는 것이다. 주 예수 그리스도는 생명나무와 선악을 알게 하는 나무로서 여호와 하나님 중 한 분이시고 처녀의 몸을 통해 사람으로 오셔서 세상 죄를 지고 십자가에서 쪼개지시고 부활하신 분이다. 이 사실을 믿는 자 안에 생명나무와 선악을 알게 하는 나무가 있게 되는 것이다. 그 나무가 있는 곳은 생명수의 강인 성령의 역사가 흘러나와 영혼을 적시고 생애를 적시는데 그곳은 영원한 생명으로 충만한 에덴동산이 되는 것이다.

이 진리를 믿는 이들의 심령은 에덴동산이 된다. 그 안에서 생수의 강(성령)이 흘러나와 영혼이 소생되고 영혼의 양식인 모든 진리 가운데로 인도함을 받게 되며 천국의 실재를 누릴 수 있게 된다.

초대교회의 에덴동산은 주 예수 그리스도이고, 교회시대에는 생명나무와 선악을 알게 하는 나무인 주 예수 그리스도에 관한 비밀한 진리를 믿는 교회가 에덴동산이고, 재림시에는 생명나무인 예수가 계신 천년왕국이 에덴동산이고, 성부 하나님이 오신 영원시대는 지성소의 완성이요 교회의 최종 완성인 새 예루살렘이 에덴동산이 될 것이다.

선악을 알게 하는 나무를 먹으라고 명령하신 하나님

선악을 알게 하는 나무가 죽고 부활하신 그리스도라고 한다면 왜 하나님께서는 선악을 알게 하는 나무는 먹지 말라고 말씀하셨을까? 성경 원문은 생명나무뿐만 아니라 선악을 알게 하는 나무도 먹어야 할 양식이라고 말씀하고 있다.

"여호와 하나님이 그 땅에서 보기에 아름답고 먹기에 좋은 나무가 나게 하시니 동산 가운데에는 생명나무와 선악을 알게 하는 나무도 있더라"(창2:9)

먹기에 좋은 나무는 한 나무로서 동산에 있는 생명나무와 선악을 알게 하는 나무이다. '먹기에 좋은 나무'라는 말씀에서 '먹기에' 단어는 히브리어로 '마아칼(히)'인데 '양식, 여물'이라는 의미를 가진 단어이다. 원문을 기초해서 다시 번역해 보면 9절의 의미는 이러한 것이다. "아름답고 양식(여물)이 되는 좋은 나무가 나게 하시니 동산 가운데 있는 생명나무와 선악을 알게 하는 나무도 있더라." 예수 그리스도는 영생을 주는 참된 떡이요 양식이고 (요 6:51-55) 여물을 담는 말구유에서 태어나셨다. (눅2:12,16)

창세기2장 9절의 말씀은 참된 양식이 되시는 예수 그리스도에 대한 말씀으로서 사람의 영혼에 영생을 주는 참된 양식이 되어 주시기 위해 성육신하셔서 세상 죄를 지고 죽고 부활하실 그리스도를 계시하고 있는 말씀이다.

창세기 2장 9절에 '보기에 아름답고'에서 '아름답고'의 히브리어 '하마드(히)'는 '심히 사랑받는 자, 심히 기뻐하다, 아름다움'이라는 의미인데 동산 가운데 있는 생명나무와 선악을 알게 하는 나무는 **'심히 사랑받는 자이며 심히 기뻐하는 자'**라는 의미로 해석할 수 있다. 하나님께서 심히 사랑하는 자이고 기뻐하는 자가 누구를 가리키는 것일까? 바로 예수 그리스도다. (마3:17, 17:5, 벧후1:17)

그러므로 동산 가운데 있는 생명나무와 선악을 알게 하는 나무는 하나님께서 사랑하시고 심히 기뻐하시는 자요 영생을 주는 참된 양식이 되시는 그리스도를 예표하고 있는 것이다. 하나님께서 사람에게 영생이 되는 그리스도를 영생의 참된 양식으로 주시겠다는 계시가 창세가 2장 9절의 계시인 것이다. 이 참된 양식인 생명나무와 선악을 알게 하는 나무를 반드시 먹어야 영생을 얻을 수 있는 것이다. 따라서 생명나무뿐만 아니라 선악을 알게 하는 나무는 사람이 영생을 얻기 위해서 반드시 먹어야 할 참된 양식이다. 창2:16, 17절 원문을 보면 생명나무뿐만 아니라 선악을 알게 하는 나무도 반드시 먹으라고 하나님께서 명령하시는 뜻으로 해석된다.

"여호와 하나님이 그 사람에게 명하여 가라사대 동산 각종 나무의 실과는 네가 임의로 먹되 선악을 알게 하는 나무의 실과는 먹지 말라 네가 먹는 날에는 정녕 죽으리라 하시니라"(창2:16,17)

16절의 '각종 나무(에츠)'에서 '나무'는 단수이기 때문에 '각종'이라는 단어인 히브리어 '콜(완전 함, 각종)'이 가지고 있는 의미를 살펴보면 '각종'이라고 번역하기 보다는 '완전함'이라는 의미를 선택하여 번역하는 것이 문맥상 적합하다. 이렇게 볼 때 에덴동산에는 '완전한(콜)' 나무가 있는 것이다. 나무는 사람을 상징한다. 에덴동산에 있는 완전한 한 나무는 완전한 한 사람을 예표하고 있는 것이다. 이 완전한 한 나무를 먹으라고 말씀하셨다. 창2:16 원문에는 과실이라는 단어가 없다. 완전하면서도 반드시 먹어야 할 양식이 되는 사람이 있는가? 없다, 그러나 있다. 그는 누구인가? 참된 양식이 되시는 사람의 아들 예수 그리스도다. (요6:48-55) 따라서 창세기2장 16절의 완전하고 온전한 나무는 그리스도를 상징하고 있는 것이다.

'임의로 먹되(아칼 아칼)'의 히브리어 원문은 '아칼(먹다)'인데 '먹으라(아칼)'는 말씀이 두 번 반복되어 있다. 히브리어에서 두 번 반복되면 반드시 먹으라는 의미가 된다. 따라서 창세기 2장 16절 원문을 다시 번역해보면 '동산에 있는 완전한 나무를 반드시 먹어라'는 의미로 번역된다. 그 나무가 바로 창세기 2장 9절에 계시된 양식이 되는 생명나무와 선악을 알게 하는 나무인 것이다.

에덴동산에 있는 완전한 한 나무를 반드시 먹어라

창세기 2장 16절의 말씀을 원문과 대조하지 않고 한글성경의 번역대로 이해하면 에덴동산에 각종 나무가 있는데 그것을 아담과 하와가 임의대로 자유롭게 먹을 수 있도록 하나님께서 허락했다는 의미로 해석된다. 다시 한번 정리를 해보면 '임의로 먹되'라는 원문의 의미는 '반드시 먹어라'는 의미가 되기 때문에 '동산에 있는 각종 나무를 반드시 먹으라'는 명령이 되는 것이다. 이것이 원문의 바른 의미라면 아담과 하와는 동산에 있는 모든 나무의 열매를 반드시 먹지 않으면 하나님의 명령에 불순종하는 것이 된다. 앞에서 언급했듯이 나무는 단수이기 때문에 단수를 수식하는 '각종(콜)'이라는 단어의 원문 의미 중에서 '완전한'을 선택해야 된다. 그런 후에 다시 해석을 하면 '에덴동산에 있는 각종 나무를 반드시 먹어라'는 의미가 아니고 '에덴동산에 있는 완전한 한 나무를 반드시 먹어라'로 해석이 된다.

에덴동산에서 반드시 먹어야 할 완전한 나무가 무엇이겠는가? 당연히 에덴동산 중앙에 있는 영생을 주는 유일하고 참된 양식이 되는 그리스도를 상징하는 생명나무와 선악을 알게 하는 나무가 아니겠는가? (창2:9) 따라서 반드시 먹어야 할 나무는 생명나무뿐만 아니라 선악을 알게 하는 나무도 포함되어 있는 것이다.

그런데 왜 선악을 알게 하는 나무의 과실을 먹으면 반드시 죽으리라고 했을까? (창2:17) 17절이 의미하고 있는 원문의 의미는 '선악을 알게 하는 나무를 먹지 말라'가 아니고 '생명나무에서 분리하여 선악을 알게 하는 나무만 먹지 말라'이다. 17절 원문에 있는 '민멘누(우리 중 하나)'라는 단어가 번역되어 있지 않았다. 이 단어는 창세가 3장 22절에 '여호와 하나님이 가라사대... 우리 중 하나(민멘누)'라고 말씀하셨을 때 사용된 단어다. 원문에 있는 그대로 이 단어를 포함해서 창세기 2장 16, 17절이 의미하는 바를 재해석 해보면 이렇다.

"동산에 반드시 먹어야 할 나무가 있는데 그 중에 선악을 알게 하는 나무 하나만 먹으면 반드시 죽으리라"

이 의미는 생명나무와 선악을 알게 하는 나무는 반드시 함께 먹어야

지 하나만 먹으면 반드시 죽게 된다는 뜻이다.

열매만 먹으면 반드시 죽으리라!

하와는 두 나무에서 한 나무를 분리하여 먹지 말라는 하나님의 명령을 어기고 생명나무와 분리하여 선악을 알게 하는 나무의 열매만을 따 먹었다. 한글 번역에서는 '과실'로 번역되었지만 원문은 '과실'이 아닌 '나무'로 되어있기에 원문대로 해석해 보면 하나님은 분명하게 열매가 아닌 나무를 반드시 먹으라고 명령하셨다. (창2:16,17) 아담과 하와가 선악을 알게 하는 나무의 열매를 따먹은 후에 하나님은 '생명나무의 실과'라고 말씀하지 않고 '생명나무를 먹고 영생할까 하노라'고 말씀하셨다. (창3:22)

생명나무는 성육신하신 그리스도, 선악을 알게 하는 나무는 죽고 부활하신 그리스도, 열매는 그 결과로 주어지는 것들을 예표한다. 하나님은 나무의 열매가 아닌 나무를 반드시 먹으라고 명하셨고, 먹되 분리해서 한 나무만 먹지 말라고 명령하셨는데 아담과 하와는 하나님의 명령대로 하지 않고 눈에 보기에 보암직하고 탐스럽기도 하고 지혜롭게 할 만한 열매만을 따먹었고 눈에 보기에 좋아 보이지 않고 참된 양식이 아닌 듯이 보이는 나무에는 관심을 두지 않았던 것이다.

하나님께서 영생을 얻기 위해서 반드시 먹으라고 명령하신 양식은 성육신하신 그리스도와 세상 죄를 지고서 죽고 부활하신 그리스도에 관한 영생의 말씀이다. 즉 여호와 중 한 분이 사람이 되어 오셔서 세상 죄를 지고 죽고 부활하신 분이 예수 그리스도라는 진리가 영생의 말씀이다. 이 진리를 먹어야 영생이신 하나님 자신을 얻게 되고 참된 영혼의 고향인 에덴동산으로 다시 돌아갈 수 있게 되는 것이다.

 요한복음 6장에서 예수 그리스도는 자신을 하늘에서 내려온 영생을 주는 산 떡으로 계시하시는데 이 하나의 떡을 영생 얻는 살과 피로 구분하여 둘로 계시하신다.

"나는 하늘로서 내려온 산 떡이니 사람이 이 떡을 먹으면 영생하리라 나의 줄 떡은 곧 세상의 생명을 위한 내 살이로라 하시니라... 예수께서 이르시되 내가 진실로 진실로 너희에게 이르노니 인자의 살을 먹지 아니하고 인자의 피를 마시지 아니하면 너희 속에 생명이 없느니라 내 살을 먹고 내 피를 마시는 자는 영생을 가졌고 마지막 날에 내가 그를 다시 살리리니 내 살은 참된 양식이요 내 피는 참된 음료로다"(요 6:51-55)

 예수 그리스도는 여호와 중 한 분으로써 영생의 산 떡이 되기 위해 하늘에서 사람의 몸으로 이 땅에 오셨다. 인자의 살은 성육신하신 그리스도를 상징하는 것으로서 생명나무에 관한 진리이고, 인자의 피는 세상 죄를 지고 죽고 부활하신 그리스도를 상징하는 것으로서 선악을 알게 하는 나무를 상징한다. 이 두 가지 그리스도에 관한 진리를 동시에 먹어야 영생을 얻게 된다. (요6:53-55, 롬10:9,10)

 이는 성육신하신 그리스도인 생명나무와 죽고 부활하신 그리스도인 선악을 알게 하는 나무를 분리해서 하나만 먹으면 반드시 죽게 될 것을 말씀하고 있는 것이다.

어느 이단 종파는 선악을 알게 하는 나무(세상 죄를 지고 죽고 부활하신 그리스도)는 먹으면서 생명나무(성육신하신 하나님, 그리스도) 먹는 것은 거부하고 있다. 그들은 예수 그리스도를 여호와 하나님 중 한분으로 받아들이지 않고 있는 것이다. 이렇게 분리해서 하나의 진리만 먹으면 반드시 영적인 죽음을 맞게 되고 영생을 얻지 못한다. 예수 그리스도가 여호와 하나님이라는 진리에는 관심이 없고 믿지도 않으면서 신앙생활을 하는 것은 마치 생명나무와 선악을 알게 하는 나무는 먹지 않고 그 과실만 먹었던 하와와 같은 결과를 가져오는 것과 같다고 할 것이다. 세상 죄를 지고 죽고 부활하신 그리스도가 여호와 하나님이라는 진리를 이해하지 못하고 받아들이지 않으면 결코 영생을 얻지 못한다. 이 진리만이 하나님께서 허락하신 영생의 말씀이요 영생의 참된 양식이다. (요6:31-63)

4 영생의 말씀은 여호와께서 사람이 되어 죽으신 예수 그리스도

어떻게 영생을 얻을 수 있을까, 예수님은 '영생하도록 있는 양식'을 먹어야 영생을 얻을 수 있다고 말씀하셨다. (요6:27-58)

'영생하도록 있는 양식'은 무엇인가, '영생 하도록 있는 양식'은 영생을 주기 위해 하늘에서 내려온 산 떡이 되신 주 예수 그리스도를 가리킨다. 예수님은 자신의 살을 먹고 피를 마셔야 영생이 있고 생명이 있다고 말씀하셨다. (요6:51-55,63,68)

"예수께서 이르시되 내가 진실로 진실로 너희에게 이르노니 인자의 살을 먹지 아니하고 인자의 피를 마시지 아니하면 너희 속에 생명이 없느니라 내 살을 먹고 내 피를 마시는 자는 영생을 가졌고 마지막 날에 내가 그를 다시 살리리니 내 살은 참된 양식이요 내 피는 참된 음료로다 내 살을 먹고 내 피를 마시는 자는 내 안에 거하고 나도 그 안에 거하나니 살아계신 아버지께서 나를 보내시매 내가 아버지로 인하여 사는 것 같이 나를 먹는 그 사람도 나로 인하여 살리라 이것은 하늘로서 내려온 떡이니 조상들이 먹고도 죽은 그것과 같지 아니하여 이 떡을 먹는 자는 영원히 살리라" (요6:53-58)

예수님의 살과 피는 무엇을 가리키며 어떻게 예수님의 살을 먹고 피를 마실 수 있을까.

예수님의 살은 하나님의 품속에 계셨던 독생하신 하나님이 사람이 되어 오신 그리스도에 관한 진리, 즉 예수님의 성육신 사건에 관한 진리를 상징한다. (요1:1,2,10,14,18, 6:35,46,48,51-56, 20:28,29)
예수님의 피는 그 분이 세상 죄를 지고 죽으신 사건에 관한 진리를 상징한다. (요1:29,36, 6:53-56)

이 예수 그리스도에 관한 두 진리가 '영생 하도록 있는 양식'이요 '영생의 말씀'으로서 주 예수에 관한 이 두 진리를 믿는 것이 '영생 하도록 있는 양식'을 먹는 것이다. 이 진리를 듣고 깨닫고 마음으로 믿는 이들은 영생을 얻었고 (요1:1-12, 6:46-51, 53, 54, 58, 20:28-31, 행20:28, 롬10:9, 10, 요일5:10-13, 20) 하나님께서 그 안에 그가 하나님 안에 들어가게 되고 (요6:56, 14:15-23, 요일4:15) 주 예수로 인해 살고 (요6:57, 롬

6:4-11, 갈2:20) 마지막 날에 그들은 부활하게 될 것이다. (요6:39,40, 고전15장)

이 진리를 믿는 것이 '하나님의 일'이요, '영생 얻는 길'이다. (요6:28,29,40)

"예수께서 대답하여 가라사대 하나님의 보내신 자를 믿는 것이 하나님의 일이니라 하시니" (요6::29)
"

하나님께서 보내신 이가 영생 하도록 있는 양식이다

오병이어의 기적을 통해 육신의 양식을 얻었던 군중들은 또다시 양식을 얻을 수 있을까 하여 예수님을 찾아 왔다. (요6:26) 육신의 떡만을 구하는 이들을 향해 예수님은 '썩는 양식을 위하여 일하지 말고 영생하도록 있는 양식을 위하여 하라'고 말씀하셨다. (27절) 그러자 그들은 '우리가 어떻게 하여야 하나님의 일을 하오리까'라는 질문을 던진다. 이 질문은 율법을 온전히 지킴으로써 영생을 얻는다는 행위 구원관(인간의 의로 구원 받으려는 행위)에 사로잡혀 있는 유대인들의 자연스러운 질문이다. 그 때 예수님은 무엇이 영생하도록 있는 양식이며 어떻게 그 양식을 얻을 수 있는지에 대해 말씀하신다.

"하나님께서 보내신 이를 믿는 것이 하나님의 일이니라" (요6:29)

이는 '영생하도록 있는 양식을 얻기 위해 어떻게 하여야 하나님의 일을 하오리까'라는 질문에 대한 주님께서 주신 답은 영생하도록 있는 양식은 '하나님께서 보내신 이'를 말하는 것이고 영생하도록 있는 양식을 얻는 방법은 '하나님께서 보내신 이를 믿는 것'이고 말씀하셨다. 이것이 영생하도록 있는 양식을 얻는 하나님의 일이고 영생을 얻는 구원의 길이다.

주 예수는 영생하도록 있는 양식, 이 양식을 먹는 방법은 믿는 것

영생하도록 있는 양식은 하나님께서 보내신 이, 곧 예수님이 영생 얻는 양식이다. 그래서 예수님은 '내가 곧 생명의 떡이니라'(48절) 고 말씀하셨다.

"나는 하늘에서 내려온 산(살아 있는) 떡이니 사람이 이 떡을 먹으면 영생하리라"(요6:51절)

영생을 얻게 하는 영생하도록 있는 양식은 주 예수 그리스도를 가리킨다. 그리고 영생을 얻는 양식을 얻는 방법은 그를 믿는 것이다.

"내 아버지의 뜻은 아들을 보고 믿는 자마다 영생을 얻는 이것이니 마지막 날에 내가 이를 다시 살리리라"(요6:40)

아들을 보고 믿으면 영생을 얻는다. 예수님은 영생 얻는 참된 양식이다. 그 양식을 먹을 수 있도록 하나님께서 정하신 방법은 그를 믿는 것이다.

영생하도록 있는 양식은 주 예수의 피와 살에 관한 진리

하늘에서 내려온 주 예수님이 영생의 양식이다. 그런데 이 양식이 영생을 얻는 양식이 되려면 주 예수님의 피와 살에 관한 두 진리를 알아야 한다. 예수님은 영생하도록 있는 양식을 얻기 위해 하나님께서 보내신 이를 믿는 것이 하나님의 일이라고 말씀하셨다. 이어서 자신의 살과 피가 참된 양식이요 참된 음료로서 '내 살을 먹고 내 피를 마시는 자는 영생을 가졌고 마지막 날에 내가 그를 살리리라'고 말씀하셨다. (요6:54) 주 예수의 피와 살이 곧 영생을 얻는 영의 양식으로서 이 두 양식을 반드시 먹어야 영생을 얻으며 마지막 날에 부활에 참여할 수 있는 것이다. 예수님의 살과 피에 관한 진리가 없는 말씀은 썩은 양식이요 죽은 말씀이다.

살은 하나님이 사람이 되어 오신 사건,
피는 세상 죄를 지고 피흘리신 사건

예수님의 '살'은 주 예수님의 성육신 사건을 상징하고 예수의 '피'는 세상 죄를 지고 피흘려 죽으신 사건을 상징한다. 영생 얻는 참된 양식이 되려면 예수에 관한 이 두 가지의 비밀한 영적 진리가 반드시 포함되어야 한다.

첫째, 주 '예수님의 살'에 관한 비밀한 진리이다.

예수님의 살은 성육신 사건에 관한 진리이다. 영생 얻는 참된 양식이 되려면 예수님은 태초부터 하나님 품속에 함께 계셨던 독생하신 하나님이시고 사람이 되어 하늘에서 내려오신 창조주라는 진리가 반드시

167

포함되어야 한다. (요1:1,2,10,14,18, 6:35,46,48,51-56, 20:28,29) 예수님은
이 성육신 사건에 관한 진리를 '하늘로서 내려오는 떡(50절), 하늘로서
내려온 산 떡(51절), 세상의 생명을 위한 내 살(51절), 참된 양식(55절)'
이라고 상징적인 표현을 통해 말씀하셨다.

'하늘로서 내려온 떡, 하늘로서 온 산 떡'이라는 말씀을 통해 두 가지
비밀한 진리를 계시하고 있다. 예수님은 자신이 본래 태초부터 하늘에
서 아버지 하나님과 함께 계셨던 하나님이라는 사실과 이 땅에 사람이
되어 오셨다는 진리이다. 예수님께서 '하늘로서 내려온'이라고 말씀하
신 의도는 자신이 육신으로는 다윗의 혈통으로 이 땅에 오셨지만 근본
은 태초부터 아버지 하나님과 함께 계셨던 하나님이라는 진리를 계시
하고자 함이다. (미5:2, 요1:1, 2, 10, 18, 20:28, 29, 롬9:5) 예수께서 하늘에
서 내려 왔다고 하니까 유대인들은 '이는 요셉의 아들 예수가 아니냐
그 부모를 우리가 아는데 제가 지금 어찌하여 하늘로서 내려왔다 하느
냐'고 수근거린다. 그때 예수님은 자신을 요셉의 아들로 알고 있는 이
들에게 실상은 하늘에서 태초부터 아버지 하나님과 함께 계셨던 하나
님이라는 비밀을 이렇게 말씀하신다.

"이는 아버지를 본 자가 있다는 것이 아니라 오직 하나님에게서 온 자
만 아버지를 보았느니라 진실로 진실로 너희에게 이르노니 믿는 자는
영생을 가졌나니 내가 곧 생명의 떡이니라"(요6:46-48)

아버지 하나님은 하늘에 계시고 (마5:16, 45, 48, 6:1, 9, 7:1) 하늘과 하
늘들의 하늘이라도 감당치 못하고 만유보다도 크시고 사람의 마음보다
크신 분이기에 본래 하나님을 본 자도 없고 볼 수도 없다. (왕상8:27, 요

1:18, 6:46, 10:29, 딤전6:16, 요일3:20) 따라서 하나님 자신만이 하나님을 볼 수 있다. 그런데 예수님은 자신만이 하늘에 계신 하나님을 유일하게 보았다고 말씀하셨다. 이는 예수님 자신이 하늘에서 내려온 하나님이라는 비밀을 드러내고 계신 것이다. 예수님은 이렇게 자신을 간접적으로 하나님이라고 선포하시고 이어서 이를 확증하는 말씀을 선언하신다.

"진실로 진실로 너희에게 이르노니 믿는 자는 영생을 가졌나니 내가 곧 생명의 떡이로라"(요6:47,48)

'내가 곧 생명의 떡이로라'는 말씀은 예수님 자신이 '스스로 있는 자'라는 사실을 선언한 것이다. 출애굽기 3장 14절에서 여호와는 모세에게 나타나 자신의 이름을 '에고 에이미(스스로 있는 자)'라고 계시하셨다. 이 문장의 원문을 보면 예수님은 자신을 그 여호와 이름인 '에고 에이미'라고 선언하고 있다.

"내가 곧 생명의 떡이로라 (에고 에이미 호 아르토스 테스 조에스)" (요6:48)

이 문장의 원문을 의역하면 '여호와 생명'이다. 구약에서 하나님을 표현할 때 '여호와 이레', '여호와 삼마', '여호와 라파', '여호와 샬롬' 등으로 나타내고 있는데 이처럼 예수님이 '내가 곧 생명의 떡이로다'고 말씀하신 것은 자신을 '여호와 생명'이라고 선언하신 것이다.

여호와 생명, 이 진리가 영생 얻는 진리요 영생하도록 있는 양식이고 영생의 말씀이다. 그래서 예수님은 "진실로 진실로 너희에게 이르노니

믿는 자는 영생을 가졌나니 내가 곧 생명의 떡이니라"고 말씀하신 것이다. (요6:47,48)

예수님은 '여호와 생명'이고 그를 믿는 자는 영생을 얻게 된다. 예수님은 하늘에 계셨던 여호와 하나님이셨는데 믿는 자에게 영생을 주시기 위해 사람이 되어 오신 하나님이시다. 이 진리가 바로 영생을 주는 '하늘에서 내려온 살아있는 떡'에 관한 말씀이고 '예수님의 살'에 관한 진리이다.

"나는 하늘에서 내려온 살아 있는 떡이니 사람이 이 떡을 먹으면 영생하리라 내가 줄 떡은 곧 세상의 생명을 위한 내 살이니라 하시니라" (요6:51)

하늘에 계신 아버지 하나님과 함께 계셨던 독생하신 하나님이 사람이 되어 이 땅에 오신 사건, 즉 '성육신 사건'은 '예수님의 살'에 관한 영생의 말씀이고 이를 듣고 깨달아 먹으면 영생을 얻고 하나님의 자녀가 된다. (요1:10-12, 6:51)

안타깝게도 많은 유대인들은 영생 얻는 성육신에 관한 진리와 피에 관한 진리의 말씀을 듣고서도 깨닫지 못하고 예수님을 떠나갔다. 심지어 예수님을 따르던 칠십 명 제자도 예수님 곁을 떠났다. (요6:60-69) 그들은 수많은 예수님의 기적을 보고 체험한 사람들이다. 그들 중에는 직접 병 고침을 받은 사람들도 있었고 심지어 칠십 명의 제자들은 예수님의 이름으로 귀신을 쫓는 경험을 한 사람들이었다. (눅10:17-20) 그러한 기적을 체험한 그들이 왜 예수님의 살과 피에 관한 말씀을 듣고

난 후에 예수님을 떠나게 된 것일까? 그들은 예수님이 자신을 하나님이라고 하는 살에 관한 말씀(나는 하늘에서 내려온 살아 있는 떡이니)과 율법이 절대 금하고 있는 피를 먹으라고 한 말씀을 도저히 받아들일 수 없었을 것이다. 예수님이 말씀한 살과 피에 관한 메세지는 유대 종교와 율법을 정면으로 대적하는 신성모독죄에 속하는 말씀이었기 때문이다. (창9:4, 레19:26, 요8:56-59, 10:30-33, 행15:27-29)

그러나 베드로는 예수님이 하늘에서 내려온 성육하신 하나님이라는 사실을 깨닫고 이렇게 고백한다.

"시몬 베드로가 대답하되 주여 영생의 말씀이 계시매 우리가 뉘게로 가오리이까 우리가 주는 하나님의 거룩하신 자신줄 믿고 알았삽나이다" (요6:68, 69)

둘째, 주 '예수님의 피'에 관한 비밀한 진리이다.

피는 창조주 하나님께서 사람이 되어 오셔서 세상 죄를 지고 피흘려 죽으신 사건을 상징한다. (요1:29, 36, 6:53-56, 행20:28) 온전한 하나님의 피가 아니면 인간의 죄는 용서 받을 길이 없고 영원한 지옥 형벌에서 벗어날 길도 없다. (행20:28, 롬3:10-31, 히9:12, 10:20, 13:20) 예수님은 온전하고 완전하고 영원하신 하나님이시기에 그분의 단번의 죽으심으로 모든 인류의 죄를 사하고도 남음이 있고 그 하나님의 피는 그를 믿는 모든 자들에게 온전하고 완전하고 영원한 구원의 보증이 된다. 이것이 예수의 피에 관한 영생 얻는 진리이다.

예수님은 하늘에 계신 하나님으로서 이 땅에 사람이 되어 오신 창조주 하나님이라는 예수님의 살에 관한 진리와 그 분이 세상 죄를 지고 피 흘려 죽으셨다는 예수님의 피에 관한 진리를 듣고 깨닫고 믿고 시인하고 선포하는 것이 하나님의 일이요 영생 얻는 길이다. (요6:28, 29, 40, 롬10:9-15)

이 두 진리가 반드시 포함된 말씀만이 영생의 말씀이요 참된 복음이다. 그렇지 않다면 거짓의 아비 마귀로부터 나온 영혼을 죽이는 썩는 양식이고 다른 복음인 것이다.

예수님의 살을 먹고 피를 마시면 어떤 일이 일어나는가?

예수님의 살과 피에 대한 진리를 듣고 깨닫고 믿고 시인하면 어떤 영적인 사건이 일어나는 것일까?

첫째, 영생을 얻는다. (요1:1-12, 6:46-51, 53, 54, 58, 20:28-31, 행20:28, 롬10:9, 10, 요일5:10-13, 20)
둘째, 하나님께서 그를 거처 삼고 오실 것이며 그는 하나님을 거처 삼고 들어가게 된다. (요6:56, 14:15-23, 요일4:15)
셋째, 하나님으로 인하여 삶을 살게 된다. (요6:57, 롬6:4-11, 갈2:20)
넷째, 마지막 날에 부활하게 된다. (요6:39, 40, 고전15장)

초대교회는 이 영생 얻는 생명의 양식을 먹기 위해서 날마다 모여 예수님의 살과 피에 관한 진리를 상징하는 성찬식을 행했다. (행2:42,46) 그들은 이 하늘의 생명의 살을 먹고 그 생명의 피를 마시기 위해 주일 날마다 모였다. (행20:7) 그리스도의 살을 먹고 피를 마시는 것은 아담에게 내린 하나님의 명령이었고 아담의 삶이었다. 그래서 하나님께서 아담을 창조하시고 그를 장차 그리스도께서 성육신하실 사건을 상징하는 생명나무와 세상 죄를 지고 피흘려 죽으실 사건을 상징하는 선악을 알게 하는 나무가 있는 에덴동산에 두시고 그 나무를 먹으라고 명령하신 것이다. (창2:7-9,16,17) 아담은 반드시 그리스도의 살에 관한 생명나무와 그리스도의 피에 관한 선악을 알게 하는 나무를 함께 먹어야 영생을 얻을 수 있었는데 사탄의 미혹을 받아 불순종하게 된 것이다.

출애굽 때 하나님께서는 이 땅에 오셔서 세상 죄를 지고 죽으실 그리스도를 상징하는 어린 양의 피를 문지방과 문설주에 바르라고 명령하셨고 성육신하실 그리스도를 상징하는 어린 양의 고기를 다 먹고 아침까지 남겨두지 말라고 명령하셨다. 이 명령에 순종함으로 이스라엘 백성은 애굽의 종노릇에서 해방되었다. 이 유월절 사건은 구약에서 성취된 그리스도의 살과 피에 대한 예표이며 예수님의 성육신 사건과 십자가의 사건을 통해서 완전하게 이루어진다.

요한복음 1장은 이러한 구약의 예언이 성취된 사실을 증거하고 있다. 예수님의 살에 관하여 '말씀이 육신이 되어', '아버지 하나님 품속에 계신 독생하신 하나님이 나타내셨느니라'고 말씀하고 있다. 예수님의 피에 대해서는 '어린 양'으로 말씀하고 있다. (요1:1-12,14,18,29,36) 요한복음 끝부분에서는 세상 죄를 지고 피흘려 죽고 부활하신 예수를 향하여 '나의 주 나의 하나님'이라는 고백을 하며 예수의 살과 피를 먹고 완전하게 소화함으로써 영생 얻는 제자들에 대해 계시하고 있다. (요20:28, 29)

누구든지 그리스도를 하늘에서 이 땅에 사람으로 내려온 창조주 하나님이라는 살에 관한 진리와 그리스도께서 세상 죄를 지고 피흘려 죽으셨다는 피에 관한 진리를 듣고 깨닫고 완전하게 소화하면 죄와 마귀에서 출애굽하여 하나님께서 약속한 땅 천국을 얻고 그곳에 들어가게 될 것이다.

구원의 진리와 삼위일체 진리에 대한 사탄의 도전

지금까지 살펴본 바 구원 얻는 진리의 핵심은 이러하다.

"세상 죄를 지고 죽고 부활하신 예수 그리스도는 여호와 중 한 분이
시다!"

이 진리는 영생하시는 하나님께서 보좌 삼고 좌정하시고 나타나시고
말씀하시는 속죄소이다! 이 진리가 있는 곳에 하나님의 나라가 임한다!
이 진리가 구원얻는 진리이다! 성도가 이 구원의 진리를 진지하게 받
아들일 때 사탄의 본격적인 도전이 시작할 것이다.

'예수 그리스도는 여호와 하나님'이라는 진리를 받아들인다면 아버지
하나님 여호와와 사람이 되어 오셔서 십자가에 못박히신 여호와가 계
시니까 여호와는 두 분이 된다. 여기로부터 삼위일체의 문제가 시작된
다. 즉 '예수 그리스도는 여호와 하나님'이라는 구원의 진리로부터 삼
위일체의 문제가 시작되는 것이다.

예수 그리스도는 여호와 하나님

만약 삼위일체의 문제를 해결하지 못한다면 구원의 진리인 예수 그
리스도는 여호와 하나님이라는 믿음은 사탄의 집요한 공격에 흔들리게
될 것이다. 따라서 구원과 삼위일체의 문제는 불가분의 관계이며 반드
시 성경적인 답을 가지고 있어야 예수 그리스도는 여호와 하나님이라
는 구원의 믿음이 흔들리지 않는 반석 위에 세워지게 되는 것이다. 그
래야 끊임없는 사탄의 공격을 방어할 수 있게 되며 구원으로 인도하는

진리의 반석 위에서 신앙이 성장할 수 있고 성령 하나님께서 모든 진리 가운데로 인도하여 주시고 견고한 진리의 성읍이 되게 하실 것이다.

만약 삼위일체에 대한 성경적인 진리를 견고히 하지 않는다면 예수 그리스도는 여호와 하나님이라는 구원의 진리에 대한 믿음은 의심하게 하는 사탄의 집요한 공격에 어느 날 맥없이 무너지게 될 것이다. 기독교인들 중에 많은 이들이 이단의 미혹에 넘어가는 근본적인 이유는 예수 그리스도는 여호와 하나님이라는 진리의 믿음 위에 신앙의 집을 건축하지 않고 체험이나 자신의 종교적 의, 그릇된 성경적인 지식에 기초하여 신앙의 집을 건축하면서 삼위일체에 대한 성경적인 답을 얻지 못한 상태에서 사탄의 공격을 받았기 때문이다. 이런 의미에서 예수 그리스도는 여호와 하나님이라는 진리와 삼위일체 진리는 하나님 나라의 흔들리지 않는 기초와 사탄의 공격을 막아내는 진리의 강력한 검이 되는 것이다. (요일5:5-8)

5 예수는 주

예수 그리스도를 주로 믿으면 구원 받는다

예수는 주, 예수는 하나님이고 그 예수를 주로 믿고 시인하면 구원을 얻는다.

"네가 만일 네 입으로 예수를 주로 시인하며 또 하나님께서 그를 죽은 자 가운데서 살리신 것을 네 마음에 믿으면 구원을 받으리라 누구든지

주의 이름을 부르는 자는 구원을 받으리라"(롬10:9,13)

지옥의 불구덩이에 들어가는 것은 주 예수 그리스도를 믿지 않아서이다. (요16:9) 천국은 자기 공덕이나 선행을 통해 들어가는 것이 아니고 오직 **주 예수 그리스도를 믿음으로** 들어가는 것이다. 사람이 쌓은 공덕으로 천국의 문이 열리는 것이 아니고 하나님께서 사람이 되어 세상 죄를 지고 죽으심으로 천국의 문이 열린 것이다. 하나님 앞에서 의롭게 된 것은 자기의 의로 인한 것이 아니고 하나님께서 허락하신 하나님의 한 의를 **믿음으로** 되는 것이다. (롬1:17, 3:20-22)

예수 그리스도의 십자가 오른편에 달린 강도는 그가 행한 죄값으로 십자가 형벌을 받았으나 그의 영혼은 주님과 함께 낙원에 들어갔다. 아무런 공로 없이 오직 주 예수 그리스도는 하나님이라는 진리를 깨닫고 주로 믿음으로 말미암아 그 영혼이 구원을 받은 것이다.

"예수께 이르되 주여 주께서 주의 왕국으로 들어오실 때에 나를 기억하옵소서 하매 예수께서 그에게 이르되 진실로 내가 네게 이르노니 오늘 네가 나와 함께 낙원에 있으리라 하시니라"(눅23:42,43)

개혁개정 성경에는 '주여, 주께서'라는 표현 대신 '예수여', 그리고 '주의 왕국'은 '당신의 나라'로 번역되어 있다. 그러나 원문은 '주'라고 되어 있다. 유대인들은 하나님을 지칭할 때 주라는 단어를 사용했다. 왜냐하면 십계명 중 셋째 계명에 '하나님의 이름을 망령되이 일컫는 자는 죄 없다 하지 않는다'고 했기 때문에 BC 3세기 이후 유대인들은 하나님의 이름을 '주(퀴리오스, Kyrios)'라는 말로 대치하여 사용했다. 그래서 구약성경의 그리스어 번역본인 70인역(Septua Ginta)에서는 하나님의 이름 대신 모두 '퀴리오스($Kύριος$:주)'라고 번역하고 있는 것을 볼 수 있다.

히브리어 אדוני, 아도나이
라틴어 Dominus, 도미누스

고대 그리스어 $Kύριος$, 퀴리오스
영어 Lord, 로드

신약성경에서도 이러한 원칙이 적용된 부분이 여러 곳에서 발견된다.

'주의 길을 예비하라'는 말씀이 있는데 (마3:3, 막1:3, 눅3:4) 이 말씀은 구약성경 이사야 40장 3절 '여호와의 길을 예비하라'를 인용한 말씀이다. 여기에서 '여호와의 길'을 '주의 길'로 대치하여 기록한 것을 알수 있다.

'누구든지 주의 이름을 부르는 자는 구원을 얻으리라'는 말씀을 기록하고 있는데 (행2:21, 롬10:13) 이 말씀은 구약성경 요엘서 2장 32절 '누구든지 여호와의 이름을 부르는 자는 구원을 얻으리니'라는 말씀을 인용한 것이다. 여기에서도 여호와의 이름을 주의 이름이라고 대치하여 인용하고 있다. 신약에서 '주'의 의미는 '하나님'의 의미로 사용되고 있음을 알 수 있다.

신약에서 예수 그리스도를 하나님이라는 의미로서 '주'의 단어를 사용한 것을 알 수 있다. 이를테면 바울은 '예수를 주로 시인하면 구원을 얻는다'고 말씀하고는 이어서 결론으로 요엘서 2장 32절 '누구든지 여호와의 이름을 부르는 자는 구원을 얻으리니'라는 말씀을 인용하는데 이 말씀에서 여호와의 이름을 주의 이름으로 대치한 것이다.

"네가 만일 네 입으로 예수를 주로 시인하며 또 하나님께서 그를 죽은 자 가운데서 살리신 것을 네 마음에 믿으면 구원을 받으리라 누구든지 주의 이름을 부르는 자는 구원을 받으리라"(롬10:9,13)

이 말씀은 '예수를 여호와 하나님으로 마음에 믿고 시인하고 여호와로 부르면 구원을 받을 것이라'라는 말씀이다. 이와 같이 신약성경에서 예수님께 사용된 '주'는 '여호와'의 의미로 사용되었다는 사실을 알 수 있다. 바울이 깨닫고 제시한 구원의 원리는 예수가 주라는 진리와 그 진리를 믿는 믿음과 그 믿음의 고백인 것이다. 바울은 구원 얻는 진리를 깨달은 후 예수 그리스도를 표현할 주로 '주 예수' 또는 '주 예수 그리스도'라고 고백하고 있다. (롬1:4,7, 5:1,11,21, 7:25, 13:14, 14:14, 15:6,30)

바울은 예수를 입으로 주라 시인하는 것이 하나님께 영광을 돌리는 방법이라고 말씀한다.

"그는 근본 하나님의 본체시나 하나님과 동등됨을 취할 것으로 여기지 아니하시고 오히려 자기를 비어 종의 형체를 가져 사람들과 같이 되었고 사람의 모양으로 나타나셨으매 자기를 낮추시고 죽기까지 복종하셨으니 곧 십자가에 죽으심이라 이러므로 하나님이 그를 지극히 높여 모든 이름 위에 뛰어난 이름을 주사 하늘에 있는 자들과 땅에 있는 자들과 땅 아래 있는 자들로 모든 무릎을 예수의 이름에 꿇게 하시고 모든 입으로 예수 그리스도를 주라 시인하여 하나님 아버지께 영광을 돌리게 하셨느니라"(빌2:6-11)

바울은 예수님이 근본 하나님의 본체이면서 하나님과 동등하다는 사실과 '예수 그리스도는 주'라는 사실을 고백하고 있다. 바울은 예수 그리스도를 주, 즉 하나님이라고 시인하면 하나님께서 영광을 받으시고 그는 구원을 받는다고 말씀했다. (롬10:9,10, 빌2:11)

예수님의 십자가 오른 편의 강도는 예수 그리스도를 '주', 즉 하나님이라고 고백함으로 주님과 함께 낙원에 들어간 것이다.

오른편 강도는 예수님이 주, 즉 하나님이라는 구원얻는 진리인 사실을 어떻게 알았을까, 예수 그리스도의 죄목은 자신의 행위적 죄목이 아니라 자신이 하나님이라고 했던 신성모독죄였다. (요19:7) 오른편 강도는 예수 그리스도의 죄목에 대해 들었을 것이다. 그리고 십자가에 달려 있는 동안 반복해서 듣게 된다.

"지나가는 자들은 자기 머리를 흔들며 예수를 모욕하여 이르되 성전을 헐고 사흘에 짓는 자여 네가 만일 하나님의 아들이어든 자기를 구원하고 십자가에서 내려오라 하며... 그가 하나님을 신뢰하니 하나님이 원하시면 이제 그를 구원하실지라 그의 말이 나는 하나님의 아들이라 하였도다 하며 함께 십자가에 못 박힌 강도들도 이와 같이 욕하더라" (마27:39-44)

오른편 강도는 자신이 처형 당하는 마지막 순간에 주변에 몰려든 많은 사람들의 입을 통해 '예수가 하나님'이라는 구원 얻는 진리를 듣게 된 것이다.

생명보다 귀중한 것은 없다. 살기 위해서는 거짓말도 할 수 있을 것이다. 그러나 예수 그리스도는 자신이 하나님이라는 주장을 무서운 십자가의 형틀 앞에서 결코 부인하지 않았다.

만약 예수 그리스도가 하나님이 아닌데 하나님이라고 착각하여 죽었다면 그는 망상에 사로잡힌 정신병자이다. 자신의 주장이 거짓이라는 것을 알면서도 다른 이들에게 그 거짓 주장을 믿게 하여 새로운 종교를 만들기 위해 죽은 이단 종파의 교주일 뿐이다. 그러나 이것도 저것도 아니라면 그의 주장대로 그는 하나님이라는 말인가, 어느 것을 선택하느냐에 따라 당신의 운명이 영원히 갈리게 된다. 오른 편 강도는 예수는 '주(하나님)'인 것을 믿음으로 지옥의 영원한 형벌 대신 그날 주님과 함께 낙원에 이르게 되었다.

예수는 하나님

세상 죄를 위해 죽고 부활하신 예수님은 하나님이시다. 이것이 성경이 제시하고 있는 유일한 구원의 도이다. 세상 죄를 지고 죽고 부활하신 '예수는 하나님'이라는 진리는 단순한 교리가 아니라 구원 얻는 씨요 복음이다. 따라서 이 진리는 온 존재를 받쳐서 붙잡고 믿고 지켜야 할 생명의 말씀이다.

이러한 말씀을 드리면 아무 대가 없이 구원 얻게 하는 싸구려 복음이요 가짜 복음이라고 말할지도 모른다. 십자가에 달리신 예수 그리스도를 하나님으로 믿는 믿음으로 값없이 얻는 구원은 하나님께서 피흘리는 상상할 수 없는 대가를 지불하고 주신 구원이요 하나님의 절대적인 사랑이다. 이 진리를 믿어 구원얻게 되는 것은 절대적인 성령의 역사이다. (고전12:3) 따라서 십자가에 달리신 예수 그리스도를 하나님으로 믿고 시인하는 것은 인간이 할 수 있는 가장 큰 일을 한 것이고, 성령의 가장 강력한 역사요, 은혜 중의 은혜이다. (마16:16,17, 요15:26, 고전12:3)

예수님은 죽음에서 부활하신 후에 500여 명의 형제들에게 보이심으로써 자신이 하나님이심을 입증하시고 선포하셨다. (요20:27-29, 고전15:2-9)

"성결의 영으로는 죽은 자들 가운데서 부활하사 능력으로 하나님의 아들로 선포되셨으니 곧 우리 주 예수 그리스도시니라" (롬1:4)

창세 이후 어떤 사람이 사망을 이기고 자신의 생명을 주는 하나님인 사실을 증명한 존재가 있었는가, 주 예수 그리스도만이 부활하심으로 자신이 생명이요 부활이고 자신을 믿는 자에게 죽지 않는 영생을 줄 수 있는 분임을 증명하셨다. (요11:25-44)

이천 년 전에 구원의 문은 독생하신 하나님께서 사람이 되어 오셔서 십자가에서 세상 죄를 짊어지고 죽으심으로 이미 열어 놓으셨다. 누구든지 십자가에 달리신 예수 그리스도를 나의 주요 나의 하나님으로 믿고 영접하기만 하면 영생이신 하나님이 당신을 처소 삼고 들어오실 것이고 당신은 그 분 안에 들어가게 될 것이다.

"누구든지 예수를 하나님의 아들이라 시인하면 하나님이 그의 안에 거하시고 그도 하나님 안에 거하느니라" (요일4:15)

이 얼마나 단순하고 은혜로운 구원의 말씀인가, 과거와 현재 나의 상태를 묻지 않고 누구든지 주 예수 그리스도를 하나님의 아들로 믿고 시인하는 이는 영생이신 하나님을 모시고 하나님 안에 들어갈 수 있다는 말씀이다. 이것이 하나님의 은혜요 은총이다.

마지막 밤, 자신을 하나님이라고 증언 한 예수그리스도

예수 그리스도는 제자들과 마지막 밤을 보내면서 고별 설교를 통해 가장 중요한 비밀을 밝히신다.

"하나님을 믿으니 또 나를 믿으라" (요14:1)

그들에게 예수 그리스도의 이 말씀은 커다란 충격이었다. 유대인들이 믿고 있는 믿음의 대상은 당연히 하나님일 것이다. 그런데 예수 그리스도는 '너희가 하나님을 믿는 것과 같이 동일하게 나를 믿으라'고 말씀하셨다. 이는 예수 그리스도께서 자신을 유대인이 믿고 있는 하나님이라고 밝히 드러내고 있는 것이다.

또한 예수 그리스도는 '무엇이든지 내게 구하면 내가 시행하리라'고 말씀하신다.

"내 이름으로 무엇이든지 내게 구하면 내가 시행하리라"(요14:14)

유대인들에게는 오직 여호와 하나님만이 기도의 대상이다. 무엇이든지 응답하고 시행하실 수 있는 분은 오직 하나님뿐인데 자신에게 기도하라는 것은 자신이 유대인들이 기도하는 주체인 여호와 하나님이라는 의미인 것이다. 예수 그리스도는 제자들에게 자신이 유대인이 믿고 기도하는 대상인 하나님이라는 비밀을 분명하게 드러내고 있는 것이다.

이어서 예수 그리스도는 성도들 안에 아버지와 성령과 함께 계시겠다고 말씀하신다. (요17:21,23) 예수님은 믿는 자들 안에 거처하겠다고 말씀하셨다. 모든 성도들 안에 동시에 거처 삼고 계실 수 있는 분은 오직 하나님뿐이시다. 천사는 할 수 없는 일이다. 무소부재 하신 하나님만이 하실 수 있는 일인데 이렇게 말씀하신 것은 자신이 하나님이라는 사실을 밝히기 위함인 것이다.

이렇게 예수 그리스도는 자신이 하나님 되심을 분명하게 드러내고 있는데도 불구하고 제자들은 예수님이 하나님이라는 진리를 깨닫지 못하고 부활하신 예수 그리스도를 보고서야 비로서 이 진리를 깨닫게 된다.

"도마가 대답하여 가로되 나의 주시며 나의 하나님이시니이다 예수께서 가라사대 너는 나를 본 고로 믿느냐 보지 못하고 믿는 자들은 복되도다 하시니라"(요20:28,29)

당신이 만약 죽고 부활하신 예수그리스도가 '나의 주요 나의 하나님'이라는 진리를 듣고서 진실한 마음으로 믿고 입으로 시인하면 하나님으로부터 '복되도다'라는 축복과 구원과 영생을 선물로 얻게 될 것이다. (롬10:9,10)

이렇게 성경은 명확하게 주 예수 그리스도는 하나님 되심을 말씀하고 있는데도 주 예수 그리스도의 신성에 대한 사탄의 도전은 계속되고 있다.

당시 유대인들은 예수 그리스도께서 자신이 하나님이라는 비밀을 드러내자 죽이려고 하였다. (요8:53,59, 10:30-33) 결국 그들은 성공했다. 예수 그리스도에게 신성모독죄를 뒤집어 씌워 십자가에 못박아 죽였다. (요19:6-7) 사탄은 자신에게 충실한 종이 된 유대인들을 통해 목적을 이루었다. (요8:44, 13:2, 엡2:2,3, 창3:15) 세상 신인 사탄에 의해 소경이 되어버린 유대인들은 창조주 되시는 하나님을 알아보지 못했고 자신을 하나님이라고 주장했다는 죄목, 즉 신성모독죄로 십자가에 못박아 죽였다. (요10:30-33, 19:6-7, 1:10,11, 고후4:4)

예수를 하나님으로 믿지 않는 죄의 대가

무엇이 죄인가, 성령께서 책망하는 근본적인 죄는 예수 그리스도를 믿지 않는 죄이다. (요16:7-9) 자범죄가 있어서 지옥 가는 것이 아니라 예수 그리스도를 하나님으로 믿고 영접하지 않았기 때문에 지옥불로 떨어지는 것이다. 예수 그리스도를 창조주로 알아보지 못하고 믿지 않는 죄가 얼마나 큰 죄인지 아는가, (요8:24, 16:8,9) 평생을 하나님을 섬기고 하나님의 계명을 지키며 살았다고 해도 예수 그리스도를 하나님으로 영접하지 않으면 하나님도 그들을 받아들이지 않을 것이며 지옥불에 던질 것이다. (마10:40, 요1:10-13, 8:24-25, 13:20)

이 말씀이 역사 속에서 증명되었다. 예수님은 자신을 창조주와 메시아로 인정하지 않고 그를 죽인 죄값으로 예루살렘의 성전과 그 건물들이 돌 위에 돌 하나도 남지 않고 다 무너질 것과 많은 유대인들은 죽임을 당하며 살아남은 자들은 흩어져 모든 민족에게 밟힘을 당할 것을 예언하셨다.

"그러므로 의인 아벨의 피로부터 성전과 제단 사이에서 너희가 죽인 바라갸의 아들 사가랴의 피까지 땅 위에서 흘린 의로운 피가 다 너희에게 돌아가리라 내가 진실로 너희에게 이르노니 이것이 다 이 세대에게 돌아가리라... 예루살렘아 예루살렘아 선지자들을 죽이고 네게 파송된 자들을 돌로 치는 자여 암탉이 그 새끼를 날개 아래 모음같이 내가 네 자녀를 모으려 한 일이 몇 번이냐 그러나 너희가 원치 아니하였도다 보라 너희 집이 황폐하여 버린바 되리라" (마23:35-38)

"예수께서 성전에서 나와서 가실 때에 제자들이 성전 건물들을 가리켜 보이려고 나아오니 대답하여 가라사대 너희가 이 모든 것을 보지 못하느냐 내가 진실로 너희에게 이르노니 돌 하나도 돌 위에 남지 않고 다 무너뜨리우리라" (마24:1,2)

예수님이 AD 33년경에 이 예언을 하셨는데 그로부터 37년 후인 AD 70년에 이 예언은 모든 것이 그대로 이루어졌다. 역사학자 요세푸스는 이스라엘 멸망사에서 그 당시 사건을 상세하게 기록하고 있다. 그는 이스라엘 사람들이 성경에 기록되어 있는 예수 그리스도의 예언을 기억하지 않았다고 기록하고 있다.

사건은 이렇게 시작된다. AD 68년경에 유대인들이 유월절을 지키기 위해 각처에서 예루살렘으로 모여들기 시작했다. 예루살렘의 질서를 유지하고 방어하던 당시 한 로마 병사가 사람들이 지나는 성루 위에서 보초를 서면서 장난기가 발동하여 성루에서 밑으로 지나가는 사람들을 향해 바지를 벗고 오줌을 갈겼다. 갑자기 오줌 세례를 받아 자존심이 상한 유대인들은 돌을 집어 그를 향해 던졌는데 다윗이 골리앗을 향해 물맷돌을 던져 죽였듯이 그만 망루에 있던 그 로마 군인이 돌에 맞아 망루에서 떨어져 즉사하고 말았다. 이에 예루살렘에 주둔해 있던 삼천 명의 로마 군인들은 유월절을 지키기 위해 몰려든 군중 8만 명을 무자비하게 학살하게 된다. 이에 격분한 이스라엘 군중들은 로마 군인들과 싸워 거의 3천 명을 죽이게 된다. 마침 시리아에 주둔해 있던 로마의 베르파시안 장군이 이 소식을 듣고 10만의 대군을 이끌고서 예루살렘으로 쳐들어 온다. 성문을 굳게 닫고서 유대인들은 강하게 저항하였다. 페르시안 장군은 예루살렘성을 포위하여 장기전에 돌입하였고 이에 성내에 있던 사람들은 먹을 것이 없는 최악의 기아상태에 들어가게 되어 집안의 어린아이나 힘이 약한 사람들을 잡아먹는 끔직한 상태에 빠지게 되었다. 결국 예루살렘은 포위 당한지 육 개월이 지나서 성내에 있던 모든 사람들이 다 죽기 전에 성문을 열고 항복하자는 결정을 하고 내일 아침에 성문을 열고 항복하겠다는 소식을 로마군에게 전달하였다. 그런데 놀라운 일이 벌어졌다. 로마군들은 그날 밤을 견디지 못하고 전군이 철수를 한 것이다. 어찌된 일인가? 그 이유는 본국에서 네로 황제의 자살로 원로회에서 급히 베르파시안 장군을 부른 것이다. 그 후 로마 원로회의는 베르파시안 장군을 로마 황제로 추대하였다.

이런 상황에서 두 가지 부류의 사람들이 발생하게 되었다. 예루살렘 성내에 거하던 대부분의 사람들은 마치 자신들의 용맹함으로 로마군이 철수한 것으로 여겨 교만하게 되었고 성내에 안주하게 되었다. 그러나 예수 그리스도의 말씀을 청종했던 소수의 백성, 즉 기독교인들은 성경의 예언대로 산으로 둘러싸인 펠라성으로 도피하거나 사막의 동굴산으로 피신하였다. 그때 사도요한을 비롯하여 예루살렘 교회의 성도들도 피신했을 것이다.

한편 황제가 된 베르파시안은 자신이 성공하지 못한 예루살렘 함락을 위해 자신의 아들 티투스(디도) 장군에게 예루살렘을 정복하고 올 것을 명한다. 로마 군대가 철수한지 2년 후인 AD 70년에 로마 티투스 장군에 의해 예루살렘성은 2차 포위되었으며 예수님의 예언대로 예루살렘 성전은 돌 위에 돌 하나도 남지 않고 완전하게 파괴된다. 하나님께서는 AD 68년부터 2년 간의 회개할 수 있는 기간을 주셨지만 예수님의 경고의 말씀을 무시하고 받아들이지 않았던 유대인들은 그 결과로 110만명의 사망자를 내고 9만 7천 명은 포로가 될 수 밖에 없었다.

그리고 남은 자들은 세상 모든 곳에 흩어져 오랜 세월 유리방황하는 객이 되었던 것이다. 예수 그리스도의 예언이 그대로 성취된 것이다.

"너희가 예루살렘이 군대들에게 에워싸이는 것을 보거든 그 멸망이 가까운 줄을 알라 그 때에 유대에 있는 자들은 산으로 도망할지며 성내에 있는 자들은 나갈지며 촌에 있는 자들은 그리로 들어가지 말지어다 이 날들은 기록된 모든 것을 이루는 형벌의 날이니라 그 날에는 아이 밴 자들과 젖먹이는 자들에게 화가 있으리니 이는 땅에 큰 환난과 이 백성에게 진노가 있겠음이로다 저희가 칼날에 죽임을 당하며 모든 이방에 사로잡혀 가겠고 예루살렘은 이방인의 때가 차기까지 이방인들에게 밟히리라"(눅21:20-24)

오늘날의 이스라엘은 영적으로 황폐해 있다. 놀랍게도 전세계에서 가장 무신론자가 많고 전체인구의 10%가 넘는 사람들이 동성애자인 나라가 지금의 이스라엘이다. 이스라엘의 법무부 장관이 동성애자이며 오래전 동성애를 옹호하는 법이 통과되었다. 2019년 6월에 매년 열리고 있는 텔 아비브 퀘어 축제에는 약 20만 명이 모인 가운데 텔 아비브 도시 재정에서 11억 6천만 원을 전액 지원하여 마치 소돔과 고모라를 방불케 하는 퀘어축제를 한 달 동안이나 진행했다. 현재 텔 아비브 시민의 약 25%가 동성애자이다. 이러한 일이 전 도시로 확산되고 있으며 성지의 중심지 예루살렘에서도 수만 명이 모이는 퀘어축제가 진행됐다. 아직도 그들은 예수님을 그리스도(메시아)로 인정하지 않고 있다. 하나님께서는 참 진리를 사랑하지 않은 그들을 정욕대로 내버려 두시고 합당치 못한 일을 하게 하셔서 그에 상당한 영적인 화를 받게 하고 있는 것이다. (롬1:27, 살후2:11,12)

"그러므로 하나님께서 저희를 마음의 정욕대로 더러움에 내어 버려두사 저희 몸을 서로 욕되게 하셨으니 이는 저희가 하나님의 진리를 거짓 것으로 바꾸어 피조물을 조물주보다 더 경배하고 섬김이라"
(롬1:24-25)

"또한 저희가 마음에 하나님 두기를 싫어하매 하나님께서 저희를 그 상실한 마음대로 내어 버려두사 합당치 못한 일을 하게 하셨으니"
(롬1:28)

예수 그리스도는 자신이 그인 줄 믿지 않으면 반드시 자신들의 죄 값으로 죽을 것을 경고하고 있다.

"이러므로 내가 너희에게 말하기를 너희가 너희 죄 가운데서 죽으리라 하였노라 너희가 만일 내가 그인 줄 믿지 아니하면 너희 죄 가운데서 죽으리라" (요8:24)

예수 그리스도는 '빛이 있으라'고 태초부터 말씀하셨던 창조주 하나님이시다. (요1:1,2,10, 창1:26) 이 진리를 깨닫지 못하면 영혼이 사탄의 속박에서 벗어나지 못하고 보이지 않는 악한 영의 노예가 되어 그의 욕심을 쫓다가 육신은 한줌의 흙으로 돌아가고 영혼은 영원히 꺼지지 않는 지옥 불에서 영원히 신음하게 될 것이다. (막9:48, 요8:32-58, 엡2:1-3, 히2:14,15, 요일5:4)

하나님께서는 유대민족을 선택하시고 구원의 말씀인 구약성경을 주셨다. 성경을 통해 창세기부터 우리로 존재하시는 여호와 하나님 중 한 분이 처녀의 몸을 통해 사람이 되어 오실 것을 말씀하셨다. 또한 여호와의 이름을 통해 구약성경에 6,000번 이상 '장차 여호와께서 사람이 되어 오셔서 세상 죄를 지고 못 박혀 죽으실 것이다'라고 말씀하셨다. 그러나 그들의 어두운 눈은 창조 때부터 예언되었던 복음을 깨닫지 못하였다. 창조주 하나님이 자신들에게 왔지만 그를 알아보지 못하고 신성모독죄로 십자가에 못 박은 것이다.
(요1:10,11, 막14:61-65, 요8:37-44, 9:39-41, 롬9:31,32)

주 예수 그리스도를 믿으라! 그리하면...

초림 때 하나님의 품속에 계셨던 독생하신 하나님이 사람이 되어 오셔서 세상 죄를 지고 피흘려 죽으셨다. (요1:14,18,29) 그 분의 이름은 '여호와 구원'이라는 의미를 지닌 '예수'다. 예수님은 하나님(롬9:5)이시기 때문에 그 분의 피는 하나님의 피(행20:28)로서 단번의 죽으심(히7:27, 9:26, 28,10:10, 슥3:9)으로 세상 모든 죄를 사하고도 남음이 있다. 모든 시대를 초월하여 속죄하는 영원한 효력을 지니고 있을뿐만 아니라 (히9:12, 10:14-18) 죄인을 온전히 구원하는 능력이 있다. (히7:25, 10:14) 하나님은 모든 사람이 구원에 이르기를 원하신다. (딤전2:4) 누구든지 예수님을 하나님으로 믿는 자에게는 시대를 초월하여 그 하나님의 피가 그를 죄에서 해방시켜 그를 영원한 천국인 하나님 자신 안으로 인도할 것이며 영원한 구원의 완전한 보증이 된다. 그리고 그는 하나님의 피의 언약대로 우리이신 하나님을 모시게 되며 우리이신 하나님을 성전 삼고 하나님과 더불어 영원토록 왕노릇 하며 영생을 누리게 될 것이다. (요14:23, 17:21,22, 요일4:15, 계21:22, 22:1-5)

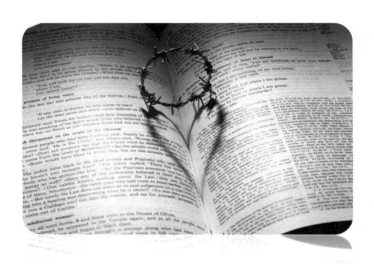

6 예수는 그 '그리스도'

바울이 가장 즐겨 부르던 이름이 '주 예수 그리스도'다. 이는 바울의 믿음의 핵심이 어디에 뿌리를 두고 있는지를 잘 보여주고 있다. 그에게 믿음의 닻을 내리게 한 진리는 예수는 주, 즉 하나님이라는 진리와 예수는 구약성경에 예언되었던 그리스도(메시아)라는 진리이다. 우리는 교회사 가운데 가장 위대한 믿음의 지도자인 바울의 신앙 원칙에 따라 우리의 믿음을 예수는 하나님이라는 진리와 예수는 구약에 예언된 그 그리스도라는 진리에 깊이 뿌리를 내려야 한다.

예수가 하나님이 되신다는 확실한 증거 중 하나는 예수께서 구약에서 수없이 예언된 그 그리스도라는 사실을 통해서이다. 구약성경에서 언급된 그리스도에 관한 수많은 예언은 예수님을 통해 성취되었으며 사실로 확인되었다. 십자가와 부활의 사건을 통하여 예수님은 여호와께서 성육신하신 그 그리스도임을 확신할 수 있는 것이다.

"이르시되 미련하고 선지자들이 말한 모든 것을 마음에 더디 믿는 자들이여 그리스도가 이런 고난을 받고 자기의 영광에 들어가야 할 것이 아니냐 하시고 이에 모세와 모든 선지자의 글로 시작하여 모든 성경에 쓴 바 자기에 관한 것을 자세히 설명하시니라"(눅24:25-27)

부활하신 예수님은 자신에 대한 확고한 믿음을 갖게 하기 위하여 모세와 모든 선지자의 글로부터 시작하여 성경에 기록된 자신에 관한 모든 것을 자세히 설명하여 자신의 생애에 그 모든 예언이 성취되었다는 사실을 깨닫게 하셨다. (눅24:32, 44,45) 이를 통하여 자신이 '주(하나님)'

되심과 구약에 약속 된 그 '그리스도'라는 비밀을 깨달을 수 있는 믿음을 갖게 하신 것이다.

이와 같이 확고한 믿음을 가지려면 하나님을 체험하는 것에 더하여 반드시 성경에서 그리스도에 대하여 예언된 말씀과 그 모든 예언들이 예수님의 생애에 전부 성취된 사실에 대하여 자세히 공부할 필요가 있다. 이를 통해 우리는 바울이 가장 많이 즐겨 사용했던 '주 예수 그리스도'라는 동일한 고백을 할 수 있는 것이다.
(마16:16,17, 요20:31, 1:41, 4:25, 행5:42, 9:22, 18:5, 행18:28, 28:23)

예수는 그리스도, 예언과 성취

구약성경에서 예수 그리스도에 관한 예언은 직간접적으로 800가지가 있다. 그런데 놀랍게도 예수님의 생애를 통해 그 예언이 하나도 땅에 떨어지지 않고 모두 성취되었다.

① 여호와 중 한 분으로 사람이 되어 오셔서 죽고 부활
   - 예언: 창3:22(BC4114)
   - 성취: 요1:1-11,14,18, 20:26-29(BC1, AD33)
② 그리스도가 처녀로부터 탄생
   - 예언: 창세기 3:15절(BC4,114), 이사야 7:14절(BC742)
   - 성취: 마태복음 1:18,24,25(BC1)
③ 유다 지파
   - 예언: 창 49:10(BC1,689)
   - 성취: 눅 3:23,33(BC1)
이스라엘 열두 지파 중 유다지파에서 태어나리라는 것이 BC 1,689년

에 예언되었다.
④ 다윗의 가문
- 예언: 렘 23:5(BC609)
- 성취: 눅 3:23(BC1)
⑤ 베들레헴에서 출생
- 예언: 미 5:1,2(BC710)
- 성취: 마 2:1(BC1)
  유다의 수 천 고을이라고 했는데 그 중 한 고을 베들레헴이다.
⑥ 현자로부터 선물을 받을 것임
- 예언: 사 60:3,6,9(BC712)
- 성취: 마 2:1-12(BC1)
⑦ 금과 유향이 주어질 것임
- 예언: 사 60:6(BC712)
- 성취: 마 2:11(BC1)
  선물의 내용까지 BC698년에 예언되어 있다. 세 가지의 선물 중 두
가지가 미리 주어진 것이다.
⑧ 잠시 이집트로 피신
- 예언: 호 11:1(BC740)
- 성취: 마 2:13-15(BC1)
⑨ 그의 탄생 시 유아들의 집단 학살
- 예언: 렘 31:15(BC606)
- 성취: 마 2:16-18(BC1)
⑩ 메신저가 미리 보내어질 것임
- 예언: 사 40:3(BC712)
- 성취: 마 3:1, 2 (AD30)
⑪ 갈릴리 지역에서 사역이 시작됨
- 예언: 사 9:1(BC742)

- 성취: 마 4:12, 13, 17(AD30)
⑫ 하나님의 성전에 갑자기 나타나심
  - 예언: 말 3:1(BC397), 시 69:9 (BC1,060)
  - 성취: 요 2:13-21(AD33)
⑬ 이적을 행하심
  - 예언: 사 35:5,6(BC712)
  - 성취: 마 9:35(AD31)
⑭ 비유들로 가르치심
  - 예언: 시 78:2(BC1,090)
  - 성취: 마 13:34(AD31)
⑮ 수많은 사람들을 고치심
  - 예언: 사 42:7,16(BC712)
  - 성취: 마 8:16, 15:30(AD32)
⑯ 그의 이적들을 믿지 않을 것임
  - 예언: 사 53:1(BC712)
  - 성취: 요 12:37(AD33)
⑰ 예루살렘의 동문으로 들어가신 후 그 문은 닫힐 것임
  - 예언: 겔 44:1, 2(BC5,742)
  - 성취: 막 11:1-10(AD33)
⑱ 나귀를 타고 예루살렘에 입성할 것임
  - 예언: 슥11:12(BC487)
  - 성취: 마 26:15(AD33)
⑲ 친구에 의해 배신을 당하심
  - 예언: 시 41:9(BC1,090)
  - 성취: 마 10:4(AD33)
⑳ 여호와가 은전 30냥에 팔릴 것임
  - 예언: 슥 11:12(BC487)

-   성취: 마 26:15(AD33)
㉑ 동전이 성전 마루에 던져질 것임
-   예언: 슥 11:13(BC487)
-   성취: 마 27:5(AD33)
㉒ 그 돈은 옹기쟁이 밭을 구입하는데 쓰일 것임
-   예언: 슥 11:13(BC487)
-   성취: 마 27:7(AD33)
㉓ 그의 제자들에 의해 버림 당하심
-   예언: 슥 13:7(BC487)
-   성취: 마 14:20(AD33)
㉔ 그를 고소하는 거짓증인들이 있을 것임
-   예언: 시 35:11(BC1,090)
-   성취: 마 26:59, 60 (AD33)
㉕ 그의 고소하는 자 앞에서 잠잠하실 것임
-   예언: 사 53:7(BC712)
-   성취: 마 27:12(AD33)
㉖ 매맞고 채찍을 맞고 뺨을 맞을 것임
-   예언: 사 50:6(BC712)
-   성취: 마 26:67(AD33)
㉗ 강도들과 같이 십자가에 못박힐 것임
-   예언: 사 53:1(BC712)
-   성취: 마 27:38(AD33)
㉘ 구경꾼들에게 조롱을 받으리라
-   예언: 시 22:7, 8, 109:25
-   성취: 마 27:39-43(AD33)
㉙ 손과 발에 못이 박히리라
-   예언: 시 22:16

- 성취: 눅 23:33(AD33)
㉚ 그의 옆구리가 창에 찔리리라
   - 예언: 슥 12:10(BC487)
   - 성취: 요 19:34(AD33)
㉛ 그의 원수들을 위해 기도하시리라
   - 예언: 사 53:12
   - 성취: 눅 23:34
㉜ 신 포도주를 마실 것이 종용되리라
   - 예언: 시 69:21(BC712)
   - 성취: 마 27:34(AD33)
㉝ 옷이 제비 뽑히고 나누이지 않을 것이다
   - 예언: 시 22:18
   - 성취: 요 19:23, 24(AD33)
㉞ 어떤 뼈도 꺽이지 않으리라
   - 예언: 출 12:46, 시 34:20
   - 성취: 요 19:23(AD33)
㉟ 그의 버림받음에 대한 부르짖음
   - 예언: 시 22:1
   - 성취: 마 27:46(AD33)
㊱ 정오에 어둠이 깔리리라
   - 예언: 암 8:9
   - 성취: 마 27:45(AD33)
㊲ 부자의 무덤에 장사될 것임
   - 예언: 시 53:9
   - 성취: 마 27:57-60
㊳ 삼일 낮과 삼일 밤을 묻힐 것임
   - 예언: 욘 1:17(BC887)

- 성취: 마 12:38-40(AD33)
㊴ 육신이 썩음을 당하지 아니하실 것임(부활)
  - 예언: 시 16:10
  - 성취: 행 2:31(AD33)
㊵ 하늘로 올라가심
  - 예언: 시 68:18
  - 성취: 행 1:9(AD33)
㊶ 그의 백성에게 거절당하심
  - 예언: 사 53:3(BC712)
  - 성취: 막 8:31, 눅 17:25(AD33)
㊷ 이방 민족들이 그를 믿을 것임
  - 예언: 사 60:3(BC698)
  - 성취: 행 13:47,48(AD45)
㊸ 그리스도가 오시는 날짜 예언
  - 예언: 단 9:26, 27(BC538)
  - 성취: 눅 19:41-44(AD33, 3월 30일)
  예루살렘 중건령이 떨어진 BC444, 3월5일로부터 69이레(173,880일)
지난 후, AD33년 3월 30일에 그리스도가 왕으로 등장
㊹ 메시야가 오시고 끊어지리라
  - 예언: 단 9:26(BC538)
  - 성취: 요 19:33-35(AD33, 4월 3일)
㊺ 그리스도께서 니산월 14일 오후 3시에 죽으실 것
  - 예언: 출12:2,6(BC1,446년)
  - 성취: 마27:45-50(AD33, 4월 3일 오후3시)
㊻ 예루살렘 성전이 예수그리스도 죽은 후 무너지리라
  - 예언: 단 9:26(BC538)
  - 성취: AD70년 티도 장군에 의해 파괴됨

㊼ 유대인들은 그리스도의 고난이 있기 23년 전에 죽음의 형벌을 면하기 위해 주권을 잃어버릴 것임
- 예언: 창 49:10(BC1,689)
- 성취: AD11, 요세푸스 Antiquities, 17:13(1-5)

예수는 그리스도, 69이레

구약에서는 심지어 그리스도께서 오셔서 죽으시는 연도와 날짜와 요일과 시간까지 예언되었다는 사실을 알고 있는가. 놀랍게도 그 예언이 하루의 오차도 없이, 단 한 시간의 오차도 없이 그대로 예수님의 생애에 성취되었다는 사실을 아는가. 하나님은 다니엘에게 말씀하신 70이레 예언을 통해 그리스도께서 오시는 때와 날짜까지 예언하셨다.

"그러므로 너는 깨달아 알찌니라 ① 예루살렘을 중건하라는 영이 날 때부터 ② 기름부음을 받은 자(그리스도) 곧 왕이 일어나기까지 ③ 일곱 이레와 육십 이 이레가 지날 것이요 그 때 곤란한 동안에 성이 중건되어 거리와 해자가 이룰 것이며"(단9:25)

그리스도의 오시는 때와 시를 부지런히 살피고 연구한 선지자들처럼 70이레 예언에 대해 면밀히 검토한다면 예수께서 구약에 예언된 그리스도이심을 확증할 수 있는 중요한 단서를 얻게 된다.

"이 구원에 대하여는 너희에게 임할 은혜를 예언하던 선지자들이 연구하고 부지런히 살펴서 자기 속에 계신 그리스도의 영이 그 받으실 고난과 후에 얻으실 영광을 미리 증거하여 어느 시, 어떠한 때를 지시하시는지 상고하니라 이 섬긴 바가 자기를 위한 것이 아니요 너희를 위

한 것임이 계시로 알게 되었으니 이것은 하늘로부터 보내신 성령을 힘 입어 복음을 전하는 자들로 이제 너희에게 고한 것이요 천사들도 살펴 보기를 원하는 것이니라" (벧전1:10-13)

예수는 모세와 다른 선지자들, 그리고 시편의 글을 통해 예언되었던 바로 그 그리스도요 오신다던 그 여호와이시다!

❍❍❍　서울 신앙 고백서가 선포되다　❍❍❍

　2019년 10월 25일 서울 광화문 광장에 수백 만 명의 인파가 모이고 유투브를 통해 전 세계로 방송되는 가운데 한국기독교 총연합회 대표 전광훈 목사는 15개 조항으로 구성된 『서울 신앙 고백서』를 선포했다. 이 가운데 첫째, 둘째, 셋째 항목이 '예수 그리스도는 창조주 하나님이다'라는 선언이다. 전 세계의 많은 교회와 신학이 자유주의와 혼합주의로 인해 예수님이 창조주 하나님이라는 구원과 생명의 진리에서 떠나고 있는 가운데 '예수 그리스도는 하나님이다'라는 신앙 고백은 온 땅의 교회가 믿고 고백해야 할 기독교의 핵심 신앙이다. 또한 타락한 교회를 성경적 진리 위에 튼튼하게 세우는 구원의 절대 진리이고 이교적 사상과 싸우는 강력한 성령의 검이 된다. 마지막 시대에 이 진리를 전 세계에 선포하면서 무지개 민족의 후예인 한국의 교회와 성도가 주도하는 종교개혁이 이루어지고 하나님 나라가 더욱 견고하게 세워질 것을 확신하는 바이다.

서울 신앙 고백서

1 예수 그리스도는 만물보다 먼저 계신 하나님이시다.

2 예수 그리스도는 만물을 창조하신 하나님이시다.

3 예수 그리스도는 사람으로 오신 하나님이시다. 그리고 완전한 사람이다.

4 예수 그리스도는 우리를 위하여 십자가에 죽으셨다.

5 예수 그리스도는 삼 일 만에 부활하셨다.

6 예수 그리스도는 승천하셨다.

7 예수 그리스도는 하나님 보좌 우편에서 우리를 위하여 기도하고 계신다.

8 예수 그리스도는 약속하신 성령 세례를 부어 주신다.

9 이 성령 세례는 지금도 계속되며 그리스도께서 재림하실 때까지 계속 이루어진다.

10 성령 세례를 따르는 사도행전적 은사는 지금도 계속되며 그리스도의 몸된 교회를 통하여 나타나고 있다.

11 예수 그리스도는 가심을 본 그대로 다시 재림하신다.

12 예수 그리스도는 재림 후 천년왕국을 이루시며 영원한 세계로 이끌어 주신다.

13 신구약 성경을 완전 무오한 하나님의 말씀으로 믿는다.

14 그리스도 구원의 과정에 있어 예수 그리스도 외에는 어떠한 교주나 교리를 배격한다.

15 우리의 고백을 인정하지 않는 개인, 단체, 신학적 이론과 이슬람, 동성애 차별금지를 절대 배격한다.

2019년 10월 25일 대한민국 서울 광화문 광장에서

삼위일체 진리와 구원과의 관계성, 삼위일체와 천국복음과의 관계성 그리고 삼위일체의 비밀에 대한 성경적인 이해를 돕기 위하여 필자가 겪어온 구원의 여정을 서술해 본다. 개인적인 구원의 체험은 절대적인 신앙의 기준이 될 수 없음을 밝힌다.

7 삼위일체 진리로부터 시작된 구원 얻는 여정

구원 얻는 여정과 삼위일체 진리

세상 죄를 지고 십자가에 달리신 '예수 그리스도는 하나님'이라는 진리는 구원 얻는 진리이다. '삼위일체'는 하나님의 피로 허락하신 구원의 본질이며 그 피로 허락하신 천국의 비밀이다. 이것은 필자가 겪어온 구원의 여정을 통하여 성령께서 깨닫게 하신 구원의 신앙고백이고 필자에게 사명이 된 핵심 진리이다.

예수는 하나님이라는 구원 얻는 진리로부터 시작해서 구원 얻는 믿음을 견고하게 하는 삼위일체의 진리와 그 진리 위에 견고하게 세워진 '하나님 나라의 복음'은 성령께서 모든 진리 가운데로 이끌어 주신 구원의 여정이었다. 예수는 하나님이라는 진리는 구원의 시작이고 하나님 나라의 복음은 구원의 결론에 이르는 진리이다. 이 시작과 결론은 철저히 삼위일체 하나님의 진리에 기초하고 있다.

예수 그리스도는 하나님, 구원의 도를 깨닫는 여정

어린 시절 '한 영혼이 천하보다 귀하다'는 하나님의 말씀이 심령 깊숙히 자리를 잡았다. 어린 마음에 하나님을 가장 기쁘시게 하는 방법이 영혼을 구령하는 것이라는 생각에 세계를 다니며 영혼을 구령하는 전도자가 되는 것이 꿈이었다.

고등학생 시절 심한 폐결핵을 통해 죽음의 공포 속에서 인간의 실존적인 질문을 진지하게 던지게 되었다. 이러한 계기로 어린 시절 꿈꾸었던 그 길을 가기 위해 전적으로 하나님을 의지하는 마음으로 폐결핵

약을 던지고(지혜로운 것 아님) 전도자의 길을 선택한다. 1988년 전도자의 훈련을 받기 위해 고향에 있는 교회의 교단에 속한 나사렛 대학교에 입학하여 기숙사 생활을 하며 영적을 훈련을 받게 된다. 하나님께서 가장 기뻐하시는 영혼 구령에 능한 전도자가 진심으로 되고 싶었기에 전심으로 말씀을 읽고 연구하고 기도했고, 교회에서는 봉사하고 전도하는 일에 모든 것을 바쳐 충성 봉사하려고 노력했다.

그러나 성경을 읽으며 말씀을 알면 알수록, 말씀을 온전히 실천하고 순종하기 위해 노력하면 할수록 다른 이들의 영혼을 구원하는 전도자가 되기는커녕 내 자신이 하나님을 가까이 할 수 없는 죄인이라는 사실과 죄에서 벗어나고 싶지만 결코 죄의 힘에서 벗어날 수 없는 무능력한 존재라는 사실을 깊이 인식하게 된다. (롬7:18-25) 다른 이들의 영혼을 구원하는 것보다 자신부터 구원받아야 할 전도의 대상이었던 것이다. 시간이 흐르면서 말씀이 적용이 되자 내 영적인 문제가 더욱 드러나기 시작했다. 죄의 원흉인 귀신(악한 영)에 의해 수시로 억압되어 있음을 알았고, 보이지 않는 영적인 존재에 이끌려 죄의 종노릇 하는 존재임이 여실이 드러나기 시작한다. (요8:44, 엡2:2,3) 나름 최선을 대해 그러한 문제에서 벗어나려고 온 힘을 다해 발버둥 쳤지만, 그 영적인 고통과 문제에서 벗어날 구원의 길을 찾지 못해서 너무나 영적인 고통 속에서 처절하고 외로운 날들을 보냈다. 그러한 가운데 구원의 길을 찾기 위해 '진리를 알면 진리가 너희를 자유케 하리라'는 주님의 약속의 말씀을 붙들고서 끝이 보이지 않고 매서운 바람만이 불어 닥치고 사방이 얼어붙은 한겨울의 광야 길을 벌거벗은 영혼은 그 추위와 싸우며 오직 살기 위해 5년 동안 힘겨운 여정을 보냈다.

성령님이 붙잡아 주지 않았다면 이 길을 결코 통과하지 못했을 것이다. 이 과정은 자신이 마귀에게 사로잡혀 죄의 종노릇하며 율법을 통해 스스로의 힘으로는 결코 벗어날 수 없는 마귀의 종이라는 사실과 그 결과로 하나님과 원수가 되어 영원히 심판 받아야 할 죄인임을 처절히 깨닫고 예수 그리스도와 그분의 보혈과 말씀 앞에 전적으로 의지하고, 항복하고, 그 분의 명령에 완전 순복하는 전도자로서 거듭나기 위한 필연적인 과정이었다. 이 과정이 성령께서 인도하신 역사였다는 것을 세월이 지나고서야 깨닫게 되었다. (롬3:20 7:7-13, 갈3:24, 요16:7-11)

많은 세월이 지나고 1992년 6월 어느 날 성경을 읽다가 잠시 말씀을 묵상하고 있을 때에 심령 가운데 놀라운 성령의 역사가 일어났다. 5년 동안 참 구원의 도와 복음의 참 빛을 얻기 위해 수많은 질문과 의문을 품고 그 답을 얻기 위해 영적인 진통의 시간을 보냈다. 그런데 놀랍게도 내적인 질문과 답변의 형식으로 내 심령에 있던 말씀들이 살아나 논리적으로 답을 하기 시작했다. 왜 하나님께서 살아계신다면 자신을 보여주지 않으실까? 하나님은 절대 주권자이시고 전능하신데 왜 죄인을 용서하실 수 있는 쉬운 방법이 있는데도 불구하고 독생하신 예수 그리스도를 십자가의 죽음에 내어 놓으셔야만 하셨을까, 마귀와 귀신을 지금이라도 지옥이 보내면 인간이 이렇게 고통과 죄 속에서 살지 않아도 될 것인데 왜 하나님께서는 그것들을 빨리 지옥에 던지지 않고 유보하시는가, 어떻게 세 분의 하나님이 한 분이 될 수 있다는 말씀인가. 하나님이 꿈속에서라도 나타나셔서 당신의 실존을 증거하시면 대부분의 사람들이 구원에 이를 것인데 왜 힘들게 사람을 통해서 전도하는 미련한 방법을 선택하시는가? 하나님 나라가 무엇이며 그 궁극적 목적이 무엇일까 등등...

그렇게 5년 동안 답을 얻기 위해 열심히 성경을 읽고 말씀을 듣고 신앙서적을 독파하고 추구해도 해결할 수 없었던 의문들에 대해 말씀이 살아나서 하나씩 하나씩 답을 주기 시작한 것이다. 이것은 예수 그리스도께서 진리의 성령이 오시면 이렇게 하시겠다는 약속이 필자에게 성취되었던 것이다. 놀라운 일이었다.

"보혜사 곧 아버지께서 내 이름으로 보내실 성령 그가 너희에게 모든 것을 가르치고 내가 너희에게 말한 모든 것을 생각나게 하리라"
(요14:26)

죄와 귀신을 완전히 이기지 못하고 보낸 5년의 세월은 하나님으로부터 버림받을 것이라는 두려움과 죄의식에 사로잡혀 있었던 시간들이었다. 어떻게 하면 죄와 귀신을 이길 수 있고 하나님이 허락한 구원에 온전히 이를 수 있을지... 그 구원의 도를 깨닫고 답을 얻기를 간절히 소망하며 보낸 시간들이었다.

1992년 6월 어느 날, 그 구원 얻는 도가 바로 '세상 죄를 지고 십자가에 달리신 예수 그리스도는 창조주 하나님'이라는 진리를 깨닫게 되었다. 예수 그리스도가 창조주 하나님이라는 구원 얻는 진리를 주시기 위해 창1:26, 요1:1-13, 18, 8:54, 58, 요17:22, 20;28, 29, 롬9:5, 딛2:13 등과 같은 말씀을 레마로 주셨다. 그리고 사도행전 20장 28절의 말씀을 결정적인 레마의 말씀으로 받았다.

"**하나님이 자기 피로** 사신 교회를 보살피게 하셨느니라"(행20:28)

'하나님이 자기 피로'... 세상 죄를 지고 십자가에 달려 피흘려 죽으신 예수 그리스도는 하나님이셨구나. 세상에서 티끌같은 나를 위해 하나님께서 피흘려 죽음을 당하셨구나. 하나님의 피는 완전하고 온전하고 영원한 하나님의 피이기 때문에 나의 구원은 완전하고 온전하고 영원하구나. 감사와 감격과 구원의 확신과 믿음으로 심령 안에 있는 하나님의 말씀에 불이 붙어 활활 타오르기 시작했다. 이 때 깊은 내면에서 하나님의 음성이 들리는 듯 했다.

창조주인 내가 너의 죄를 대신해서 죽고 피흘렸거늘 너의 죄값을 위해 더 이상 무엇을 요구하겠느냐. (행20:28, 롬8:31-39) 창조주인 내가 너희의 죄 때문에 죽음을 경험한 것은 역사 가운데 실제 있었던 변할 수 없는 역사적 사실이다. 내가 너희의 죄 때문에 피흘려 대가를 지불했거늘 너희의 죄 값을 위해 더이상 무엇을 요구하겠느냐. 성경이 이것을 너희에게 증거하고 있고 성령이 너희에게 이것을 증거하고 있다. 너희를 위해 십자가에 달려 피를 흘린 창조주 나의 피는 온전하니 너희의 구원이 온전하고, 나의 피는 완전하니 너희의 구원도 완전하고, 나의 피는 영원하니 너희의 구원이 영원한 것이다! (히9:12, 10:12-14, 13:20) 창조주 나의 피의 가치는 무한하고 영원하니 나의 단번의 죽음으로 과거와 현재와 미래의 세상 모든 사람의 죄를 사하고도 남음이 있느니라! (히7:27, 9:28, 10:9-14, 히13:8)

나의 깊은 심령에서 자유와 해방과 함께 감격의 고백이 터져 나왔다. 나의 죄를 위해 십자가에 흘린 창조주의 피, 예수의 피로 나는 완전하고 온전하고 영원히 죄사함을 받았다! 하나님의 피로 하나님이 의롭다 하셨으니 누가 송사하리요, 누가 정죄하리요. (롬8:33,34) 이 진리를 깨닫고 믿는 나에게 사탄은 나를 더이상 참소할 수 없고 (계12:10) 하나님은 결코 나를 버릴 수 없을뿐만 아니라 (롬8:31-39) 그 하나님의 피 값으로 하나님 자신을 주시고 하나님 안에 들어가게 하셨구나! (요 4:4:10, 14:16-23,17:21, 계12:10,11, 20:27, 요일4:15) 나의 공로와 의가 아니라 하나님의 피와 하나님의 은혜로 하나님의 자녀가 되었구나! (요 1:1-13, 엡2:8,9)

이러한 깨달음과 이 진리가 믿어지는 순간, 수년 동안 고통받던 영혼이 참 자유를 얻게 되었고 그 영혼의 희열과 자유가 태풍처럼 밀려오는 경험을 하였다. 그와 동시에 나는 버림받은 죄인이라는 죄의식으로 사로잡던 마귀의 속삭임과 나를 억압하고 눌렀던 귀신(악한 영)들이 묶음을 풀고 떠나가는 실제적인 경험을 하게 되었다. 변할 수 없는 하나님의 피의 은혜로 전능하신 하나님이 나의 아버지가 되었다는 큰 확신 속에서 아무런 두려움 없이 언제나 무엇이든 그분께 기도하게 되었고 하나님과의 친밀하고 깊은 대화를 나눌 수 있게 되었다.

하나님의 완전히 피로 구속하시고, 그 피로 나를 보호하시고, 그 피를 믿는 믿음 때문에 전능한 하나님께서 나를 전적으로 도와주시고, 그 피로 세상 권세가 무력하게 되며 죄인을 구원하기 위해 하나님께서 이미 피흘려 주셨기에 귀신이 사람을 점령할 수 있게 하는 합법적인 근거는 완전히 사라졌고 귀신이 사람을 괴롭히는 것은 불법이라는 사실에 대한 믿음, 성령은 귀신을 쫓아내시고 예수 그리스도가 하나님이 되심과 그 피의 능력을 나타내심으로 예수 그리스도의 영광과 하나님 나라의 비밀을 증거하는 것을 너무나 기뻐하신다는 믿음이 있었기에 이러한 성경적인 믿음으로 귀신을 축사하는 것이 쉽게 이루어지는 경험을 하게 되었다.

"내가 또 들으니 하늘에 큰 음성이 있어 가로되 이제 우리 하나님의 구원과 능력과 나라와 또 그의 그리스도의 권세가 이루었으니 우리 형제들을 참소하던 자 곧 우리 하나님 앞에서 밤낮 참소하던 자가 쫓겨났고 또 여러 형제가 어린 양의 피와 자기의 증거하는 말을 인하여 저를 이기었으니 그들은 죽기까지 자기 생명을 아끼지 아니하였도다"
(계12:10, 11)

예수 그리스도는 하나님이라는 구원의 도에서 삼위일체로

예수는 하나님이라는 진리를 통해 구원의 체험을 하게 되었는데 이어서 이 구원의 진리를 받아들이는 것으로부터 제기되는 문제가 삼위일체의 문제이다. 전능한 성령께서 이러한 사실을 모르시겠는가? 성령께서는 예수는 하나님이라는 성경 말씀을 깨닫게 하는 동시에 성경이 계시하고 있는 삼위일체에 대한 진리를 즉시 깨닫게 하심으로 흔들리지 않는 견고한 구원의 믿음을 갖게 하셨다. 그때 어떻게 세 분이 한 분이 되실 수 있는가에 대한 성경적인 비유를 통해 깨닫게 하신 내용이 '1장 삼위일체의 신비를 계시한 상징과 비유'에서 다룬 내용이다.

십자가에 달리신 예수 그리스도를 향하여 하나님이라는 구원 얻는 신앙고백을 한 뒤에 따라오는 문제가 삼위일체의 문제다. 이 문제에 대해 견고한 성경적인 논리와 답을 얻지 못하면 사탄의 공격을 받을 때 심각한 손상을 입게 될 것이다.

몰트만은 '예수의 십자가가 신적인 사건, 즉 예수와 그의 아버지 하나님 사이의 사건으로 이해된다면 그것은 필연적으로 성자와 성부와 성령의 삼위일체론적인 용어들로 표현되어야 한다'고 주장했다. 그는 '하나님, 창조, 죄와 죽음에 관한 모든 기독교적 진술들은 십자가에 달리신 그리스도에 초점이 맞추어져 있다'고 말했다. 따라서 몰트만은 '삼위일체론의 내용적 원리는 그리스도의 십자가이다. 십자가 지식의 형식적 원리는 삼위일체론이다.' [14] 라고 주장했다. 이러한 의미에서 그리스도의 십자가는 삼위일체 하나님의 심장을 계시하고 있기 때문에 삼위일체론의 중심이다.

삼위일체 진리로부터 천국복음으로

1,992년 필자가 구원 얻는 진리인 '예수 그리스도는 하나님'이라는 진리로부터 삼위일체의 진리를 성경적으로 깨닫게 되자 성령께서는 한 걸음씩 더욱 깊은 진리 안으로 인도하기 시작하셨다. 처음 예수와 삼위일체의 비밀한 진리로부터 시작하여 30여 년에 걸쳐 하나님의 아들이 증거한 '하나님 나라의 복음'의 진리로 인도하셨다.

하나님 나라의 복음은 예수는 하나님이라는 구원 얻는 진리로부터 출발하여 철저하게 삼위일체 하나님은 하나님 나라요 하나님 나라의 원형'이라는 진리에 기초한다. 삼위일체 진리는 예수 그리스도는 하나님이라는 구원의 진리에 대한 견고한 믿음의 불이 꺼지지 않게 하는 기름이면서 예수 그리스도께서 증거하신 천국 자체요 천국복음의 핵심 비밀이다. 삼위일체가 천국이고 천국복음의 비밀이라는 근거를 성경을 통하여 제시하겠다.

4장 삼위일체 비밀은 천국복음의 비밀

교회사에서 삼위일체를 천국복음의 관점에서 조명한 경우는 없는듯하다. 천국복음의 비밀이 무엇인지에 관한 온전한 진리의 빛을 얻지 못했기 때문에 삼위일체를 천국복음의 관점에서 볼 수 없었던 까닭이다. 삼위일체와 천국복음은 머리와 몸의 관계와 같아서 삼위일체와 같은 머리만 있어도 죽은 교리가 되고 천국복음과 같은 몸만 있어도 죽은 교리가 된다. 이 두 진리는 유기적으로 합하여 생기가 들어가야 성도와 창조 역사 속에 살아 움직이는 진리로 생생하게 부활한다. 그러나 불행하게도 천국복음과 삼위일체의 진리는 수천 년 동안 서로 만나지 못했고 합쳐지지 못했다.

　천국복음의 비밀로 삼위일체가 성경적으로 재조명 될 때 삼위일체는 더이상 죽은 교리가 될 수 없으며 창조세계에서 성도가 경험하고 만지고 누릴 수 있는 생생한 하나님으로 부활할 것이다. 천국복음의 눈으로 삼위일체를 보면 삼위일체는 하나님의 아들이 증거한 천국복음의 핵심이 되고 신약의 역사를 통해 나타날 경험적 삼위일체 하나님이 된다. 삼위일체는 역사적 삼위일체 하나님으로 나타나며 종말론을 완성하는 핵심 진리라는 사실을 깨닫게 될 것이다.

　지금까지 교회는 삼위일체를 이러한 진리로 만나지 못하고 철학적이고 복잡한 죽은 교리로 만들어 무덤에 가둔 것일까? 천국복음의 실체와 그 비밀을 온전히 깨닫지 못했기 때문이다. 천국복음의 비밀한 빛을 보게 된다면 삼위일체 진리는 생생하게 살아나서 믿음의 중심에 보좌를 삼고 임할 것이다.

천국복음의 주제는 천국의 비밀이다

예수 그리스도께서 증거한 복음을 '하나님 나라의 복음', 즉 '천국복음'이라고 한다. (눅4:43, 마4:23) 천국복음의 주제는 천국이다. 천국의 비밀을 아는 것은 곧 천국복음의 비밀을 깨닫는 것이기에 이는 매우 중요한 핵심 진리인 것이다.

"대답하여 이르시되 천국의 비밀을 아는 것이 너희에게는 허락되었으나 그들에게는 아니 되었나니 무릇 있는 자는 받아 넉넉하게 되되 없는 자는 그 있는 것도 빼앗기리라" (마13:11,12)

하나님의 아들이 증거한 천국의 비밀은 무엇인가.

천국의 비밀은 하나님과 교회

천국을 가장 쉽게 이해할 수 있는 길은 성전의 비밀을 아는 것이다. 한마디로 천국은 하나님께서 거처하고 계신 곳이다. 구약에서는 하나님께서 거처하고 계신 장소를 성전이라고 한다. 성전은 하나님의 거처로서 천국의 모형이고 그림자이다. 그렇다면 천국의 모형이고 그림자인 성전의 실체에 대한 비밀을 알면 천국의 비밀을 깨닫게 되는 것이다.

성전의 실체는 무엇인가. 신약성경은 참 성전의 비밀에 대하여 계시하고 있는데 참 성전은 바로 교회와 하나님이라는 사실이다. (고전3:16, 엡2:21,22, 벧전2:5, 요2:21, 계21:22) 성경이 계시하고 있는 첫 번째 천국의 비밀은 '하나님과 교회'의 모습에서 찾을 수 있다.

성전[聖殿, temple]이란 거룩한 존재가 거처하는 거룩한 처소라는 의미이다. 교회가 성전이라면 교회는 거룩한 하나님께서 거하시는 처소인 것이다. 하나님께서 거하시는 참 성전은 성도(교회)이고 (고전3:16, 엡 2:21,22, 벧전2:5) 성도들이 거하는 참 성전은 하나님이다. (요2:21, 고후 5:1-4, 계7:15, 21:22) 이것이 예수 그리스도께서 증거한 천국의 비밀이 다.

성도는 하나님의 성전(천국)

"여호와께서 시온을 택하시고 자기 거처를 삼고자 하여 이르시기를" (시132:13)

"너희가 하나님의 성전인 것과 하나님의 성령이 너희 안에 거하시는 것을 알지 못하느뇨"(고전3:16)

"너희도 성령 안에서 하나님의 거하실 처소가 되기 위하여 예수 안에 서 함께 지어져 가느니라"(엡2:22)

"예수께서 대답하여 가라사대 사람이 나를 사랑하면 내 말을 지키리니 내 아버지께서 저를 사랑하실 것이요 우리가 저에게 와서 거처를 저와 함께 하리라"(요14:23)

하나님은 성도의 성전(천국)

"영화로우신 보좌여 원시부터 높이 계시며 우리의 성소이시며" (렘 17:12)

"영원하신 하나님이 너의 처소가 되시니 그 영원하신 팔이 네 아래 있 도다 그가 네 앞에서 대적을 쫓으시며 멸하라 하시도다"(신33:27)

"그들을 만나는 자들은 그들을 삼키며 그 대적은 말하기를 그들은 여호와 곧 의로운 처소시며 그 열조의 소망이신 여호와께 범죄하였음인즉 우리는 무죄하다 하였느니라"(렘50:7)

"주여 주는 대대에 우리의 거처가 되셨나이다"(시90:1)

"성 안에 성전을 내가 보지 못하였으니 이는 주 하나님 곧 전능하신 이와 및 어린 양이 그 성전이심이라"(계21:22)

성경의 결론인 요한계시록의 끝부분에 가면 하나님을 성전이라고 계시한다. 전능하신 이, 즉 성부 하나님과 어린 양이신 성자 하나님께서 성전이 되신다! (계21:22) 성경의 마지막 책의 계시는 성도만이 성전이 아니고 하나님도 성전이 되셨다는 것이다. 이것이 성경의 결론의 책이 계시하고 있는 하나님의 비밀이다.

그렇다면 하나님은 누가 거처하는 성전이 되신다는 말씀인가? 바로 거룩한 성도가 거하는 성전이라는 의미인 것이다. 요한계시록 21장 22절의 '주 하나님 곧 전능하신 이와 어린 양이 그 성전'이라는 말씀은 성령 하나님뿐만 아니라 성부 하나님과 성자 하나님까지 오셔서 성도가 거처할 성전이 되어 주실 것을 예언하고 있는 말씀이다. 전능하신 성부 하나님과 어린 양까지 창조세계의 살아있는 성도에게 오셔서 성전이 되실 것이다! 이것이 성경의 결론이요 성경의 마지막 핵심 예언이다. 이것이 주 예수 그리스도의 피, 즉 하나님의 피로 성도에게 최종적으로 주시길 원하셨던 천국이다. 성도는 하나님 자신을 천국으로 받게 될 것이다. 성도는 결국 성령과 성자 하나님뿐만 아니라 성부 하나님까지도 천국(성전)으로 받게 될 것이다. 이것이 주 예수 그리스도께서 증거하신 천국의 복음의 비밀이요 신약의 예언인 천국의 복음인 것이다. 주 예수 그리스도를 믿는 자 안에 먼저 하나님이 성전 삼고 오시며 그 결과로 성도가 하나님을 처소 삼고 들어가게 되는 것이라고 말씀한다. (요일4:15) 천국복음의 예언대로 성령뿐만 아니라 성자 하나님과 성부 하나님까지도 성도 안에 처소 삼고 오심으로써 성자 하나님과 성부 하나님까지 성도의 성전이 되어 주실 것이고, 성도가 그 분 안에 들어가 그 분의 임재를 누리며 영원히 살 것이다. 이것이 신약의 예언인 천국복음의 비밀이다.

마13장에 계시된 천국의 비밀

마태복음 13장은 성경에서 천국에 대하여 가장 구체적이고 명쾌하게 제시한 장이라고 할 수 있다. 마태복음 13장에서 묘사하고 있는 천국은 이 땅을 떠난 영혼이 머무는 곳도 아니고 황금으로 이루어진 새 예루살렘의 개념도 아니다. 예수께서는 천국을 비유를 통해 증거하시면서 천국의 비밀을 아는 것이라고 말씀하셨다. 성도가 죽어서 가는 영적 세계가 없다는 의미가 아니다. 예수님은 천국의 비밀이라는 비유를 통해서 천국의 본질에 대하여 말씀을 하고 계신 것이다. (마13:11)

마태복음 13장에서 예수님이 일곱 가지 비유를 통해 말씀하신 천국의 실체는 무엇인가?

① 천국은 천국의 씨인 하나님, ②천국은 창조세계에서 천국의 씨를 받은 천국의 밭인 교회, ③ 천국은 새롭게 된 창조세계

마태복음 13장의 천국비유에서 계시된 천국의 비밀은 크게 세 가지로 구분할 수 있다.

첫째, 천국은 하나님 자신이시다. 하나님은 천국의 씨이다.

① 밭에 떨어진 천국말씀(마13:19) : 삼위 하나님
② 등불과 빛(막4:21, 눅8:16) : 성령 하나님
③ 좋은 씨를 제 밭에 뿌린 사람(마13:24) : 인자이신 예수
④ 보화를 발견한 사람(마13:44) : 재림하시는 예수
⑤ 값진 진주를 구하는 장사(마13:45,46) : 오시는 성부 하나님
⑥ 그물을 끌어 올리며 고기를 구분하는 사람(마13:48) : 백보좌 심판하시는 하나님

둘째, 천국은 창조세계 안에 천국의 씨를 받아 천국의 밭이 된 교회이다.

① 천국 말씀을 받은 좋은 밭(마13:19,23)
② 빛을 밝히는 등불(눅8:16,17, 막4:21)
③ 세상 밭에 뿌려진 천국의 아들들인 좋은 씨(마13:24, 38)
④ 모든 씨보다 작은 겨자씨(마13:31,32)
⑤ 가루 서 말을 전부 부풀게 하는 누룩(마13:33)
⑥ 감추인 보화(마13:44)
⑦ 값진 진주 하나(마13:44,45)
⑧ 좋은 물고기(마13:48)

셋째, 새롭게 될 창조세계가 천국이다. 새롭게 될 창조세계는 하나님

과 성도가 영원히 거할 천국이 될 것이다.

① 제 밭(마13:24-29, 36-43)
② 보화가 숨겨진 밭(마13:44)
③ 좋은 물고기가 담겨진 그릇(마13:47,48)

예수님은 밭에 뿌려진 씨, 좋은 씨, 겨자씨, 누룩과 같은 비유를 통해서 천국은 자라는 과정이 있다는 사실을 말씀하고 계신다. 신약의 전역사를 통해 천국은 시작과 이루어 지는 과정을 통해 완성된다는 사실을 비유를 통하여 말씀하신 것이다. 마태복음 13장의 천국 비유는 천국의 비밀과 천국이 성취되는 시대적인 과정을 예언하고 있다.

마태복음 13장에 천국 비유에서 계시된 신약의 전 역사 가운데 천국의 완성 과정은 세 시대로 구분되어 있다.

첫째, 창조세계에 천국의 시작인 교회시대(성령시대)이다.
    성령 하나님의 오심
둘째, 창조세계에 천국의 과정인 재림시대(천년왕국시대)이다.
    성자 하나님의 오심
셋째, 창조세계에 천국의 완성인 새 예루살렘시대(영원시대)이다.
    성부 하나님의 오심

마태복음 13장의 천국 비유는 천국의 씨가 되신 하나님께서 창조세계 안에 있는 하나님의 밭인 교회에 떨어져 교회와 창조세계에 보이지 않았던 하나님을 완전히 나타내는 천국으로 만들겠다는 창조 때부터 감추어졌던 하나님의 목적과 그 과정을 계시한 말씀이다. 하나님께서 창조세계를 천국으로 만드는 천국의 씨가 되어 창조세계 안에 있는 천국의 밭인 교회에 삼 단계의 과정을 통해 떨어지고, 천국의 씨를 통해 창조세계(사람을 포함한 피조물)가 하나님 나라로 화하는 과정을 계시하고 있다. 이 비밀이 주 예수께서 증거한 창세부터 감추어진 천국복음의 비밀의 핵심이고 참 이스라엘인 교회에 대한 신약의 예언인 것이다. (마13:7,19,35, 눅4:43, 계10:7) 이 신약의 예언이 창조세계에 성취됨으로써 천국이 최종 완성될 것인데 이는 새 창조의 완성이요 부활 세상인 새 하늘과 새 땅과 새 예루살렘이다.

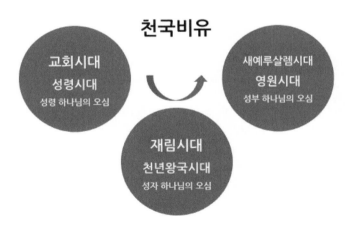

	비 유	천국의 비밀	시 대
1	씨 뿌리는 비유	천국말씀인 하나님 자신 좋은 밭인 교회	교회시대 성령 하나님의 오심
2	등불 비유	등불인 교회 등불과 빛인 성령(기름인 성령)	
3	좋은 씨와 가라지 비유	좋은 씨를 뿌리는 사람인 예수 좋은 씨인 교회, 밭인 창조세계	
4	겨자씨 비유	교회인 겨자씨	
5	누룩 비유	누룩인 이기는 자	
6	감추인 보화 비유	보화를 발견한 사람이신 예수 보화인 천국 밭인 창조세계	재림시대, 천년왕국시대 성자 하나님의 오심
7	값진 진주를 구하는 장사 비유	값진 진주를 구하는 장사인 성부 하나님 값진 진주 하나인 교회	새 예루살렘 시대 성부 하나님의 오심
8	그물 비유	그물을 끌어 올리는 성부 하나님, 좋은 물고기인 교회 좋은 물고기를 담은 창조세계	

세 가지로 정리한 천국복음의 핵심 비밀

천국복음의 비밀을 세 가지로 정리할 수 있다.

첫째, 우리가 하나되신 하나님 자신이 천국의 비밀 (요17:21,22)

　삼위일체 하나님 자신이 성도가 영원히 거처해야 할 천국이다. 그리고 삼위일체 하나님은 천국의 씨가 되신다. 이것이 천국복음의 주제인 천국의 첫 번째 비밀이다.

둘째, 교회는 창조세계에 나타난 천국의 비밀 (마25:1, 요17:21, 22, 계
     1:6, 5:9, 10, 21:9, 10)
창조세계에 하나님의 거처요 보좌인 천국은 우리가 하나이신 하나님의 원리대로 성도들이 하나로 건축된 교회를 가리킨다. 교회는 천국의 씨를 받은 창조세계에 나타난 천국이다. 이것이 천국복음의 주제인 천국의 두 번째 비밀이다.

셋째, 삼위 하나님께서 삼 단계의 과정을 통해 창조세계에 오신다는
     비밀이 천국복음의 비밀 (요14:16-23, 계1:4,8, 5:9,10)
우리가 하나되신 하나님처럼 성도들이 하나되어 천국으로 완성되기 위해 우리이신 하나님께서 신약의 전 역사 가운데 삼 단계의 과정을 통해 오신다.

1 첫 번째 비밀은
    천국의 원형이 되시는 삼위일체 하나님

천국은 하나님이다. 성경이 계시된 참 하나님은 우리가 하나되어 계신 하나님이시다. (요21:22) 그러므로 천국복음의 주제인 천국의 첫 번째 비밀은 우리가 하나되신 하나님이다. 즉, 삼위일체가 천국의 첫 번째 비밀이다.

이 삼위일체의 영적 원리를 바로 깨닫게 되면 천국의 비밀을 깨닫게 되는 것이다. 삼위일체의 원리가 천국의 원리이고 우리가 하나되어 계신 삼위일체 하나님의 모습이 천국의 모습이고 비밀인 것이다.

"아버지여, 아버지께서 내 안에 내가 아버지 안에 있는 것 같이 그들도 다 하나가 되어 우리 안에 있게 하사 세상으로 아버지께서 나를 보내신 것을 믿게 하옵소서 내게 주신 영광을 내가 그들에게 주었사오니 이는 우리가 하나가 된 것 같이 그들도 하나가 되게 하려 함이니이다" (요17:21)

예수님은 '그들도 다 하나되어 우리 안에 있게 하사라'고 기도하셨다. 이 말씀은 성도가 거처해야 할 천국이 우리이신 하나님이라는 천국의 비밀을 말씀하신 것이다. 따라서 '천국은 우리이신 하나님'이다. 이어서 '우리가 하나'라고 말씀하셨는데 이는 천국이 되시는 하나님은 우리가 하나가 되시는 하나님이라는 것이다. 우리로 존재하고 계신 하나님께서 어떻게 하나되어 계신지에 대한 비밀, 즉 삼위일체 하나님이 천국의 비밀이라는 말씀이다.

예수님은 '우리가 하나가 된 것 같이 그들도 하나가 되게 하려 함이니이다'라고 기도하셨다. 이는 우리가 하나인 천국의 원리대로 교회가 하나로 건축되길 원하신다는 의미이다. 우리가 하나인 천국의 삼위일체 하나님의 원리대로 창조세계에 건축된 교회가 바로 하나님의 나라다. (벧전2:5-9, 엡2:22, 계1:6 5:10) 다시 말하면 우리가 하나라는 의미는 삼위일체는 천국의 비밀이고, 창조세계에 건축된 천국인 교회의 설계도이고, 천국의 원형이며 천국의 원리를 나타내는 것이다.

2 두 번째 비밀은
우리가 하나되어 천국의 원형대로 건축된 교회

창세기 1장에서도 창조세계에 천국을 건축하는 원리가 계시된다. 창세기 1장 26절에 천국의 비밀인 우리이신 하나님이 계시된다.

"하나님이 이르시되 우리의 형상을 따라 우리의 모양대로 우리가 사람을 만들고 그들로 바다의 물고기와 하늘의 새와 가축과 온 땅과 땅에 기는 모든 것을 다스리게 하자 하시고... 하나님이 자기 형상 곧 하나님의 형상대로 사람을 창조하시되 남자와 여자를 창조하시고"(창 1:26, 27)

우리로 존재하시는 하나님은 천국의 형상이고 모습이다. 우리로 존재하시는 하나님의 형상과 모양대로 창조된 존재가 남자와 여자, 즉 부부다. 부부, 즉 가정은 신약의 교회를 예표한다. 따라서 창세기 1장 26, 27절의 말씀은 '우리'이신 천국의 형상과 모습, 즉 천국의 원리대로 교회를 만들어 천국인 교회를 만들겠다는 하나님의 의도를 이미 창세 때 계시하셨던 것이다.

예수님께서는 '우리가 하나가 된 것 같이 그들도 하나가 되게 하려 함이니이다'라고 말씀하셨다. 우리이신 하나님께서 어떻게 하나되어 계시는지를 이해해야 하나님께서 하나된 영적인 원리대로 이 땅에 어떻게 교회를 천국으로 건축하는지에 대한 천국의 원리를 깨달을 수 있는 것이다.

구약에서는 우리로 존재하시는 하나님에 대한 계시는 있지만 어떻게 하나되어 계시는지에 대한 구체적인 계시가 없다. 그러나 예수 그리스도께서 오셔서 그 비밀을 드러내셨다. 이 부분에 대해 본 책 2장 2에서 '하나되어 존재하시는 하나님'에 대해 깊이 있게 다루었다.

우리이신 하나님이 하나되어 계시다는 의미는 몸이 하나이거나 인격이 하나라는 의미가 아니다. 아래와 같은 네 가지의 형태로 하나님은 하나되어 계신다.

첫째, 상호내주

'아버지가 내 안에, 내가 아버지 안에', 즉 삼위(성부, 성자, 성령)께서 상호내주하여 하나되어 계신다.

둘째, 동일본질

아버지와 아들과 성령은 동일한 신성한 생명을 가지고 계심으로 하나되어 계신다.

셋째, 상호교통

삼위는 영원 전부터 서로 사랑의 교제 속에서 사랑으로 하나되어 계신다.

넷째, 한 사역

삼위는 동일한 목표와 사역을 가지고 계심으로 하나되어 계신다.

이러한 하나님의 모습을 신학적인 용어로는 삼위일체라고 한다. 예수 그리스도께서 '우리가 하나된 것 같이'라고 말씀하신 이유는 하나님께서 하나되어 계신 원리와 같이 성도가 그렇게 하나로 건축되길 원하신 것이다.

"내게 주신 영광을 내가 저희에게 주었사오니 이는 우리가 하나가 된 것 같이 저희도 하나가 되게 하려 함이니이다" (요17:22)

하나님은 우리가 하나로 건축된 원리와 같이 창조세계에 천국을 건축하길 원하셨다. 교회는 창조세계에서 우리가 하나의 원리대로 예수와 성령 안에서 연결되고 연합되어 천국의 모습으로 건축되었다. (요17:21, 마25:1, 엡2:22, 계1:6, 5:9,10, 계21,22장) 따라서 우리가 하나되신 하나님이 천국이면 천국의 원리대로 창조세계에 건축된 교회도 당연히 천국이 되는 것이다. (계1:6, 5:9,10)

성전은 천국의 그림자요 모형이다. 신약에서는 하나님을 천국의 모형이요 그림자라고 말씀하고 있다.

"성안에 성전을 내가 보지 못하였으니 이는 주 하나님 곧 전능하신 이와 및 어린 양이 그 성전이심이라" (계21:22)

이 말씀은 하나님 자신이 곧 천국이라는 의미다. 그리고 우리가 하나되신 원리대로 교회도 성전이라고 했으니, 교회도 천국으로서 이 땅에 건축된 천국인 것이다. 하나님은 보이지 않는 천국의 원형이요 설계도이고, 이 천국의 원형과 설계도에 따라 창조세계에 천국을 건설하셨으니 교회인 것이다. 이것이 천국의 두 번째 비밀이다.

3 세 번째 비밀은 우리이신 하나님의 삼 단계 오심

예수님은 공생에 기간 동안 천국복음을 비유로 설교하셨지만 고별설교를 통해서는 천국복음의 비밀을 직접적으로 말씀하셨다. 성도가 거처해야 할 천국(성전)은 하나님이고 (요14:2, 3, 10, 11, 20, 17:21) 하나님께서 거처해야 할 천국(성전)은 성도라는 천국의 비밀에 대해 말씀하셨다. (요14:17,20,23) 그리고 하나님께서는 성도의 천국(성전)이 되어 주시기 위해 삼 단계의 과정을 통해 성도를 처소(성전)삼고 오시겠다고 말씀하셨는데 먼저는 성령 하나님이 성도를 처소 삼고 오시고 (요14:16,17), 다음은 성자 하나님께서 성도를 처소 삼고 오시고 (요14:18-21), 마지막은 성부 하나님까지 성도를 처소 삼고 오시겠다는 약속의 말씀이다. (요14:23)

아버지와 아들과 성령은 하나라는 양태론의 영향을 받은 사람들은 믿는 자가 성령을 받을 때 이미 믿는 자 안에 성령 하나님뿐만 아니라 성자 하나님과 성부 하나님도 와 계신다고 주장한다. 이들은 신약의 전 역사를 통해 삼위일체 하나님께서 삼 단계의 과정을 통해 창조세계 안에 살아있는 성도를 처소 삼고 각각 구분되어 오신다는 천국복음의 비밀을 받아들이지 않는다.

삼 단계 오심에 대한 성령의 확증

『삼위일체의 신비』 책의 원고를 모두 마치고 출판사에 넘긴 후 최종적인 기도 응답이 왔다. 그것은 성령 하나님을 받을 때 성부 하나님께서 함께 오시는 것이 아니라 교회시대 이후에 분명하게 구분되어 장차 오신다는 말씀이었다.

2,019년 10월 29일 세계벧엘교회 기도회에 참석하여 기도하던 중 성령께서는 요한복음 14장 23절의 말씀이 성령을 받을 때 성부 하나님께서 함께 오신다는 약속이 아니라는 것을 말씀을 통해 확증하셨다.

"예수께서 대답하여 가라사대 사람이 나를 사랑하면 내 말을 지키리니 내 아버지께서 저를 사랑하실 것이요 우리가 저에게 와서 거처를 저와 함께 하리라"(요14:23)

이 말씀은 성령을 받을 때 성부 하나님께서도 함께 성도에게 오신다는 의미로 오해할 수 있는 말씀이다. 예수님은 성령이 오실 때 성부 하나님이 오신다고 말씀하시지 않고 성령 하나님(진리의 영)께서 오신다고 하셨다. (요14:17,18) 18절에서는 분명하게 '내(예수)가 너희를 고아와 같이 버려두지 아니하고 너희에게로 오리라'고 말씀하셨다. 이는 성부 하나님과 함께 오신다는 말씀이 아니다.

23절에서는 '우리가 저에게 와서 거처를 저와 함께 하리라'고 말씀하셨는데 왜 우리라고 하셨을까. 이 말씀은 삼위 하나님께서 동시에 함께 오신다는 의미가 아니다. 성부 하나님께서 성도 안에 오실 때는 이미 성령 하나님과 성자 하나님께서 거처 삼고 와 계시기 때문에 우리이신 하나님께서 성도 안에 우리로서 거처하고 계신다는 의미로 말씀하신 것이다.

예수님은 마지막 사도인 요한에게 장차 성부 하나님께서 오실 것에 대하여 계시하시고 확증해 주셨다.

"요한은 아시아에 있는 일곱 교회에 편지하노니 이제도 계시고 전에도 계시고 장차 오실 이와 그 보좌 앞에 일곱 영과"(계1:4)

"네 생물이 각각 여섯 날개가 있고 그 안과 주위에 눈이 가득하더라 그들이 밤낮 쉬지 않고 이르기를 거룩하다 거룩하다 거룩하다 주 하나님 곧 전능하신 이여 전에도 계셨고 이제도 계시고 장차 오실 자라 하고 그 생물들이 영광과 존귀와 감사를 보좌에 앉으사 세세토록 사시는 이에게 돌릴 때에"(계4:8,9)

요한계시록은 예수님이 부활 승천하시고 60여 년의 세월이 흐른 뒤 사도 요한에게 계시한 말씀이다. 만약 성령이 임할 때 성부 하나님이 이미 오신 것이라면 성령이 오시고 60년이 지난 뒤에 성부 하나님께서 장차 오실 것이라고 예언하셨겠는가. 성령 하나님이 오신 것이지 성부 하나님이 오신 것이 아니기에 예수님은 장차 성부 하나님께서 오실 것에 대해 예언한 것이다.

삼 단계 오심으로 건축된 천국이 완성됨

어떻게 우리가 하나되어 계신 하나님의 원리(천국의 원리)대로 성도는 우리가 하나되어 창조세계에 나타난 천국으로 건축될 수 있을까. 이것이 천국복음의 세 번째 비밀이요 신약 복음의 비밀이다. 예수님께서 '아버지께서 내 안에 내가 아버지 안에 있는 것과 같이... 우리가 하나가 된 것 같이'라고 말씀하신 의미는 아버지 하나님과 아들 하나님께서 서로 상호 내주하여 계신다는 사실을 설명하신 것이다.

"아버지께서 내 안에 내가 아버지 안에 있는 것 같이 저희도 다 하나가 되어 우리 안에 있게 하사 세상으로 아버지께서 나를 보내신 것을 믿게 하옵소서 내게 주신 영광을 내가 저희에게 주었사오니 이는 우리가 하나가 된 것 같이 저희도 하나가 되게 하려 함이니이다"

(요17:21-22)

성부 하나님과 성자 하나님께서 상호 내주하여 계신 것과 같이(우리가 하나가 된 것 같이) 저희들도 하나님과 성도가 상호 내주하여 우리가 하나된 하나님의 원리대로 하나되기를 기도하셨다. 성도가 천국으로 건축된다는 것은 성도는 하나님과 상호 내주하여 하나가 된다는 의미이다.

하나님과 성도가 상호 내주, 즉 우리이신 하나님이 성도 안에, 성도가 우리이신 하나님 안에 상호 내주함으로써 창조세계에 성도들이 하나님께서 거하실 만한 천국으로 건축되는 것이다. (요14:23, 17:21-24, 엡2:21-22, 계21:3, 22)

어떻게 하나님과 성도가 상호 내주하여 함께 살아있는 천국(성전)으로 건축되는가. 우리이신 하나님께서 삼 단계 과정을 통해 창조세계에 성도를 처소 삼고 오심으로 성전(천국)이 건축되는 것이며 이 진리가 바로 예수님의 천복음인 것이다. (슥1:16, 요14:1-23, 요일4:15)

먼저는 성령 하나님께서 성도에게 오시고 성도는 성령 안에 처소 삼고 들어감으로써 천국의 건축이 시작되었으니 창조세계 건축의 시작은 천국의 시작을 의미하는 교회인 것이다. 다음은 성자 하나님께서 성도에게 오심으로 성도가 성자 하나님 안에 들어가고 창조세계에 천국이 이루어지는 과정을 거치니 천년왕국 안에 있는 사랑하는 성이다. 마지막은 성부 하나님께서 천년왕국을 통과한 부활한 성도를 처소 삼고 오심으로써 성도가 결국 우리이신 하나님 안에 들어가 천국이 최종 완성될 것이니 새 예루살렘이다.

4 마지막 비밀은 성부 하나님의 오심

천국복음의 마지막 비밀은 성부 하나님까지 창조세계에 성도를 처소 삼고 오심으로 성도가 영원히 거처할 성전(천국)이 되어 주시겠다는 신약의 마지막 예언이다. (요14:23, 17:21, 고후5:1-4, 계1, 4, 8, 5:8, 9, 17:5, 21:22) 이 마지막 복음은 그리스도께서 삼 년 반 동안 제자들에게 증거하지 않은 말씀이다. 예수님은 제자들과의 마지막 밤에 삼 년 반 동안 증거하지 못할 감당하지 못할 메시지가 있다고 말씀했다.

"내가 아직도 너희에게 이를 것이 많으나 지금은 너희가 감당하지 못하리라 그러나 진리의 성령이 오시면 그가 너희를 모든 진리 가운데로 인도하시리니 그가 스스로 말하지 않고 오직 들은 것을 말하며 장래 일을 너희에게 알리시리라"(요16:12-13)

제자들이 감당하지 못할 메시지는 무엇이었을까? 그것은 예수 그리스도께서 부활 후에 요한에게 예언한 마지막 복음인 성부 하나님께서 오신다는 것에 대한 예언이다. (계1:4, 8, 4:8, 9, 7:15)

오늘날 많은 그리스도인들에게 성부 하나님께서 창조세계에 성도를 처소 삼고 오시겠다는 예언의 말씀은 생소하게 들릴 수도 있을 것이다. 천국복음은 창조세계 안에 있는 성도를 처소 삼고 삼 단계의 과정을 통해 우리이신 하나님께서 오신다는 예언이다. (요14:16-13) 그 결과로서 창조세계는 하나님과 성도가 영원히 거처할 만한 천국으로 화하게 될 것이라는 예언이다. (고전15:27-28, 롬8:21, 계21:5)

천국복음의 핵심은 창조세계를 하나님과 성도가 영원히 거하고 누릴 만한 천국으로 만들기 위해 우리이신 하나님께서 창조세계에 하나님의 처소요 보좌인 성도를 보좌 삼고 삼 단계의 과정을 통해 오심으로써 교회는 창조세계 안에 만물을 충만케 하는 이의 충만이 되어 하나님의 보좌요 처소요 수도(지성소)로 최종 완성될 것이니 이것이 새 예루살렘이다. (엡1:23, 롬8:19-21, 계21:3-5)

창조세계 안에 만물을 충만케 하시는 생명의 근원되시는 하나님께서 교회의 완성인 새 예루살렘을 통해 생명의 빛을 만물 가운데 충만히 비춤으로써 만물은 새롭게 되고 생명으로 소생케 되고 충만하여 하나님과 성도가 영원히 거할 만한 천국으로 화할 것이니 새 하늘과 새 땅이 될 것이라는 예언이다. (사35장, 롬8:19-21, 엡1:23, 4:10,골1:18-10, 계21:5)

새 하늘과 새 땅을 영적인 세계의 천국으로 이해하고 새 예루살렘역시 영적인 세계에 있는 황금집으로 오해할 수도 있다. 그러나 새 하늘과 새 땅은 새롭게 된 만물을 가리키는 것이고 새 예루살렘은 최종 완성된 교회를 가리키는 것이다.

"마지막 일곱 재앙이 가득한 일곱 대접을 가진 일곱 천사 중 하나가 요한에게 말하였다 이리 오라 내가 신부 곧 어린양의 아내를 네게 보이리라 성령으로 나를 데리고 크고 높은 산으로 올라가 하나님께로부터 하늘에서 내려오는 거룩한 성 예루살렘을 보이니"(계21:9-10)

사도 요한에게 대접을 가진 한 천사가 어린 양의 아내를 보여주겠다고 하면서 거룩한 성 예루살렘을 보여준다. 거룩한 성 새 예루살렘은 황금집이 아니고 어린 양의 아내된 교회를 상징하고 있는 것이다.

또한 사도 요한은 새 예루살렘의 비밀인 어린 양의 아내된 교회를 보았고 영계의 완성인 새 하늘과 물질계의 완성인 새 땅의 비밀도 보았다. 대부분의 한국 기독교 보수 교단 정통 교리도 새 예루살렘은 교회이고 새 하늘과 새 땅은 새롭게 된 만물로 정의하고 있다.

"마지막 일곱 재앙이 가득한 일곱 대접을 가진 일곱 천사 중 하나가 요한에게 말하였다 이리 오라 내가 신부 곧 어린양의 아내를 네게 보이리라"(계21:9)

신부와 아내는 동의어로 사용되었다. 우리는 그리스도와 약혼한 신부인 동시에 또한 그의 아내이다. 이 둘은 그리스도와의 밀접한 관계, 즉 하나된 관계를 의미한다. 이어서 천사가 요한을 데리고 가서 보여준 것은 '거룩한 성 예루살렘'이었다. (계21:10) 따라서 거룩한 성 예루살렘은 바로 그리스도의 신부인 교회를 가리킴을 알 수 있다. 하나님의 택하신 백성들의 모임인 교회는 거룩성을 그 특징으로 한다. 그래서 '거룩한 성'이라고 치칭한 것이다.

또한 요한은 '새 하늘과 새 땅'을 보았다. (계21:1, 사65:17, 66:22, 벧후 3:13) 이것은 이 세상 역사가 끝나고 나서 종국적으로 이루어질 하나님의 나라를 뜻한다. '새롭다'는 성격, 성질, 존재에 있어서 새롭다는 것을 의미한다. (계2:17, 3:12, 5:9, 히8:13, 마9:17)

베드로 후서에는 만물의 근본적인 구성 요소에까지 변화가 있을 것을 말씀하고 있다. (벧후3:10) 그렇다고 기존의 세상이 완전히 소멸되고 무에서 새로운 창조가 이루어진다고 볼 필요는 없다. 이것은 '무에서의 창조'를 말하는 것이 아니라 '형태의 변화', '관계의 변화'를 의미한다. 이미 존재하는 요소를 근본적으로 변화시키는 것을 의미한다." [15)]

오늘날 신학은 새 예루살렘이 어린 양의 아내로서 교회의 완성이고 새 하늘과 새 땅은 만물이 새롭게 된 천국이라는 것까지는 깨달았다. 그러나 새 하늘과 새 땅과 새 예루살렘이 완성되는 시점은 성자 하나님의 오심으로 완성된다는 생각에 머물러 있다. 새 하늘과 새 땅과 새 예루살렘으로 천국이 최종 완성되는 마지막 복음의 비밀은 아들의 나라인 천국왕국의 시대가 지나고 천년왕국을 통과한 부활한 성도에게 성부 하나님까지 성전 삼고 오신다는 사실이다.

이렇게 놀라운 마지막 복음의 비밀을 희미하게나마 본 독보적인 신학자가 있었으니 그는 위르겐 몰트만(Jurgen Moltmann)이다.

"새 하늘과 새 땅에 있어서 하나님의 거하심은 그의 피조물들의 공간 안에 있는 하나님의 현존이다... 새 창조의 거대한 공간들 곧 '하늘과 땅'을 가득 채우고 이들 속에 충만할 것이며 하늘과 땅의 모든 피조물에게 영원한 생명과 완전한 의 곧 하나님의 쉐히나(거하심, 임재)를 가져올 것이다. 이 종말론적 쉐히나(하나님의 오심, 하나님의 거하심)는 세계의 공간 속에 있는 완성된 안식일이다."

몰트만은 창조세계에 우리이신 하나님께서 삼 단계의 과정을 통해 확실하게 구분되어 오신다는 것은 거론하지 않았지만 『오시는 하나님』이라는 책을 통해 창조세계에 하나님이 오실 것과 그 결과 창조세계는 폐기되는 것이 아니라 하나님이 영원히 거하시는 하나님의 쉐히나가 가득한 변화되고 신격화된 세상이 될 것이라고 기록하고 있다. [16]

마지막 복음과 양태론과의 대립

성부 하나님께서 창조세계에 오신다는 예언은 성경의 마지막 책인 요한계시록의 핵심 예언이다. 이 예언은 마지막 시대에 교회가 깨닫고 예언해야 할 마지막 복음이요 마지막 사명이다. 그런데 오늘날 교회는 양태론적 삼위일체관에 오염되어 있기 때문에 마지막 복음을 받아들이는데 있어서 큰 장애물이 되고 있다.

오늘날 많은 성도들은 성부 하나님과 성자 하나님과 성령 하나님이 각각 구분된 우리 하나님이라는 명확한 성경적인 진리를 알지 못하거나 또는 인정하고 있을지라도 삼위일체에서 '일체(하나)'의 의미를 숫자의 개념으로 이해하여 성부가 성자이고 성자가 성령이고 성령이 성부라는 양태론적인 신관을 가지고 있다. 그들은 삼위는 하나이기 때문에 성령 하나님께서 믿는 자 안에 오실 때 성자 하나님과 성부 하나님께서 이미 오셨다고 믿는다. 그러므로 성도는 우리이신 하나님은 삼 단계의 과정을 통하여 창조세계의 성도 안에 먼저 성령 하나님께서 오시고 다음은 성자 하나님께서 오시고 마지막은 성부 하나님께서 오신다는 바른 진리를 배워야 할 것이다.

교회시대는 성도 안에 성령만 계신다

과연 성령이 성도 안에 오실 때 이미 성자 하나님과 성부 하나님도 오셨을까. 그렇지 않다. 바울은 주님이 자신과 따로 계신다고 분명하게 선포하고 있다.

"이러므로 우리가 항상 담대하여 **몸에 거할 때에는 주와 따로 거하는 줄을 아노니** 이는 우리가 믿음으로 행하고 보는 것으로 하지 아니함이로라 우리가 담대하여 원하는 바는 차라리 몸을 떠나 주와 함께 거하는 그것이니라"(고후5:6-8)

바울은 예수님이 자신과 따로 있다고 분명히 말씀했다. 바이블렉스 성경원어 사전에서는 이 부분을 이렇게 서술하고 있다.

"따로(에크데메오) : '이러므로 우리가 항상 담대하여 몸에 거할 때에는 따로 거하는 줄을 아노니'

이것은 다음과 같은 사상을 표현한다. ① 육체에 거할 때에는 주님이 계시지 않는다는 것, ② 그리고 주님과의 완전한 교제는 이런 존재로부터 떨어져 나올 때에라야 가능한 것이다. 이 두가지 존재양식은 에크데메오와 엔데메오라는 단어들로 표현되어 있다." [17]

성령이 오실 때에 아들과 아버지 하나님도 함께 오셨다고 오해하는 이유는 하나님은 한 분이라는 개념과 성경에서 성도 안에 예수 그리스도가 함께 계신다고 말씀하고 있기 때문이다. (갈2:20, 골1:27) 그러나 이 의미는 부활하신 예수 그리스도가 성도 안에 지금 계신다는 의미가 아니고 성령께서 예수의 이름으로 오셨다고 한 것에 대한 다른 표현이다. (요14:26)

성령은 예수의 이름으로 오셨기 때문에 성령 하나님께서 성도 안에 내주하여 계신 것을 예수께서 계신다고 말씀한 것이다. 그래서 성경은 성령을 예수의 영, 그리스도의 영이라고 칭하고 있다. (행16:17, 롬8:9) 부활하신 예수 그리스도는 교회시대 가운데 성도 안에 계시는 것이 아니고 부활 승천하여 하나님 우편에 계시다가 재림 때에 성도를 처소 삼고 다시 오실 것이고 (마26:64) 교회시대에는 성령 하나님께서 예수 이름을 가지고 성도 안에 '예수의 영', '그리스도의 영'으로 거처 삼고 계시는 것이다. (마26:64, 행16:17, 롬8:9)

교회시대는 성도 안에 예수 이름이 있을 뿐이다

오늘날은 믿는 자 안에 본체이신 예수 그리스도가 계신 것이 아니고 예수의 이름이 있는 것이다. (고후5:5,6) 성전은 하나님의 이름을 두는 곳이다. (왕상8:29, 대하6:6, 20) 예수의 이름은 본래 아버지의 이름으로서 아들이 받았다. (요17:11,12) 성령께서 아들의 이름인 예수의 이름을 가지고 믿는 자를 성전 삼고 오심으로 하나님의 거룩한 성전인 믿는 자 안에 하나님의 이름인 예수의 이름이 있게 된다. (요14:26) 그러므로 교회시대에서는 성전이 되는 믿는 자 안에 예수 그리스도 자신이 계신 것이 아니라 성령을 통해 예수의 이름이 있는 것이다. 물론 삼위 하나님께서 영으로서는 상호 내주하여 계시며 항상 함께 계신다. 그러나 인격(신격)으로는 구별되어 존재하신다. 영계의 가장 높은 하늘에서 하나님 우편에 계신 예수님은 장차 물질계인 이 땅에 오실 것을 분명하게 예언하고 있다.

오직 성령 하나님만 성도에게 오셔서 예수의 이름으로 아들의 영과 아버지의 영으로서 내주하고 계시고 아버지와 아들은 영계인 하늘에 계신다. (요14:16, 고전 3:16, 고후5:6, 눅16:19, 행7:56, 롬8:4,34, 행10:12, 벧전3:22, 요3:13, 엡4:10)

성자 하나님의 오심은 성부 하나님의 오심이 아니다

성자 하나님의 성육신 사건이 성부 하나님께서 성육신하신 사건이거나 성령 하나님께서 성육신하신 사건이 아니다. 예수 그리스도의 죽으심이 성령의 죽으심이거나 성부 하나님의 죽으심이 아니다. 이와 같이 성령 하나님의 오심이 성자와 성부 하나님의 오심이 아니고 성자 하나님의 오심이 또한 성령과 성부 하나님의 오심이 아니다.

성부 하나님의 오심은 성령과 성자 하나님의 오심과는 구분된 사건임을 바로 이해해야 한다. 예수 그리스도를 믿을 때 성령이 내주하심으로 성령 하나님뿐만 아니라 성자와 성부 하나님까지 이미 내주하여 계시다면 왜 신랑이신 예수 그리스도를 만나기 위해 재림을 사모해야 되겠는가. 성경 어디에도 예수님께서 재림할 때 성부 하나님까지 오신다는 말씀은 없다. 예수의 재림과 성부 하나님의 오심에 대한 예언은 각각 구분된 예언으로 기록되어 있다.

천국복음은 역사 가운데 구분되어 나타날 삼위일체 하나님에 대한 예언

우리이신 하나님께서 역사 속에 나타날 것을 예언한 것이 복음이다. 구약시대에 선지자에게 전해진 복음은 하나님의 품속에 계신 성자 하나님께서 처녀의 몸을 통해 사람으로 오실 것을 예언한 것이다. (창3:15, 22, 사7:14, 9:6) 성부 하나님과 성자 하나님은 영원 전부터 각각 구분되어 함께 계셨다. (요1:1) 성부 하나님과 함께 계셨던 독생하신 하나님이신 성자 하나님은 성부 하나님으로부터 보내심을 받아 이 땅에 처녀의 몸을 통해 성령으로 잉태되었고 종의 모습인 사람으로 나타나셨다. (요1:14,18, 6:57) 이것이 구약 복음의 성취다.

천국복음의 핵심은 우리이신 하나님께서 삼 단계의 과정을 통해 구분되어 오심으로 창조세계의 역사 속에 나타날 것을 예언한 신약의 복음이다. 성자 하나님께서는 성부 하나님과 동등되나 동등됨을 취할 것으로 여기지 아니하시고 겸손히 성부 하나님의 뜻에 순종하여 역사 속에 사람으로 오셔서 인류의 죄를 대신해서 십자가에서 죽으시고 삼 일

만에 부활하시고 승천하셨으며 믿는 자 안에 성령 하나님을 보내셨다. (요14:16,17,26, 15:26) 하늘로 올라가신 성자 하나님은 이 땅에 다시 오실 것이다. 그리고 마지막에는 하늘에 계신 성부 하나님까지도 이 땅에 천년왕국을 통과한 부활한 성도에게 오실 것이다. 이와 같이 성부와 성자와 성령 하나님은 각각이 구별된 존재이고 이 창조세계에 각 단계로 구별되어 나타나시는 것이다.

5 천국복음의 부흥을 위한 금세기 삼위일체의 부활

20세기 교회가 하나님께 받은 가장 큰 축복 중 하나는 정통 삼위일체론의 부활이라고 볼 수 있다. 신약의 복음인 천국복음의 부흥이 있기 위해서는 천국복음의 주제요 핵심 비밀인 삼위일체의 부흥이 전제되어야 한다. 삼위일체는 천국복음의 핵심비밀이요 심장이기 때문이다.

삼위일체의 부활

삼위일체 하나님은 기독교의 핵심 진리이고 정체성이며 기독교 신앙과 신학의 심장이라는 사실에 대해서 정통신학자들 간에 이견은 없을 것이다. 그러나 수 세기 동안 삼위일체의 진리는 교리의 무덤 속에 갇혀 있었다. 삼위일체 교리는 성도에게 감동이나 신앙의 삶에 실제적인 영향을 줄 수 없는 무의미하고 이해 할 수 없는 추상적인 사변이 되어 버린 것이다. 특히 19세기 신학계는 자유주의와 합리주의에 함몰된 가운데 삼위일체론을 부수적으로 다루었으며 심지어 조직신학 과목에서조차 제거될 정도로 삼위일체론에 대해 무관심으로 일관하여 교회 가운데 삼위일체 교리는 완전히 죽은 듯 보였다.

그러나 다행스럽게도 20세기 들어와서 19세기 자유주의 신학자들에 대한 격렬한 비판과 무시되었던 삼위일체의 부흥이 시작됐다. 바르트는 삼위일체론을 자신의 『교회교의학』에서 초두에 놓고 모든 신학은 삼위일체의 진리에 이르게 하는 것이라고 주장하며 삼위일체론 부흥의 서막을 열었다. 이어서 독일의 위르겐 몰트만, 볼프하르트 판넨베르크, 에버하르트 융엘, 발터 가스터, 그리스 정교회 신학자 존 지지올라스, 지지올라스의 영향을 받은 영국의 개혁파 신학자 토마스 토런스와 콜린 건튼, 미국의 루터파 신학자 로버트 젠스와 같은 여러 명의 여성 신학자들이 삼위일체 신학의 부흥의 불씨가 되어 삼위일체론을 신학 논의의 중심에 다시 올려놓기 시작했다. 이러한 현상과 관련하여 일찍이 크리스토퍼 쉬뵈벨은 이른바 '삼위일체 신학의 르네상스'가 도래하였다고 말했다.

삼위일체 부활과 몰트만

특별히 삼위일체론의 부흥에 많은 영향을 준 신학자들 중에서 위르겐 몰트만을 주목할 필요가 있다. 그는 정통 삼위일체론이 무엇인지 역사적으로 증명하고 성격적으로 재해석하여 정통 삼위일체론을 부활, 전진시켰다. 그리고 삼위일체 진리를 교회 안에만 국한시키지 않고 성도의 구체적인 삶의 영역에까지 적용시켰으며, 더 나아가 정치, 경제, 사회, 윤리, 생태학 전반에 걸쳐 적용시켰다. 뿐만 아니라 삼위일체론을 부활 안에서 창조세계에 완성될 하나님 나라와의 관계성을 설명해 냄으로써 종말론적 삼위일체론을 제시하였다.

"몰트만은 기존 서방교회의 일신론적 삼위일체를 비판하고 이에 대한 대안을 제시함으로써 20세기 후반 이후 삼위일체론 논의에 있어서 결정적으로 중요한 통찰력을 제공하게 되었다. 또한 그는 가장 난해한 교리로 간주되어 왔던 삼위일체론을 이해 가능한 교리로 만듦으로써 오늘날 세계 신학계의 삼위일체론 연구에 중흥의 개시를 마련했다. 그는 전통적 삼위일체론이 가진 한계를 넘어서 이를 새롭게 재해석함으로써 오늘날 신학계에서 '삼위일체의 르네상스'를 일으키는데 일익을 담당했다. 오히려 그것은 성서와 전통과 신조에 근거하는 동시에 그리스도인으로 하여금 실천적 삶으로 이끌며, 한 걸음 나아가 기독교 진리와 현대사회의 연결점을 마련함으로써 사회를 변화시키는 역동적 원리로 적용될 수 있기 때문이다." [18]

천국복음의 부흥과 몰트만의 삼위일체론

1,988년 신학에 입문한 이후 20년이상 필자는 몰트만을 자유신학자로 여겼기 때문에 외면해 왔다. 그러나 삼위일체의 비밀뿐만 아니라 천국복음의 비밀을 깨달은 이후 그에 대한 필자의 평가가 편협한 선입견이었다는 것을 알았다. 물론 그의 주장에 동의하지 않는 부분도 있다. 삼위일체와 천국복음의 비밀을 깨달은 이후에 그의 저서인 『십자가에 달리신 하나님』, 『삼위일체와 하나님 나라』, 『오시는 하나님』, 『희망의 신학』을 접하게 되었다. 그 당시 많이 놀랐고 가슴이 두근거렸던 기억이 난다. 그 이유는 필자가 주장하는 복음의 핵심 비밀들, 즉 '십자가에 달리신 분이 하나님이시다-십자가에 달리신 하나님', '삼위일체 비밀은 천국복음의 비밀의 핵심이다-삼위일체와 하나님 나라', '복음의 핵심은 하나님께서 창조세계에 성도를 성전 삼고 오시는 것이다-오

시는 하나님', '만물은 폐기되는 것이 아니라 새롭게 부활한다-희망의 신학'는 핵심 진리가 그가 쓴 책의 제목이었기 때문이다. 몰트만의 신학의 중심 주제는 십자가에 달리신 하나님으로부터 시작하여 삼위일체와 하나님 나라에 관한 주제로 이어지고 『희망의 신』과 『오시는 하나님』이라는 책에서 주장하듯이 하나님께서 창조세계에 오시면 세상이 폐기되는 것이 아니라 세상은 하나님의 임재(쉐키나)가 가득한 하나님 나라로 화할 것이라는 주장인데 이는 필자가 증거하던 '성부 하나님의 오심과 만물의 부활'에 대한 주장과 맥을 같이 하고 있었다.

"하늘의 비밀은 온 세계에 대한 하나님의 주권의 실현과 확대, 곧 하나님 자신이 그의 영원한 창조 안에 내주하는 영광의 나라를 향한 역사와 창조의 완성을 말한다. 하나님 자신이 그의 창조 안에 나타난다면 그의 영원한 시간 안에 나타나며 그의 편재(Allgegenwart)는 창조의 공간 안에 나타난다. 따라서 시간적 창조는 영원한 창조로 변화되며, 공간적 창조는 편재적 창조로 변화된다. 영원히 살아계신 하나님이 그의 감성적 현존을 통하여 영원한 죽음을 폐기하실 것이라면, (사25:8) 시간적 허무성 자체가 사라질 것이다. (제4에스라 7:31)" [19]

몰트만의 신학적 업적

성경의 눈인 천국복음의 관점에서 볼 때 몰트만의 신학적 업적은 크게 네 가지로 정리할 수 있는데 첫 번째는 십자가에 달리신 하나님을 신학의 중심에 놓았고, 삼위일체의 중심과 출발점에 놓았다는 점이다. 두 번째는 정통 삼위일체론이 무엇인지를 성경적이고 역사적으로 드러냈다는 사실이다. 세 번째는 삼위일체와 하나님 나라와의 유기적 관계성을 풀어냈으며 마지막으로 하나님의 오심과 만물의 회복에 대한 성경적인 천국관과 종말론을 제시했다는 점이다.

그의 신학적 업적은 필자가 증거하고 있는 천국복음이 정통교리 위에 전진된 진리라는 정통성과 연계성과 전진성을 확보하고 증명하는 중요한 신학적 근거를 제공하고 있으며 천국복음의 부흥을 위한 중요한 토양이 된다는 사실이다.

십자가에 달리신 하나님과 삼위일체

몰트만은 삼위일체를 논할 때 인간의 사고로부터 시작되면 안되고 성경의 계시대로 역사 속에 사람으로 나타나 십자가에 달리신 하나님으로부터 시작해야 된다고 주장한다.

"우리는 먼저 삼위일체론적 사고가 필연적으로 성립되는 구체적 장소에 대하여 생각하여 보고자 한다... 삼위일체론의 장소는 '사고의 사고, Denken des Denkens'가 아니라 예수의 십자가이다. '직관 없는 개념은 빈 것이다.' (Kant) 삼위일체론적 하나님 개념의 직관은 예수의 십자가이다. 십자가의 인식의 형식적 원리는 삼위일체론이다." [20]

전적으로 공감한다. 삼위일체가 철학적 사고의 유의로 끝나고 죽은 교리가 된 것은 삼위일체가 성경의 계시에 따라 생생한 역사 속에 사람으로 실제 나타나고 십자가에 달리신 하나님으로부터 출발하지 않고 인간의 철학적 사고로부터 시작되었기 때문이다. 그의 주장은 필자의 개인적인 구원의 여정을 통해서도 확인이 된다. 필자는 1,992년 6월 성령의 역사로 십자가에 달리신 예수 그리스도는 하나님이라는 진리의 빛을 보고 거듭나는 체험으로부터 시작하여 자연스럽게 삼위일체의 비밀과 이 진리의 가치와 삼위일체의 관계성의 비밀한 빛을 보게 되었다. 거기로부터 출발하여 하나님의 피로 값없이 허락한 천국이 무엇인지에 관한 천국복음의 비밀을 보게 되었다. 이러한 구원의 여정을 통해 십자가에 달리신 하나님은 삼위일체의 생명의 토대이고 삼위일체는 철학적 사고의 결과가 아니라 역사 속에 살아 있는 진리가 되며 천국복음이 살아있게 하는 생명의 피라는 사실을 깨닫게 되었다. 필자에게 이 진리는 사고의 유의가 아닌 살아있는 믿음과 세계관과 우주관과 삶의 가치관이 바뀌는 역동적인 생명이 되었다. 십자가 신학은 삼위일체라는 씨가 뿌려져 자랄 수 있는 유일한 토양이 되고 삼위일체는 그 토양 위에서 자라 천국복음이라는 생명나무가 된다. 몰트만은 예수님은 십자가에 달리신 하나님이라는 성경적 명제를 떠나서는 삼위일체를 논할 수 없기 때문에 이렇게 말한 것이 아닐까.

"십자가의 신학이 삼위일체론이며 삼위일체론은 십자가의 신학이 되어야 한다." [21)

몰트만과 정통삼위일체의 부활

몰트만은 초대교회가 정립하고 믿고 고백하던 삼위일체론의 실체가 무엇인지 정확히 보았으며 정통 삼위일체론이 무엇인지 재발견하여 부활시키고 전진시켰다. 그가 말하는 정통 삼위일체론은 무엇인가? 그는 성부 하나님과 성자 하나님과 성령 하나님은 각각의 인격을 가지고 계신 구별된 존재라는 인식과 그에 대한 설명으로부터 시작하여 삼위 하나님께서 어떻게 하나되어 계시는 지, 즉 '일치성', '연합성', '관계성'을 설명하는 것이 성경적이며 이러한 방식의 삼위일체론이 정통 삼위일체론으로서 동방교회의 삼위일체론이라고 주장했다. 이에 반해 하나님께서 하나라는 전제로부터 성부 하나님과 성자 하나님과 성령 하나님을 구분해 보려고 시도한 것이 서방교회의 변종된 삼위일체론이라고 주장했다.

"몰트만은 올바른 삼위일체론을 정립하기 위한 선결 과제로 기독교 2000년 역사에서 삼위일체론의 확립을 끊임없이 저해해 온 서방교회의 일신론적 전통을 혹독히 비판한다... 그는 서방교회 삼위일체론을 일신론의 변종이요 잘못된 삼위일체론이라고 말하면서 그것이 '하나님의 형상'을 인간의 영혼으로 축소시키고 여성을 배제한 채 남성만을 '하나님의 형상'으로 인식한 것을 혹독히 비판한다... 몰트만은 삼위일체론에 대한 재논의를 시작하면서 서방교회가 하나님의 일치성(한 분)에서 출발하여 성부, 성자, 성령 세 위격을 구별, 곧 삼위성에 이른데 반해 동방교회의 전통이 하나님의 삼위성에서 출발하여 하나님의 일치성을 설명한 사실에 주목하게 되었다." [22]

몰트만은 서방교회 삼위일체론의 체계를 형성한 아우구스티누스(Augustinus)의 삼위일체론을 단일신론의 변종이라고 하며, 잘못된 삼위일체론을 냉철하게 비판하면서 서방교회의 삼위일체론은 성경적이지 못하다는 것을 구체적으로 비판하고 있다. 그리고 현 기독교는 서방교회의 삼위일체론에 영향을 받았기 때문에 기독교의 핵심 진리요 심장과 같은 삼위일체론이 괴변적인 사변이 되어버렸고 그리스도인과 사회 각 분야에 전혀 영향을 줄 수 없는 죽은 교리가 되어버렸다고 진단한다. 그는 『십자가에 달리신 하나님(1972)』이라는 저서를 필두로 『삼위일체와 하나님 나라(1980)』라는 저서를 출판하였으며, 그 동안 진전이 없었던 삼위일체론에 대한 연구에 획기적인 전기를 마련하였고, 그 이후 『삼위일체 하나님의 역사(1991)』를 출간하면서 삼위일체 하나님에 대한 논의를 좀 더 풍성하게 하면서 오해 속에서 비롯된 '삼신론주의자', '자유 신학자'라는 오명 속에서도 20세기에 삼위일체론 부흥을 일으키는 데에 일익을 담당하였다. 이로 인해 수세기 동안 등한시되어 왔던 삼위일체론이 다시금 기독교계와 신학의 핵심으로 주목을 받기 시작했다. 이렇듯 몰트만의 삼위일체론은 교회사 가운데 정통 삼위일체가 무엇인지를 부활시켰을뿐만 아니고 그것을 보완하고 전진하고 총괄한 삼위일체론이라고 말할 수 있다. 이것은 금세기 교회의 신학적 축복이요 신앙적 축복이 아닐 수 없다.

몰트만의 천국관과 천국복음

몰트만의 업적 중 하나는 정통 삼위일체의 부활과 성경적 천국관의 회복이다. 오늘날도 천국이라는 믿음이 예수를 믿고 죽으면 가는 영계만을 생각하고 보이는 물질계는 결국 불로 심판 받아 사라질 것이라고 믿는 사람이 의외로 많다. 그러나 몰트만은 하나님이 만물에 오시면 만물은 폐기(Vernichtung)가 아니라 변화(Verwandlung)될 것이고, 만물은 하나님의 임재로 영광스러운 만물의 신격화(Vergottlichung /부활)에까지 이른다고 주장한다.

"세계(만물)의 완성(consummatiomundi)에 대한 표상들이... 고대교회와 개혁교회 전통의 총체적 세계(만물)변화의 표상을 거쳐 정교회 신학의 영광스러운 세계(만물)의 신격화(Vergottlichung)에까지 이른다는 것은 보기에 놀라운 사실이다... (만물의) 폐기(Vernichtung)가 아니라 변화(Verwandlung)-이것이 이레네우스로부터 시작하여 아우그스티누스와 대 그레고리와 토마스와 중세 전체의 신학을 거쳐 오늘의 카톨릭 교의학에까지 이르는 명백한 이론이다... '육을 벗어난 영혼'이 행복한 마음으로 단순히 하나님을 보는 데에 구원이 있다면 결국 '육의 부활'에 대한 생각이 완전히 사라지게 된다. 그러나 육의 부활에 대한 희망이 종말론에서 사라질 경우 그리스도론에서 성육신에 대한 생각이 유지될 수 없게 된다. 그러나 성육신에 대한 생각이 포기될 경우 기독교 신앙은 세계를 부정하며 세계를 경멸하는 영지(Gnosis)로 전락할 것이다. 종말론적으로 '세계의 폐기'를 가르치는 사람은 창조를 취소하고자 하며 현존에 의하여 매혹되기보다 무에 의하여 더 매혹된 것으로 보인다. 창조의 이 취소에 반하여 노아 계약은 이렇게 말한다... 세계가 다시는 멸망해서는 안 될 것이다." [23] (창9:11)

몰트만의 종말론은 천국복음의 핵심 주제인 하나님 나라가 무엇인지 그 비밀을 성경적으로 이해할 수 있는 단초를 제공하여 수천 년 동안 왜곡되었던 천국관에 대한 패러다임을 성경적으로 바꿔 놓았다

십자가에 달리신 하나님-삼위일체 하나님-하나님의 오심-만물의 부활

그의 신학은 필자가 증거하고자 하는 주장과 신학적인 맥을 같이 하고 있기 때문에 천국복음으로 본 삼위일체와 마지막 복음인 성부 하나님의 오심과 만물의 부활에 대한 본 주제들이 신학적인 정통성을 확보하게 하는 중요한 기반이 된다.

6 천국복음으로 본 삼위일체의 의미

천국복음으로 본 삼위일체, 즉 천국복음의 삼위일체는 수천 년 동안 교리의 무덤 속에 잠자고 있던 삼위일체를 이 시대에 부활시켰다. 천국 복음의 비밀이 삼위일체를 비출 때 하나님의 경륜 속에서 삼위일체가 차지하고 있는 위대한 진리는 아래의 세 가지 면에서 크게 드러난다. 첫째, 천국복음은 삼위일체를 천국복음의 중심이요 핵심 내용의 비밀 이라는 진리를 드러냈다.

천국복음을 통해 삼위일체 하나님 자신이 성도가 영원히 거처해야 할 본질적인 천국이라는 진리를 성경적으로 드러냈다. (요14:6, 17:21, 고 후5:14, 계21:22) 우리이신 하나님(삼위일체) 자체가 성도가 영원히 거 처해야 할 살아있는 천국이라는 비밀을 통해 삼위일체는 교리가 아니 라 값없는 하나님의 피로 주어진 살아있는 천국이요 신앙의 궁극적인 목적이요 중심이 되었다는 사실이다.

둘째, 천국복음은 삼위일체 하나님은 성도가 경험할 수 있는 분이고 신약의 전 역사를 통해 볼 수 있는 역사적 하나님으로 드러냈다.

천국복음은 삼위일체 하나님께서 부활한 창조세계 안에서 성도가 경 험하고 만지고 누리고 볼 수 있는 분으로 실제로 나타날 것이고 그 하 나님의 임재로 부활한 창조세계를 통해 하나님을 보고 감각적으로 누 리게 될 것을 약속한다. 그 약속은 성취되고 있고 창조세계 역사 속에 완전히 성취될 것이다. 따라서 천국복음으로 보지 못하면 삼위일체 하 나님은 볼 수 없는 추상적인 하나님이 되고 교리 속에 갇힌 무감각적인 하나님이 된다. 그러나 천국복음을 통해 삼위일체 하나님을 본다면 생생하게 경험하고 누릴 수 있는 삼위일체 하나님으로 나타난다.

먼저는 창조세계 안에 있는 성령 하나님께서 성도를 처소 삼고 오심으로 성도는 성령 하나님과 하나되고 누리고 있으니 교회시대요 (요 7:37,39, 14:15-17,26,16:13, 행1:5,2:38), 다음은 성자 하나님께서 창조세계 안에 있는 성도에게 성전 삼고 오심으로 썩을 몸이 썩지 않을 몸으로 부활하여 그리스도를 신랑으로 누리며 함께 왕 노릇 할 것이니 이것은 아들의 나라인 천년왕국 시대요 (계20;4-6), 마지막은 성부 하나님까지 창조세계 안에 부활한 성도 안에 처소 삼고 오심으로 성부 하나님과 하나되고 그분 자체를 누릴뿐만 아니라 썩어질 창조세계도 부활하여 창조세계 전체가 하나님의 임재 속에 들어가 성도가 영원히 누릴 만한 새 하늘과 새 땅이 될 것이니, 새 예루살렘시대이다. (계1:4, 8:9,10, 5:9,10, 21:3,5, 22:5, 롬8:18-21, 고전15:28, 엡21:23, 호2:18-23)

결국 성부 하나님까지 창조세계에 성도를 처소 삼고 오심으로 천국복음의 예언(언약)이 최종 성취되면 보이지 않았던 삼위일체 하나님의 실재는 창조세계에서 누리고 느끼고 접촉하고 볼 수 있는 실재가 될 것이니 삼위일체 하나님의 완전한 나타남의 실재인 새 하늘과 새 땅과 새 예루살렘이다. 이것이 천국복음의 예언이 성취될 때 최종 성취될 하나님의 나라요, 성도의 최종 종착역이고, 성도가 영원히 거하고 누려야 할 하나님 나라이다. 이런 의미에서 천국복음을 바로 깨닫지 못하면 삼위일체 하나님은 사변적이고 메마른 죽은 교리와 같이 되어 버릴 것이지만 천국복음을 깨닫게 되면 천국복음 안에서 삼위일체 하나님에 대한 진리는 생생하게 살아있는 실재가 되며 살아있는 믿음이 되며 유일한 소망이 된다.

셋째, 천국복음은 삼위일체를 통해 종말론을 완성시켰다.

창조세계를 향한 하나님의 목적은 하나님께서 만물 안에 오시고 만물의 주인으로서 영원히 거하심으로 하나님과 성도의 거처요 누릴만한 천국으로 만드는 것이다. (고전15:28) 천국복음은 이 하나님의 목적이 어떠한 과정을 통해 성취되는지를 구체적을 드러내고 있다. 성령 하나님과 성자 하나님과 성부 하나님께서 분명하게 구분되어 삼 단계의 과정을 통해 창조세계에 성도를 처소 삼고 오심으로 창조세계를 향한 하나님의 목적이 완성됨을 계시하고 있다. 특별히 천국복음은 성부 하나님까지 오심으로 최종 종말이 성취된다는 언약적이고 종말론적인 틀의 구조를 가지고 있다. 이러한 천국복음의 비밀이 삼위일체의 비밀과 만날 때 천국복음의 종말론은 확고한 종말론이 되고 완성된 종말론이 된다.

이 시대에 삼위일체는 천국복음을 만나 결혼했고 서로를 비추는 빛이 되어 서로의 비밀들을 선명하게 드러내어 서로를 영화롭게 하고 죽어 있는 교리는 생생하게 살아있는 진리가 되어 성도에게 생기가 되었다.

지금까지 살펴 본 구원과 삼위일체와 천국복음의 관련성을 통해 삼위일체 진리의 중요성을 다섯 가지로 정리해 볼 수 있다.

첫째, 삼위일체 진리는 성경이 제시한 구원 얻는 유일한 진리이다. (요17:3, 1:1-13, 14:1-23, 20:28-30, 요일4:15)

둘째, 삼위일체 진리는 하나님이 아들이 증거한 천국복음의 비밀

핵심이다. (마13:7, 눅4:43)

셋째, 삼위일체 진리는 나타난 천국인 교회의 유일한 설계도이다. (요17:21,22, 창1:26,27)

넷째, 삼위일체 진리는 창조세계를 천국으로 만들기 위해 우리이신 하나님께서 창조세계 안에 있는 성도를 처소 삼고 삼 단계의 과정을 통해 오신다는 신약의 복음(예언)의 핵심 기초이다. (요14:1-23) 또한 삼위일체 진리는 마지막 복음, 즉 성부 하나님이 오심의 기초이다. (계1:4, 8, 5:8-9, 7:15)

다섯째, 삼위일체 진리는 마지막 시대에 주님이 오시는 길인 신약의 복음인 천국복음의 비밀의 핵심이다. (마24:14)

삼위일체 진리를 깨닫고 믿음을 갖게 된다면 삼위일체 진리에 담겨져 있는 이 놀라운 다섯 가지 비밀을 보게 될 것이다. 삼위일체 진리는 당신을 거듭나게 하여 구원 얻는 믿음을 선물할 것이며 하나님의 아들이 증거한 천국복음의 초원으로 인도할 것이다. 또한 진리 전쟁의 한복판에 서 있는 믿음의 용사들에게 강력한 무기가 되어줄 것이다.

5장 삼위일체 하나님에 관한 진리 전쟁사

사탄은 교회를 파괴하기 위해 삼위일체 하나님이라는 말은 성경에 없고 삼위일체론은 정치적 목적으로 AD325년 카톨릭이 니케아 공의회에서 인간에 의해 인위적으로 만든 것이므로 삼위일체 하나님에 관한 교리는 성경적인 근거가 전혀 없는 이교신관이고 거짓된 교리라고 주장한다. 과연 그러한가? 삼위일체라는 용어는 성경에는 없지만 삼위일체 신관은 성경 전체에 계시되어 있다. 삼위일체는 성경 66권 전체에 수없이 계시되어 있는 성부 하나님과 성자 하나님과 성령 하나님의 삼위성과 그 삼위의 관계성에 관한 신비한 진리에 대한 성경의 계시가 집약된 용어이다. 삼위일체 하나님에 대하여 기록된 수많은 성경의 계시를 삼위일체라는 몇 개의 음절로 충분히 표현할 수 없으니까 이 용어가 완전한 표현이라고는 할 수 없다. 그러나 삼위일체 용어는 이단의 거짓 신관과 이교 신관으로부터 성경적인 신관의 진리를 지켜내기 위한 300년 동안의 치열한 진리 전쟁의 산물로서 하나님이 교회에게 주신 귀한 선물인 것이다.

1 삼위일체론이 이교 신관이라고?

삼위일체 논쟁은 예수 그리스도의 신성, 즉 '예수는 하나님인가, 아니면 피조물인가?'라는 논쟁으로부터 시작된다. 어떤 이단들은 로마 황제가 정치적 목적을 가지고 종교를 이용하기 위해 그 당시까지 정통교회가 예수를 하나님으로 믿고 있지 않았는데 AD325년에 콘스탄티누스가 소집한 니케아 회의에서 인간 예수는 하나님이라는 『니케아 신경』을 만들었고 그로 인하여 신이 아닌 나사렛 사람 예수가 신이 되어 버린 것이라고 주장한다. 그러므로 예수가 하나님이라는 신앙고백으로부터 나온 필연적인 교리인 삼위일체 하나님에 대한 교리는 인간이 만든 정치적인 산물이고 로마 황제가 가져온 이교신관이라고 주장한다.

과연 AD325년 전까지 정통교회가 예수를 하나님으로 믿고 있지 않았는데 AD325년에 인간의 결정에 의해 예수가 신이 된 것인가, 그리하여 삼위일체 하나님에 대한 교리가 인위적으로 만들어진 것인가, 그렇게 탄생된 것이 기독교이고 카톨릭인가?

그리스도의 신성, AD100년 이전 모든 성경 기록

예수는 하나님이라는 진리는 AD325년에 니케아 회의에서 결의되기 수천 년 전에 창세기부터 증거하고 있으며 (창1:26, 3:22, 11:7) AD100년 이전에 기록된 요한복음, 사도바울의 서신, 요한일서, 요한계시록에서도 분명하게 증거하고 있다. (요1:1,18, 8:15, 10:30, 14:1, 7, 9, 17:21, 22, 20:28, 고전9:5, 요일5:20, 계21:22)

"조상들도 저희 것이요 육신으로 하면 그리스도가 저희에게서 나셨으니 저는 만물 위에 계셔 세세에 찬양을 받으실 하나님이시니라 아멘"
(롬9:5)

그리스도의 신성, AD100~325년 정통 교회의 신앙고백

또한 예수 그리스도가 하나님이 되신다는 것은 AD325년 종교회의에서 결정된 것이 아니고 사도들이 살아 있었을 당시의 교회와 마지막 사도인 사도 요한이 죽은 이후인 AD100~325년 사이의 정통교회에서도 예수는 하나님이라는 사실을 당연한 것처럼 믿어 왔던 정통 신앙이요 믿음이었다. 다양한 역사적 자료를 통해 이러한 사실을 확인할 수 있다.

"육신적으로나 영적으로, 나신 분이면서도 나시지 않은, 인성 안에 계신 하나님이신, 죽음 안에서의 참 생명이신, 마리아와 하나님 모두에게서 나신, 감동적이면서 다감하신 한 육체(사람), 곧 우리 주 그리스도가 계시다... 예수 그리스도는 만세 전에 아버지와 함께 계셨으며 때가 차매 나타나셨다." (이그나티우스 AD35, 50년~117년)

이 글은 사도 요한의 제자로서 초대 교회 당시 가장 영향력이 있었던 교회인 안디옥 교회의 감독이었고 초대 교부 중 가장 탁월한 분으로 인정되고 있는 이그나티우스(AD35, 50년~117년)가 약 AD107년 경에 쓴 글이다. 그는 이 글에서 예수가 만세 전부터 아버지와 함께 계셨던 하나님이심을 분명히 정의하고 있다. 주후 약 90년부터 140년 사이에 활동했던 속사도들은 그리스도의 신성에 대한 분명한 신앙고백을 하고 있었음을 알 수 있다. 특별히 마지막 사도인 사도 요한이 죽고 그 사역을 이어받은 가장 영향력 있는 교회의 감독인 이그나티우스의 신앙을 통해 초기 교회가 예수는 하나님이라는 진리를 분명하게 고백하며 믿고 있었다는 사실은 의심의 여지가 없는 것이다.

3세기에도 역시 예수는 하나님이라는 신앙고백이 교회 가운데 견고한 진리였음은 역사적인 자료를 통해 알 수 있다. 사도 요한의 제자인 폴리캅의 제자였던 이레우니우스(AD140~203. 6. 28.)는 영지주의(그노시스주의)에 대항하는 책에서 예수께서 영원 전부터 계셨던 창조주 하나님이심을 분명하게 정의하고 있다.

"예수 그리스도는 만물 이전에 존재하셨으며 만물이 그로 말미암아 지음을 받았다. 아들은 아버지와 같이 영원하시다. 아버지를 계시하시는 이가 예수 그리스도이시다."

"로고스가 태초부터 하나님과 함께 계셨고, 그로 말미암아 만물이 지음 바 되었으며 그는 또한 역사 속에서 모든 인류에게 나타나셨으니 아버지의 약속에 따라 이 마지막 시대에 말씀이 자신의 솜씨를 연합하여 감성있는 인간이 되셨음은 이제 명백히 증명되었다. 그러므로 우리는 '만일 그리스도가 어느 때에 태어났다면 태어나기 이전에는 존재하지 아니하신 것이 아니냐'고 말하는 모든 반박을 일축할 수 있다."

또한 초기 교회 안에서의 논쟁이 '예수가 하나님이냐 아니냐'의 논쟁이라기 보다는 양태론과 같은 일신론에 대한 논쟁이었다는 사실을 알 수 있다. 사벨리우스(Sabellius, AD?~260년)는 로마에서 단일신론을 주장하던 클레오메네스가 죽은 AD215년 이후 그 학파의 지도자가 되어 성부와 성자와 성령은 인격과 존재에서 하나로서 시대에 따라 양태만 바꿔 나타났다는 양태론을 주장했다. 그 당시 그의 주장은 교회에 큰 영향을 주었다. 이 설은 '신의 유일성과 예수 그리스도의 신성'을 강조하고 명확히 한 것이지만 성부와 성자와 성령 하나님이 구별된다는 성경의 삼위성을 손상시키고 말았다. 그는 로마의 주교 갈리스도 1세(재위 AD217~222) 때에 아프리카에서 와서 교부 히폴리또와 싸웠다.

사벨리우스와 동시대에 살았고 성부와 성자와 성령을 구별된 분이신 동시에 하나가 되신다는 삼위일체라는 용어를 최초로 사용했다고 하는 터툴리안(Tertulian, AD155-220)의 글에서는 성부와 성자는 구별되지만 동일한 하나님이라는 주장을 하고 있다.

"그렇지만 셋은 지위에 있어서가 아니고 정도에서이며 본질에서가 아니고 형식에서이며 능력에서가 아니고 그 양상에서 나뉜다. 그렇지만 그 분이 한 분 하나님으로서 아버지와 아들과 성령의 이름으로 이러한 정도들과 형상들과 외양들로 생각되어질 수 있다면 여전히 하나님의 본질이며 하나의 조건이며 하나의 능력을 갖는다."

그리고 알렉산드리아를 중심으로 이집트, 리비아를 비롯하여 전 아프리카 교회를 관할하는 알렉산드리아 총대주교(Patriarch of Alexandria)인 알렉산더(AD250?-328년)는 예수는 아버지 하나님으로부터 낳은 존재이니 없었던 때가 있었던 피조물이라고 주장하는 이단 아리우스를 향하여 요한복음 10장 30절에 '나와 아버지는 하나이다'라는 말씀과 요1:1, 마3:17, 9:27, 골1:15-17, 롬8:2 시2:7, 109:3, 사58:8절 등 폭넓게 말씀을 인용하며 성자는 성부와 본성상 동일한 신성을 지닌 하나님이라는 진리가 정통 교회가 믿어왔던 진리임을 주장하며 니케아공의회가 있고 3년 후인 AD328년에 죽기까지 정통 신앙을 지키기 위해 노력했다.

그러므로 사도들이 죽고 그 신앙을 이어 받은 속사도들로부터 시작하여 예수의 신성을 공식적으로 확증하는 AD325년 니케아 공의회까지 정통 교회의 신앙이었던 '예수는 하나님이다'라는 믿음의 고백은 부인할 수 없는 역사의 증언인 것이다. 이는 AD325년에 가서야 니케아 종교회의에서 인간들의 결정에 의해 예수가 하나님이 되어 버렸다는 주장은 역사적 진실이 아닌 거짓 주장이다.

AD100년 이전에 사도들에 의해 기록되어진 영감을 받은 말씀에서도 예수는 하나님이라는 진리는 명백하게 기록되어 있다. 이후 사도들의 신앙을 이어 받은 속사도들로부터 AD325년까지 정통교회는 예수의 신성을 의심 없이 믿어 왔는데 왜 AD325년 니케아 공의회를 열어 예수의 신성을 공식적으로 결의해야만 되었을까?

2 니케아 공의회가 열리게 된 배경

종속설을 주장한 아리우스에게 영향을 준 이단적 사상가

니케아 공의회가 열리게 된 근원을 거슬러 올라가 보면 예수에 대한 애매모호한 오리겐의 신학사조에서 기인한다고 볼 수 있다. 직접적인 원인은 오리겐의 사상체계에 영향을 받아 '예수는 단순히 사람이었는데 하나님의 능력이 임하여 하나님의 아들이 되었다'고 주장하는 양자론(역동적 단일신론)을 주장한 루키안(Lucian)의 영향을 받아 '예수는 없었던 때가 있었고 성부로부터 지음을 받은 피조물이다'라고 주장한 아리우스가 직접적인 원인이 된 것이다. 니케아 논쟁을 일으킨 중심 인물인 아리우스가 주장한 종속설의 이단적인 신학 사상은 그 당시 동방에

유행하던 두 가지 신학 사조, 곧 알렉산드리아와 가이사랴를 중심으로 전파된 오리겐의 사상과 안디옥을 중심으로 전파된 루키안의 사상의 영향을 지대하게 받았다고 볼 수 있다.

아리우스에게 영향을 준 오리겐의 이단적 기독론

오리겐의 이단적인 애매모호한 기독론은 결국 열매를 맺게 되는데 그 열매가 아리우스의 종속론이다. 오리겐은 '예수는 하나님이라는 이름으로 불릴 수 있지만 피조물로서 아버지께 종속되었다'고 애매모호한 이단적인 기독론을 주장했다.

로제(Bernhard Lohse)에 의하면 오리겐이 주장하기를 '하나님이라는 이름을 아들과 성령에게도 적용시킬 수는 있는데 아버지 한 분만이 하나님이며 아들과 성령의 신성은 아버지로부터 파생된 것이고 하나님은 아들을 영원한 행위로써 산출한다 아들이 아버지에게 종속되듯이 성령도 아들에게 종속된다'고 하였다. 오리겐은 아들은 아버지의 피조물이라고 하며 아들의 종속을 강력하게 주장하면서도 동시에 세 위격은 의지와 조화와 통일성을 갖는다는 점에서 '동일본질(Homoousios)'이란 개념의 용어를 사용함으로써 성자와 성령도 아버지의 본질적인 동일성이 있다고 애매모호한 기독론을 주장했다.

오리겐(Origenes185?-254?)은 AD203년 18세 때 클레멘스의 뒤를 이어 교리 학교를 운영하였고 2000권에 달하는 책을 저술하였다고 하는데 그의 영향력이 얼마나 큰지를 알 수 있다. 이렇게 영향력 있는 오리겐에 의해 교회는 그의 누룩과 같은 거짓 사상에 오염되었다. 그런 왜곡된 신학사조가 아리우스 때에도 계속되어 왔고 그의 사상은 결국 삼위일체 논쟁의 불씨가 되는 아리우스라는 인물을 만들어 냈다.

아리우스에게 영향을 준 단일신론과 양자론

예수가 피조물이라는 주장의 근원을 찾아가 보면 신은 숫자로 하나
뿐이어야 한다는데 집착하는 유대교 신관인 단일신론에서부터 비롯된
것이다. 2~3세기 유대인 그리스도인들이 예수를 구주를 믿고 고백했지
만 수천 년 동안 조상들로부터 시작하여 단일신론을 평생 믿어 왔던
그들에게 예수가 하나님이라는 진리를 받아 들이는 것은 결코 쉬운 일
이 아니었을 것이다. 이런 단일신론의 영향 속에서 기독교인이 된 사람
들 중에 '예수는 피조물로서 우리와 동일한 인간이지만 어느 날 성부
하나님으로부터 하나님의 능력과 지혜를 무한히 받았기 때문에 하나님
의 아들로 임명 받았다'고 주장하는 양자론(역동적 단일신론)과 '여호
와 하나님 한 분만 존재하는데 그 분이 아들의 모습으로 나타났다가
그 이후 성령으로 모습으로 모양만 바꿔서 나타났다'는 양태적 단일신
론(사벨우스주의)과 같은 이단적인 기독론을 주장하는 사람들이 나타난
것이다. 따라서 아리우스의 사상적 뿌리는 단일신론에 두고 있다고 볼
수 있고 그 사상은 양자론(역동적 양태론)과 오리겐의 사상과 루키안의
신학사조가 집대성된 이단 사상이라고 평가할 수 있다.

아리우스에게 영향을 준 헬라철학과 루키안 학파

AD313년 기독교가 공인이 되면서 아리우스의 이단 사상이 그 당시
교회와 알렉산드리아 도시를 중심으로 한 동방 교회 전역에 설득력 있
게 받아들여지게 된 토양이 만들어진 것은 오리겐의 사상과 더불어 '물
질은 악하고 영은 거룩하다'는 헬라 철학의 사상 때문일 것이다.

AD254?년 오리겐의 죽음과 아리우스 논쟁이 시작되었던 몇십 년 사이에 오리겐이 주장하는 왜곡된 삼위일체 교리가 대부분의 신학자들에 의해 거부되었지만 그의 신학 사상의 영향력은 너무나 커서 수십 년이 흐른 후에도 여전히 그 어두운 그림자는 역사하고 있었고 그의 영향을 받은 루키안같은 학파들이 활동하며 아리우스가 출현하는 토양을 만들고 있었다.

기독론 논쟁의 불씨가 된 아리우스 등장

아리우스(Arius)의 무대는 거대 도시인 알렉산드리아였다. 그리고 그의 상대는 알렉산드리아 교회의 감독 알렉산더(Alexander)였다. 그들의 신학 논쟁은 알렉산드리아 도시를 진동시켰다. 아리우스는 그 도시에서 성공적인 데뷔전을 치루었다. 그 당시 교회 감독들은 물론이고 선원들에 이르기까지 이 논쟁은 확산되어 심지어 빵을 하나 살 때에도 빵 가게 주인은 손님에게 '아버지가 아들을 창조하였는가?'라고 물은 후 빵을 팔지 여부를 결정할 정도였다고 한다.

활활 타오른 기독론 논쟁

예수의 신성에 대한 논쟁이 얼마나 큰 이슈가 되었는지에 대해 소크라테스는 이렇게 전한다. '성부와 성자의 관계에 관한 대화에 휘말리지 않고 시장에 가기란 불가능하다'.

예수 그리스도의 신성에 관한 논쟁은 일반 서민들에게까지 초미의 관심사였다는 사실에 대하여 4세기 후반 교부 닛사의 그레고리우스가 남긴 풍자적 보고이다.

"이 도시에서 당신이 상점 주인에게 거스름 돈을 요구하면, 그는 대 뜸 아들이 태어난 존재인지 창조된 존재인지를 놓고 당신과 토론하려 들것이다. 당신이 빵 가게 주인에게 빵이 맛있느냐고 물으면 그는 '아 버지는 아들보다 위대하다'고 답할 것이다. 목욕을 하고 싶다고 하면 '아들은 창조되기 전에는 존재하지 않았다'는 말을 듣게 될 것이다." [24]

'이 도시'라는 것은 알렉산드로스 대왕이 제2의 아테네 문명을 꽃 피우기 위해 북 이집트 해안에 세운 도시인 문명과 문화, 상업의 중심 지인 알렉산드리아를 가리킨다. 이 도시는 50만 권이 넘는 도서를 갖 춘 세계 최대의 도서관이 있었고 학자들이 몰려들어 학문을 토로한 곳 이었다. 그리고 세계의 모든 사람들이 이 도시로 몰려들어 한때 호화로 움의 극치를 누렸던 도시였고, 안토니와 클레오파트라가 사랑을 나누고 비극적 종말을 맞이한 도시이며, 세계 최대의 등대(파로스)가 있었던 초거대 항구 도시였다. 이 도시에는 후에 미술관과 박물관을 의미하는 뮤지엄(Museum)의 어원이 되기도 한 문화와 학문을 연구하는 기관인 무세이온이 있었고 어떤 이는 말하기를 아리우스 논쟁이 있던 당시는 인구가 약 100만명이 넘는 거대 항구 도시였다고 한다. 이 거대한 도 시에 평민까지도 예수 그리스도의 신성에 대한 논쟁에 불이 붙었다는 것은 로마제국에 얼마나 큰 이슈가 되었는지를 짐작할 수 있게 한다.

아리우스의 성공적인 데뷔전

로마를 통해 교회를 핍박하며 예수를 믿지 못하게 하는 사탄의 계략 이 실패하자 사탄은 또다시 교회 내에 기독교의 핵심 진리인 예수에 대한 진리를 왜곡시켜 교회 존립의 기초를 붕괴시키려고 '아리우스'를 선택했다. 아리우스를 오르겐과 루키안의 신학사상과 헬라철학을 가지고 논리적으로 설득하여 예수의 신성을 철저히 부인하게 하고 이론으로 무장시키는 사탄의 계략은 성공을 거둔다. 사탄은 헬라철학의 중심 도시라고 할 수 있는 알렉산드리아 출신인 아리우스에게 헬라철학의 이원론에 입각하여 볼 때 어떻게 초월적인 하나님이 악한 몸을 입은 사람이 될 수 있는지, 즉 인간인 나사렛 예수가 하나님이 될 수 있는지 의문을 품도록 하여 그러한 주장을 받아들이는 것은 어리석은 일이라고 속삭였다. 사탄은 '하나님은 한 분이신데 품속에서 나신 아들이 또 다른 하나님이 될 수 있냐'는 그럴싸한 논리와 철학으로 무장한 똑똑한 그를 사로잡았다. 결국 그는 거짓의 아비인 사탄에 속아 사탄의 강력한 병기가 되었고 교회의 핵심 진리인 예수의 신성에 관한 진리를 향해 선전포고를 한 것이다. 그 핵심 대상은 먼저 오늘날 총회장과 같은 교회를 대표했던 알렉산드리아 총대주교인 알렉산더 총대주교에 대한 공격이었다.

소크라테스(Socrates)의 기록에 의하면 이렇게 신학 논쟁이 촉발되었다. 그에 의하면 알렉산드리아 감독인 알렉산더는 용기있는 행동으로 교회에 큰 영향력을 끼치고 있는 감독이었다. 한번은 알렉산드리아 감독인 그가 자신의 알렉산드리아 12교구의 장로들과 교직자들을 모아 놓고 그들 앞에서 삼위일체의 통일성에 대한 형이상학적 설명을 하면서 야심적이고 확신에 찬 신학적 견해를 펴고 있었다. 바로 그 자리에 있던 '바우칼리스 교회'의 장로(주임사제)인 아리우스가 일어나 감독인 사벨리우스(Sabellius)의 교리를 말하고 있다고 하면서 정면으로 감독의 삼위일체 견해를 격렬하게 반박해 버렸다. 아리우스는 '성자는 태어났으므로 존재의 시작이 있었고, 따라서 성자가 없었던 때가 있었다는 것이 분명해 지는 것이고, 이러므로 성자의 본질이 무에서 비롯되었다는 것, 그러므로 필연적인 귀결이 되는 것'이라고 예수 그리스도의 신성을 논리정연하게 부정하며 총대주교를 대적했다. 즉 그의 주장의 핵심은 예수 그리스도가 피조물라는 것이다. 소크라테스가 전하는 아리우스에 대한 알렉산더 감독의 반박 내용을 보면 예수가 피조물이라는 종속설을 주장하고 있다는 사실을 알 수 있다.

"저들은 성경과는 전혀 모순된 주장을 하고 있다. 저들은 하나님은 항상 아버지가 아니시며 아버지가 아닌 때가 있었다. 하나님의 말씀은 영원부터 계신 것이 아니었고 무로부터 만들어지셨다. 즉 항상 실재하시는 하나님께서 이전에는 실재하지 않으셨던 그를 무로부터 만드셨다. 그러므로 저들에 의하면 그는 계시지 않은 때가 있었고 아들은 한 피조물이요 한 작품이었다. 그는 본질에 있어서 아버지와 같지 않으셨고 그 천성이 아버지의 참 말씀도 아니시고 그의 참 지혜도 아니요, 다만 그의 손으로 만든 것들 중의 하나요 피조물 중의 하나이다. 그러므로 그를 말씀과 지혜라고 부르는 것은 잘못이다. 왜냐하면 그가 바로 하나님 안에 있는 하나님 자신의 말씀과 지혜로부터 생겨났기 때문이다.

하나님께서는 그의 말씀과 지혜로 만물을 만드셨고 아들도 또한 만드셨던 것이다. 그러므로 그는 모든 다른 이성적 사물들과 마찬가지로 가변적 성질을 가지며 변화를 받을 수 있다 그러므로 말씀은 하나님의 본질에서 떠나 있으며 아무 상관이 없으며 배제된다. 아버지는 아들에게 보이지 아니하신다. 대개 아들은 아버지를 완전히 정확하게 알지 못하여 그를 완전히 보지도 못한다. 아들은 자기 자신의 본질도 알지를 못한다. 왜냐하면 그는 우리를 위하여 만들어졌고 그를 통해 우리가 창조되기 위해 마치 한 도구로 말미암음 같이 만들어졌기 때문이다. 그리고 만일 하나님께서 우리를 창조하시기를 원하지 않으셨다면 아들도

271

실재하지 않았을 것이다. 따라서 어떤 사람이 저들에게 묻기를 하나님의 말씀이 변할 수 있는가라고 하였을 때 저들은 감히 '그렇다'고 대답하기를 주저하지 않았다. 왜냐하면 그는 출생한 자요 만들어진 자로서 그의 성질은 변화를 받을 수 있다고 저들은 말한다."

사탄은 아리우스를 통해 성공적인 전쟁을 시작했고 결과적으로 성공적인 데뷔전을 치른 것이다. 닛사의 그레고리가 시장에서 벌어지는 난리 법석의 상황을 전하는 말을 들어 보면 일반 민중은 아리우스의 주장에 많이 동조하였던 것으로 보이다. 뿐만 아니라 많은 교회 지도자들도 이에 동조하였고 이 주장도 그다지 해롭지 않다고 생각했다. 대부분의 사람들은 수많은 도전과 핍박 속에서도 초대교회로부터 200여 년간 지켜 왔던 '예수 그리스도는 하나님이시다'라는 교회의 정통 핵심 신관이 뿌리채 흔들릴 수 있는 심각한 상황이 전개될 것을 감지하지 못하고 있었다. 그 당시 아리우스의 주장을 그렇게 해롭게 여기지 않았을뿐만 아니라 수많은 여성들은 아리우스의 다정한 태도와 엄격한 금욕주의, 순수한 정신, 확고한 신념, 능숙한 설교, 크고 군살이 없는 몸매와 준수한 용모, 공손한 말투와 그의 정중한 예의, 그리고 금욕적인 외모에 매료되어 그의 주장을 지지했고 많은 남자들은 그의 지적 탁월함에 감명을 받아 그의 주장을 따랐고, 적어도 나쁘지는 않다고 생각했다.

알렉산더의 반격

그러나 알렉산드리아 총대주교였던 알렉산더는 생각이 달랐다. 진리의 성령은 알렉산드리아 총대주교를 붙잡고 있었기 때문에 그는 이 문제의 심각성을 분별하고 있었다. 예수의 신성을 부인하는 행위는 교회의 기초와 내용과 생명이 제거되는, 교회의 존립이 달린 중대한 문제라는 것을 간파했다. 그는 [예수는 하나님이시다 vs 예수는 창조된 피조물에 불과하다]라고 하는 두개의 상반되는 명제가 교회 안에 공존할 수 없는 내용이라 것을 알고 있었다. 그에게는 이것 아니면 저것이라는 분명한 신앙적 노선이 있을 뿐이라는 것을 알고 있었다. 알렉산더는 여러 경로로 아리우스를 친절하게 권면하며 그의 사상을 돌이키려고 했다. 그러나 그는 결코 자신의 주장을 굽히려 하지 않았다. 그리고 그의 이단 사상은 전 교회의 기초를 흔들 위세로 확산되었다.

이 시점에서 알렉산더는 단호한 결정을 내리지 않으면 안될 상황이 되었다. 이에 알렉산더는 이집트 전역과 리비아에서 주교와 사제들 100명 정도를 소집해 회의를 열게 된다. 그리고 아리우스를 파문하였다. 아리우스의 파문은 기독교 동방 세계를 아리우스 논쟁으로 불붙게 한 사건의 발단이 된 것이다.

사탄은 교회의 핵심 진리인 예수의 신성에 대해 더욱 강하게 공격을 했다. 아리우스는 알렉산드리아 대교구회의의 결정에 승복하지 않았다. 그는 동방교회 전역에 자기의 이단적 주장을 노래와 편지와 웅변으로 퍼뜨렸다. 이에 동방 교회는 일대 혼란에 빠졌다. 그 전까지 딱히 정통이라고 하는 교리가 확정되어 교회에 유포되지 않았거니와 신약 성경도 그때까지는 정경화되어 있지 않은 상태였기 때문에 교회가 이런 저런 주장에 휩쓸리기 쉬운 여건이었다. 동방의 많은 주교들이 아리우스 견해에 동조하거나 적어도 해롭지는 않다고 여겼다. 하지만 그 사안은 매우 중대했고 기독교의 심장과 같은 진리의 문제였기 때문에 적당한 타협은 애초에 불가능한 것이었다. 서로의 주장하는 신념 자체가 날카

롭게 대립하여 서로 배타적일 수 밖에 없었고 그로 인해 동방교회는 기독론의 다른 견해에 따라 극명하게 두 진영으로 분열되었다.

결국 니케아 공의회가 열리게 되다

사탄은 정치권력을 이용하여 알렉산더 감독을 수장하려는 계략을 세웠다. 아리우스는 황실의 보좌관이었던 니코메디아 출신인 유세비우스의 호의를 얻었고, 이외에도 교회 역사학자로 유명하며 중도 노선을 걸었던 카이사리아의 유세비우스와 예루살렘의 주교 마카리아누스와 친선관계를 맺어 알렉산더 감독을 정치적으로 옭아맬 생각을 가지고 있었다. 하지만 상황은 정반대로 가고 있었다. 콘스탄틴누스 황제의 신앙자문관인 호시비우스는 알렉산더 감독을 지지하고 있었고 AD324년 안티오키아에서 열린 주교의회는 아리우스파와 그를 추종하던 카이사리아의 유세비우스를 이단으로 파문한 것이다.

이 소식은 로마까지 전달되었다. 사태는 더욱 교회를 험악한 분위기로 만들었다. 이러한 사태는 동서방 제국의 분열을 불러올 소지가 있었던 것이다. 이에 AD325년 경 콘스탄티누스 황제는 자신의 어머니 모니카가 예루살렘으로 성지순례를 떠나기 일주일 전에 황제의 휴양 도시 니케아에서 동서방 교회 지도자들을 소집하면서 니케아 공의회가 열리게 된다.

회의는 소아시아의 니케아에서 AD325년 5월20일부터 7월25일까지 열렸는데 이곳에 324명(?)의 교회지도자들이 참석했다. 대부분이 동방교회의 감독들이었고 단지 소수만이 서방교회에서 왔다. 로마의 감독은 두 명의 대표를 파견했고 서방에서는 로마의 주교 실베스터(Sylvester)

를 포함하여 6명만 참석했다. 콘스탄틴의 연설과 더불어 공식적으로 회의가 개막되어 논쟁자들에게 그들의 견해들을 제시하라고 허락하자 곧 맹렬한 논쟁이 벌어졌다. 최초의 발언자는 안디옥 감독인 유스타티우스였다.

3 니케아 공의회의 논쟁

이 니케아 공의회 참석자들은 의견을 달리하는 세 부류의 그룹이 주도하고 있었다. 첫 번째 그룹은 성자는 성부 하나님과 본질적으로 전혀 다른 피조물이라는 '이질본질론'인 종속설을 주장하는 아리우스를 지지하는 니코메디아 감독인 유세비우스가 이끄는 작은 그룹이었다. 두 번째 그룹은 성자는 성부 하나님과 본질적으로 동일하다는 '동일본질'을 주장하는 아타나시우스파가 속한 알렉산더를 중심으로 한 대부분의 대표자들로서 반 아리우스 입장을 취하는 그룹이었다. 세 번째 그룹은 성자는 본질적으로 성부 하나님과 동일한 하나님이지만 서열적으로 좀 낮은 '유사본질론'의 입장을 취하며 교회사가인 가이사랴의 유세비우스가 이끄는 작은 그룹으로서 내심으로는 아리우스의 견해를 동정하면서도 아리우스파와 아타나시우스파의 주장들을 모두 수용하려는 중도적 입장을 취하고 있는 그룹이었다. 사탄은 어느 정도 성공적인 결과를 얻고 있었던 것이다.

아타나시우스의 등장

이 니케아 회의는 처음에는 아리우스와 알렉산더의 격돌로 시작되었지만 나중에는 아리우스와 알렉산더 감독의 비서로서 따라왔던 젊고 유능한 아타나시우스와의 격돌이 되었다. 아타나시우스는 부제로서 담임 목사와 같은 알렉산드리아 감독인 알렉산더 감독을 따라 그 회의에 참석했다. 아타나시우스는 AD319년 부제가 된 27세의 어린 나이임에도 불구하고 자신보다 40세나 나이가 더 많은 연륜과 박식한 아리우스를 향해 성경에 근거하여 예수의 신성에 대해 논박하며 분위기를 압도해 나갔다. 그는 진리의 성령께서 교회사에 획을 긋는 하나님의 진리의 전사로 준비해 놓은 인물이었던 것이다. 결국 두 달간의 격렬한 논쟁 끝에 노장의 논리정연한 주장을 누르고 아타나시우스의 승리로 끝나게 된다.

4 계속되는 삼위일체 논쟁

그러나 그 승리는 잠시 뿐이었다. 아리우스는 니케아 회의의 결정에 굴복하지 않았고 콘스탄티누스 황제를 설득하는데 성공을 거두게 된다. 결국 당시 콘스탄티누스 대제에 의해 이단으로 규정되어 아타나시우스는 아리우스파에 밀려 AD335년 라인랜드(Rhineland)에 있는 트리에르(Trier)로 유배되었다(1차). 이런 사실을 볼 때 결코 삼위일체론은 황제의 주장이거나 황제가 만들어 카톨릭의 교리가 된 것이 아님을 알 수 있다. 그리고 AD336년 콘스탄티누스 대제가 죽고 콘스탄티우스가 즉위하자 다시 아타나시스우스는 귀환하였으나 AD339년 사순절에 다시 로마로 추방되었다(2차). AD339~346년 제2차 추방이 될 때는 로마의 율리우스 1세에게로 피신하여 로마교회와 아타나시우스설이 결합하는 결과를 가져왔다. 그리고 그는 다시 AD346년에 알렉산드리아로 복귀하였다. 그리하여 10년 동안 교회를 돌보며 삼위일체에 대한 자신의 신앙을 펼칠 수 있었다. AD356년, 제국 전체를 평정한 황제는 다시 아타나시우스를 배격하였다. 이에 아타나시우스는 군대에 쫓겨 이집트 여러 곳을 유랑해야 했다(3차). 그리고 알렉산드리아 교구는 많은 교인들의 반대에도 불구하고 아리우스파의 주교에 의해 장악되었다. 그 후 AD361년 이교도인 율리아누스 황제 때 알렉산드리아로 돌아올 수 있었으나 이듬해 다시 추방되었다(4차). AD363년 율리아누스가 죽자 복귀하였고 AD365-366년 잠시 추방당한 것(5차)을 제외하고는 AD373년에 숨을 거두기까지 니케아 공회의 결의를 확고히 하는 일에 주력하였다. 결국 그는 다섯 번이나 교구에서 추방되고 17년간 유배 생활을 해야 했다. 그러나 그는 삼위일체에 대한 신앙을 굽히지 않았고 마침내 그가 죽은 지 8년 뒤인 AD381년 콘스탄티노플 공의회에서 니케아 공의회의 결정이 유일하고 합법적인 신앙고백으로 인정됨으로써 진리 전쟁의 승자가 되었고 교회의 확고한 진리의 반석이 되었다. [25]

교회사에서 그의 업적은 무엇이라고 표현하기 힘들 정도로 중요한 역할을 했다. 그래서 혹자는 아타나시우스를 가리켜 '혼자서 기독교를 이교적 합리주의의 혼란에서 구했다'고 평가하기도 한다.

아리우스 논쟁으로부터 시작하여 삼위일체 하나님이라는 용어가 성경에 계시된 정통신관이 반영된 용어로서 확정되기까지 크게 3기의 과정으로 구분하여 볼 수 있다.

삼위일체 논쟁

▶ 제1기 AD318-325: 아리우스 논쟁의 시작과 니케아 신경의 채택
▶ 제2기 AD325-361: 아리우스파의 반격과 정통파의 수난
▶ 제3기 AD361-381: 정통파의 재기와 삼위일체교리의 확정
　　　　　　　　　　니케아-콘스탄티노플 신경 채택

　이 긴 진리 싸움을 통해 결국 성경에 계시된 하나님의 진리에 따라 거짓된 신관들의 불순물들이 제거된 삼위일체 하나님의 용어가 정립되고 산출된 것이다.

　삼위일체 하나님에 대한 진리를 부정하거나 정통 교회를 공격하기 위해 이단들은 아래와 같은 주장을 자주 사용하곤 한다.

　성경에는 삼위일체 하나님에 대한 용어가 기록되어 있지 않을뿐만

아니라 삼위일체론은 바벨론인 카톨릭이 만들었다고 주장하거나 콘스탄티누스 황제가 들여온 이방신관이라는 주장이다. 심지어 불신자들도 이 말을 인용하여 기독교는 정치적 목적을 가지고 인간이 만든 종교라고 비하하기도 한다. 그러나 성경에 계시된 참 하나님은 삼위가 일체되신 분이다. 성경은 수천 년 전에 기록된 창세기 1장부터 하나님은 자신을 우리라고 이미 선언하고 있고 신명기 6장 4절에서는 '우리이신 하나님이 하나', 즉 '하나님들인 여호와는 오직 하나인 여호와'라고 선포하고 있다. (창1:1,26, 3:22, 11:7)

그리고 AD325년 니케아 공의회가 열리기 300년 전에 하나님의 아들이 이 땅에 오셔서 이미 하나님을 가리켜 **우리가 하나**라고 분명하게 천명하셨다. (요17:22) 인간이 삼위일체에 대해 결의했다고 성경의 하나님이 삼위일체 하나님이 된 것이 아니다. 성경은 하나님을 우리가 하나인 존재로 계시하고 있고 성경 전체에 삼위일체 하나님의 관계성 속에서 하나님 자신과 구속과 성경의 핵심 주제인 사람과 교회와 천국, 신약의 복음인 천국의 복음을 계시하고 있다. 또한 이단으로부터 성경에 계시된 참 하나님에 대한 진리를 지켜내기 위한 300년 진리 전쟁을 통해 진리의 성령의 역사에 의한 삼위일체 하나님의 승리이고 교회가 획득한 최고의 진리이며 축복이다.

5 삼위일체 용어의 채택 과정

삼위일체 용어는 AD325년 니케아 공의회에서 결정된 뒤 거짓 교사들의 주장처럼 정치적 목적으로 사용되기 시작한 용어가 아니다. 최초로 이 용어를 거론한 사람은 AD180년경 안디옥 교회의 감독인 테오필루스 감독이었다. 이후 터툴리안(Tertullianus, 약 155년~약 230년)이 라틴어로 'Trinitas(트리니타스)'를 사용했고 동방교회의 대표적인 세 신학자들에 의해 '삼위일체 하나님'이라는 신학적인 용어가 정립되었다. 영어로는 Trinity(트리니티)로 번역되어 사용되고 있다.

"터툴리아누스는 하나님의 일체성을 강조하기 위해 성부, 성자, 성령의 삼위성을 약화시키려는 이단들에 대항하는 과정 속에서 삼위일체론 형성에 매우 중요한 신학용어를 창출했다. 즉 그는 라틴어ㅇ 서브스탄티아(substantia; 실체, 본질)와 페르조나(persona: 위격, 인격)라는 용어를 사용하여 성부, 성자, 성령의 통일성과 구별성, 두 가지 모두에 대해 처음으로 말하는 동시에 성부, 성자, 성령의 하나되심을 라틴어 트리니타스(Trinitas)로 표현했다. 특히 그는 하나님의 일체성을 유니타스(Unitas)로, 하나님의 경륜 아래 구별 되는 성부, 성자, 성령의 삼위성을 다함께 트리니타스(Trinitas), 그 각각을 페르조나(Persona: 위격, 인격)로 일컬었다. 이 개념들은 이후 기독교 신학의 역사에서 삼위일체 하나님을 설명하는 중요한 용어로 채택 되었다. 터툴리우스 이래 트리니타스에 상응하는 헬라어 트리아스도 동방교회 교부들에 의해 세 위격의 관계를 가리키는 개념으로 본격적으로 사용되었다." [26]

휘포시타시스(위격, 인격, 신격)

특별히 동방의 신학자 가이샤라의 대 바실은 그 이전까지 우시아 (οὐσία)와 휘포시타시스(ὑποστάσεις)를 혼용하여 사용함으로서 여러 오해들을 일으켰던 삼위일체의 중요 개념들인 '우시아'라는 의미는 '실체, 본질'을 뜻하는 것으로서, '휘포스타시스'는 '인격(위격, 신격)'을 의미하는 것으로 구분하여 정의 내림으로서 혼란한 용어를 정의하였다.

그 전에는 라틴어 페르조나(persona: 위격, 인격)가 헬라어로 번역되는 과정에서 그 본래 의미가 왜곡되어 휘포시타시스가 그 대안으로 채택되었는데 당시 헬라어 우시아와 휘포스타시스가 모두 라틴어에 동일한 의미로 번역되어 혼란스러운 상황이 가중되었다. 우시아와 휘포스타시스는 서로 완전히 다른 개념임에도 동일한 의미로 사용되는 불상사가 일어났으며 이는 니케아 신조에서 우시아와 휘포스타시스가 동일시되는 것에서도 볼 수도 있다. 니케아 신조에 결정적인 기여를 한 아타나시우스도 우시아와 휘포스타시스를 거의 동일시 했으며 니케아 신조를 추종한 대부분의 정통신학자들도 마찬가지였다.

이처럼 두 용어를 동일시 하는 바람에 니케아 신조가 발표된 이후에도 논란은 수그러들지 않았고, 신조의 내용에 대한 보충 설명과 개념에 대한 명확한 의미 규정을 필요로 하는 혼란스러운 상황이 지속되었다. 이러한 상황 속에서 실체와 위격을 명확히 구별하는 과업을 가장 선구적으로 수행한 장본인이 바로 동방교회의 카파도키아 신학자들이었다.

"바실은 우시아와 휘포시타시스의 분명한 구분을 통해 삼위일체 하나님의 존재 방식에 대해 확실히 답변함으로써 마침내 '세 위격 안의 한 실체(본질)'라는 동방교회의 삼위일체론 정식을 공식화했는데 이는 실로 삼위일체론 교리사에서 한 획을 그은 일대 쾌거였다. 이는 삼위일체 관련 이단 논쟁에 있어서 가장 중요한 기준일 뿐 아니라 앞으로도 대대로 정통신학의 표준모델이 되었다." [27]

우시아(본질)

바실은 '삼위'의 참 의미를 나타내려고 헬라어로 '휘포스타시스(hypostasis: 인격)'라는 단어를 사용하여 하나님은 성부와 성자와 성령이 각각 세 개체(인격)임을 강조했고 '일체'의 참 의미를 나타내기 위해서 '우시아(ousia: 본질)'라는 단어를 사용해서 성부와 성자와 성령은 '본질'적으로 동등되고 동일한 하나님 즉, '동일본질'임을 강조했다.

'휘포스타시스'는 히브리서1:3절에서 한국어로 '본체'로 번역되었는데 헬라어로는 '개체'를 뜻하는 것으로서 초대교회의 헬라어가 라틴어로 대체되면서 어거스틴은 이 단어를 라틴어로 '페르소나(persona; 인격)'로 번역했고 영어로 번역되면서 '인격(person)'이 되었다. 그러므로 '휘포스타시스'는 위격(개체인 인격)을 강조한 것으로서 '삼 휘포스타시스'라는 의미는 세 인격을 강조한 것이고 성부와 성자와 성령은 각각의 인격을 가진 개체임을 말하고 있는 것이다.

'우시아(usia)'는 '있다'를 의미하는 동사 에이나이(einai)에서 파생된 말이며 '바로(틀림없이) 있는 것'을 뜻한다. 아리스토텔레스는 우시아를 다른 것으로부터 떨어져서도 존재할 수 있는 자존존재(自存存在)를 의미하는 것으로 보았다. 그 뒤 라틴어에서 우시아에 해당하는 에센티아(essentia)란 말은 '본질'을 의미하게 되고 영어로는 'substance(본질, 실체)' 또는 'essence(본질)'로 번역되었다. 한국말의 '실체'는 영어의 'substance'을 번역한 말이다. 데카르트는 우시아(ousia)를 그 자신에 의하여 그것을 위해 다른 것이 필요하지 않은 것을 실체라고 말했다. 그러므로 '일체'의 단어는 성부와 성자와 성령이 각각 본질(essence)적으로 다른 것으로부터 떨어져도 존재할 수 있는 자존존재(自存存在), 즉 출애굽기 3장 14절에 하나님 자신을 '스스로 계신 분'으로 계시한 것처럼 스스로 존재 하실 수 있는 동일한 본질을 가지고 계신 하나님이시라는 의미를 가지고 있는 것이다.

페리코레시스(상호내주)

AD325년 니케아 공의회에서는 예수는 하나님 되심을 확정했다. 그러나 성부와 성자가 과연 어떤 관계가 있는가라는 문제는 완전하게 해결하지 못했다. 예수가 하나님이 되신다면 한 하나님이 아니라 여러 하나님이 존재하는 다신론이라는 것인지 또한 성부와 성자와 성령이 동일한 하나님이라면 어떻게 하나되어 있는지에 대해 계속해서 풀어야 할 과제도 남겨두게 되었다.

이에 동방의 갑바도기아 세 신학자들은 '페리코레시스(perichorésis)'와 '우시아(usia)'라는 단어를 통해 다신론을 극복하고 삼위가 어떻게 '하나'가 될 수 있는지의 문제를 해결하려고 하였다. 성부와 성자와 성령이 각각의 구분된 개체로서 존재하는데 성경은 왜 하나라고 하는가?

갑바도기아 세 신학자들은 성경적인 '하나됨'의 의미를 깨닫게 되었고 그들이 그것을 설명하기 위해 선택한 단어가 '페리코레시(perichorésis)'다. 이 단어는 '상호내주(inhabitatio)'의 의미로서 성경에 계시된 삼위 하나님의 사랑의 관계성과 상태성을 잘 나타냈고 삼위의 일치성(하나됨)을 바르게 설명해 냈다. (요10:30,38, 15:21,22, 요일4:8)

또한 닛사의 그레고리는 '휘포스타시스(인격, 개체, 특성, 위격)'와 '우시아(본질)'라는 두 단어를 통해 성부와 성자와 성령 하나님은 명확하게 각각의 인격과 특성을 지닌 세 개체($\upsilon\pi\sigma\sigma\tau\alpha\sigma\iota\varsigma$, 휘포스타시스)이지만 동일한 신성(데이오테스, $\theta\varepsilon\iota\sigma\tau\eta\varsigma$, 神性, divinity)을 가지고 계신 한 본질($\upsilon\tau\sigma\iota\alpha$, 우시아)이 되심을 설명함으로써 성경에 계시된 삼위일체 하나님을 신학적으로 명료하게 정의할 수 있었다.

성령의 신성 정립

AD325년 니케아 공의회에서 예수 그리스도는 '하나님(신성)'되심을 결의하여 모든 교회가 니케아 신조를 신앙고백으로 채택했으나 니케아 회의의 결정을 수용한 자들 중에는 성령의 신성에 대해서는 확신을 갖지 못한 이들이 있었고 콘스탄티노플의 감독이었던 마케도니우스(AD342~360)와 같은 성령 부인파들이 있었다. 아리우스파는 니케아 공의회의 결정에 승복하지 않고 계속 자신들의 주장을 포기하지 않았다. 이에 닛사의 그레고리는 '우시아(usia)'라는 단어를 통해 성부 하나님과 성자 하나님뿐만 아니라 성령도 본질적으로 동일한 하나님이라는 삼위의 '본질 동등성'을 강조하였고 신학적인 삼위일체론을 정립하였다. 동방교회의 대표적인 세 신학자들인 바실, 니사의 그레고리, 나지안주스 그레고리는 본질에서 성령도 성부 하나님과 성자 하나님과 동일한 하나님이시라는 것을 강조했고 결국 AD381년 콘스탄티노플 공의회에서 이를 받아들여 삼위일체 하나님의 신관이 결의됨으로써 수백 년의 영적인 산고 끝에 '삼위일체 하나님'에 대한 진리가 정립되었고 논쟁은 일단락 되었다.

"카파도키아 교부들이 활동하기 이전의 문제 상황을 극복하기 위한 시도가 없지는 않았지만 니케아 공회의(AD325)와 알렉산드리아 종교회의(AD362) 이후에도 삼위일체론이 팽배해서 교착상태에 빠져있었다. 그 까닭은 일신론적 성격의 삼위일체론이 팽배해서 삼위일체 하나님의 일체성과 삼위성을 동시에 표현하는 용어의 불명확성과 성령의 신성에 대한 끊임없는 논쟁 등 혼란스러운 상황이 계속되었기 때문이다. 이러한 상황 속에서 카파도키아 교부들이 등장하여 논쟁의 불씨가 되어왔던 문제의 해결에 결정적인 기여를 했다.

당시 초대 교회의 책임적 과제는 크게 두 가지(① 삼위일체 개념의 확립, ② 성령의 신성에 대한 완벽한 옹호)였는데, 카파도키아 교부들은 니케아 신조(AD325)에서 문제의 소지로 남아 있었던 개념상의 불명확성을 해결하고 성령의 신성에 대해 명료히 밝힘으로써 정통 삼위일체론을 확립하는 역사적 공헌을 했던 것이다. 그 가시적 성과물이 바로 기독교 이천 년 역사상 가장 중요한 정통 신조로 꼽히는 『니케아-콘스탄티노플 신조(AD381)』이다. 이 과정에서 카파도키아 교부들은 페레코레시스적 관계성에 근거한 삼위일체론을 전개함으로써 삼위일체론 역사에 영원히 남을 위대한 족적을 남겼다."[28]

삼위일체 논쟁은 예수의 신성에 대한 논쟁이었고 성령의 신성에 대한 논쟁이었으며 삼위가 어떻게 하나가 되는가에 대한 논쟁이었다. 이 논쟁은 사탄이 교회의 기초요 골격이요 생명이 되는 진리인 신관에 대한 도전이었다. 이 진리의 싸움은 초대교회로부터 시작되었다. 초대교회가 갖고 있는 최대의 주제는 '주 예수 그리스도는 누구신가?'라는 것이었다. 이 주제는 초대 기독교 배경 속에서도, 속사도들의 글에서도, 변증가들의 작품 속에서도, 이단의 사상 속에서도, 심지어 박해 속에서도 핵심 주제였다. '삼위일체' 용어와 정의는 수백 년의 진리 전쟁을 통해 하나님께서 교회에게 성경을 통해 주신 전리품이다. 그러므로 삼위일체라는 용어는 성경에는 없지만 성경에 계시된 하나님을 가장 함축적으로 설명해 냄으로써 수많은 믿음의 선진들이 흘린 땀과 영성이 담겨져 있는 교회가 지켜야 할 귀한 보배이다. 또한 영적 후손들에게 대대로 전달해야 할 귀한 유산이고 이단으로부터 자신과 교회를 지켜내는 강력한 무기인 것이다.

『니케아-콘스탄티노플 신경』은 수백 년 동안의 영적 전쟁을 통해 얻은 삼위일체 하나님에 대한 신앙 고백의 결정판이다.

니케아-콘스탄티노플 신경

Niceno-Constantinopolitan Creed

우리는 한 분이신 성부 하나님을 믿는다.

그분은 전능하셔서 하늘과 땅과 이 세상의 보이고 보이지 않는 모든 것을 지으셨다.

우리는 한 분이신 주 예수 그리스도를 믿는다.

그분은 모든 시간 이전에 성부에게서 나신 하나님의 독생자이다.

그분은 하나님에게서 나신 참 하나님이시요 빛에서 나신 빛이시오 참 하나님에게서 나신 참 하나님이시며 성부와 같은 분으로 낳음과 지음 받은 분이 아니다. 오히려 그분을 통해서 만물이 지음 받았다.

그분은 우리와 우리의 구원을 위하여 하늘로부터 내려오시어 성령의 능력으로 동정녀 마리아에게서 태어나 참 인간이 되셨다.

우리 때문에 본디오 빌라도 치하에서 십자가 형을 받아 죽임을 당하고 묻히셨으나 성서의 말씀대로 사흘 만에 부활하셨다.

그분은 하늘에 올라 성부 오른편에 앉아 계신다.

그분은 산 이와 죽은 이를 심판하러 영광 가운데 다시 오실 것이다.

그리고 그분의 나라는 끝이 없을 것이다.

우리는 주님이시며 생명을 주시는 성령을 믿는다.

성령은 성부로부터 나오시어 성부와 성자와 더불어 예배와 영광을 받으시고 예언자들을 통하여 말씀하고 계신다.

우리는 하나이고 거룩하며 보편적이고 사도적인 교회를 믿는다.

우리는 죄를 용서하는 세례를 믿는다.

우리는 죽은 이들의 부활과 오고 있는 세계에서 살게 될 것을 믿는다.

아멘.

6 금세기 삼위일체의 르네상스

서방교회의 사변적이고 철학적인 삼위일체론의 영향과 19세기 자유주의 신학으로 인해 삼위일체가 변방으로 몰리고 특히 근대와 현대에 이르기까지 지속적으로 칸트(1724-1804)나 슐라이어마허(1768-1834)와 같은 이들에 의해 삼위일체론은 사변적 교리 또는 기독교 신앙과 무관한 부차적이고 이차적인 교리가 되었고 실제적 가치가 없는 교리로 간주되어 정통 삼위일체론은 다시는 소생될 수 없는 듯이 보였다.

그러나 20세기 들어와서 바르트에 의해 삼위일체 하나님에 대한 관심이 증폭되기 시작하였고 이어서 20세기 후반에 위르겐 몰트만이 정통 삼위일체론을 보존하고 있는 동방교회 신학을 재조명하며 성부와 성자와 성령이 분명히 구별되는 각각의 인격을 지닌 존재로부터 시작하여 관계적 존재로서의 하나님의 세 위격을 관계, 연합, 일치, 페리코레시스 개념 등을 성경적으로 설명할 수 있게 되었다. 이럼으로써 하나님을 관계와 공동체와 사회 등으로 이해하며 정통 삼위일체론의 회복의 전기를 마련할 수 있었다. 즉 삼위일체 하나님을 독립된 세 위격 사이의 사랑과 섬김의 공동체로 이해하는 관계적 삼위일체론을 주장함으로써 하나님에 대한 사변적, 추상적, 형이상학적, 비실제적 교리가 아니라 기독교 신앙의 핵심을 매우 실제적이고 실천적 가치를 지닌 살아 있는 정통 삼위일체론으로 부활시킨 것이다.

"삼위일체 논의는 아타나시우스와 카파도키아의 세 교부들(카이사리아의 대 바질, 나지안주스의 그레고리, 닛사의 그레고리)에 의해 동·서방 교회 전체 기독교 전통의 가장 정통적 신앙 고백이자 기독교 2,000

년 역사에서 가장 손꼽히는 『니케아-콘스탄틴노플 신조』(AD381년)
로 천명되었다. 이후 5세기 초에 이르러 서방 교회에서는 아우구스티
누스의 삼위일체론이 하나님에 대한 정통 교회의 가장 권위있는 해석
으로 확고히 자리 잡았다. 그러나 아우구스티누스의 삼위일체론은 서방
교회의 삼위일체론에서 중요한 공헌을 했지만 『니케아-콘스탄티노플
신조』를 제대로 계승하지 못했기 때문에 올바른 삼위일체론 형성에
긍정적 기여를 하지 못한 것으로 평가받고 있다... 아우구스티누스의
절대적인 영향을 받은 중세 서방교회의 삼위일체론은 점차 사변적인
경향을 띄기 시작했다. 특히 토마스 아퀴나스의 삼위일체론 하나님을
설명할 때 철학적 개명을 과도하게 차용함으로써 추상적 방향으로 발
전했으며... 철학적 사변으로 전락하고 말았다.

그러다가 16세기 종교개혁이 일어나면서 종교개혁자 칼뱅은 삼위일
체론으로 신학을 체계화하는 새로운 전기를 마련했다. 그는 '삼위일체
론적 신학자'라고 불릴 정도로 삼위일체론을 그의 신학적 사유의 중심
에 설정했으며 삼위일체론적으로 신학을 체계화했다. 그러나 17세기
유럽의 개신교 정통주의 신학자들은 다시금 종교개혁 이전으로 되돌아
가 토마스 아퀴나스와 유사한 신학 방법으로 하나님을 설명하려는 어
리석음을 범했다. 그리고 계몽주의는... 삼위일체론을 미신적 신화의 산
물로 간주하여 집중적으로 공격했다.

19세기 서구유럽 신학계는 전반적으로 자유주의와 합리주의에 함몰
된 가운데 삼위일체론을 기독교 신앙의 본질과 관계없는 부수적 교리
로 간주했다. 이러한 경향은 20세기에 들어와 삼위일체론에 대한 재논
의가 이루어지까지 수세기 동안 서방 교회 신학계를 지배했는데 이러

한 상황속에서 위르겐 몰트만이 등장하여 20세기 후반 이후 '삼위일체론의 르네상스'를 일으키게 되었다." [30)]

몰트만의 삼위일체론

금세기 삼위일체의 르네상스의 중심에 서 있는 몰트만의 삼위일체론은 철저히 인격이 각각 구분된 성부와 성자와 성령 하나님이라는 것을 전제한다. 그에 따르면 성경은 하나님에 대해 우리이신 하나님을 먼저 계시하시고 이어서 하나님의 하나됨인 관계성, 일치성을 계시하셨다는 것이다. 그리고 역사 가운데 십자가에 달리신 하나님으로부터 시작하여 본격적으로 삼위의 관계성, 일치성, 연합성을 계시하셨고 그와 같은 인식이 초대교회가 가지고 있었던 하나님에 대한 체험된 인식이었다는 것이다. 마침내 그것이 삼위일체 신조로 완성되어 동방 교회에 보존되었는데 이것이 정통 삼위일체 신관이라고 주장한다.

몰트만의 삼위일체론은 사변적이고 추상적인 죽은 삼위일체론을 신학적으로 사실적이고 경험적이고 실제화시켰다는데 큰 의미가 있다. 그리하여 기독교의 정통 삼위일체론이 부활하는 계기가 되었고 교회와 성도의 삶의 원형이 되는 삼위일체 하나님의 공동체성과 십자가에 달리신 하나님으로부터 시작하여 창조세계에 이루어질 부활과 하나님의 나라와 삼위일체의 관계의 비밀을 설명할 수 있게 되었다. 몰트만에 의해 정통적인 삼위일체론이 성경적으로 전진하고 완성되었다고 평가할 수 있다.

그는 십자가에 달리신 하나님으로부터 삼위일체론을 전개함으로써 무감정적인 교리 속에서 나오게 하고 구속사 속에서 나타난 삼위일체 하나님과 창조세계에서 이루어지는 하나님의 나라를 통해 삼위일체 하나님의 실체를 성경적으로 재구성하였다. 이러한 결과로 삼위일체론은 살아있고 역동적인 삼위일체론으로 부활되었으며 삼위일체 하나님을 역사와 현재 삶에서 경험할 수 있도록 개방된 삼위일체론으로 정립하였다.

뿐만 아니라 역사 속에 오시는 하나님이라는 성경적인 핵심 주제인 삼위일체 하나님의 오심을 통해 창조세계는 부활하여 삼위일체 하나님의 공동체의 실재가 창조세계에 나타날 최종 완성될 하나님의 나라라는 것을 논하여 교리적인 삼위일체론을 정립시켰다. 성도가 최종 소망하고 지향하고 굳게 잡아야 할 장차 이루어질 부활의 사건과 복음의 결론이요 약속인 최종 완성될 하나님의 나라와의 관계성을 드러냄으로써 종말론적 삼위일체론을 정립하였다. 그의 삼위일체론은 교회사 가운데 정통 신학의 약점을 보완하고 전진하고 종합하고 총괄한 삼위일체론이라고 말할 수 있다. 이것은 금세기 삼위일체 진리의 승리이며 하나님의 승리이고 교회의 승리이다.

몰트만 신학의 중요성

천국복음으로 삼위일체론의 입장에서 볼 때 몰트만의 삼위일체론에 대한 정통성과 그 가치에 대한 합당한 평가는 매우 중요하다고 할 것이다. 왜냐하면 몰트만의 신학은 본 주제인 '천국복음으로 본 삼위일체론'의 내용과 일맥상통하기 때문에 그의 신학의 정통성과 가치는 곧 '천국복음으로 본 삼위일체론'의 정통성과 신학적 기반을 확보해 주는 것이라고 평가한다.

그의 신학은 '천국복음으로 본 삼위일체론'과 몇 가지 면에서 맥을 같이 한다.

첫째, 삼위일체론의 핵심이 하나님의 공동체성이고 이 공동체성이 창조세계 안에 나타난 하나님의 나라인 교회의 건축의 원형이고 장차 완성될 하나님 나라의 특징이라는 사실.

둘째, 하나님의 나라는 가는 것이 아니라 창조세계 안에 하나님이 오신다는 사실.

셋째, 삼위일체 하나님이 역사 속에서 성도를 처소 삼고 오심으로 결국 창조세계 안에 우리가 하나이신 하나님의 형상이 완전히 나타나는 새 예루살렘이 완성된다는 사실.

넷째, 그리스도의 몸의 부활로 시작하여 성도의 몸의 부활뿐만 아니라 창조세계까지도 부활하여 창조세계에 하나님 나라가 될 것이라는 사실.

몰트만은 직접적으로 성자 하나님뿐만 아니라 마지막에 성부 하나님께서 구분되어 오시면 창조세계에 하나님 나라가 완성된다는 표현은 사용하지 않았으나 『오시는 하나님』, 『희망의 신학』이라는 책을 통해 만물에 하나님이 '쉐히나(오심, 임재, 거하심)'하실 것이며 그 결과로 만물은 하나님의 영광이 가득하여 신격화(부활) 될 것을 주장하고 있다. 이렇게 볼 때 그의 신학은 '천국복음으로 본 삼위일체론'의 패러다임과 프레임과 지향하는 바가 일치한다고 볼 수 있다.

천국복음으로 본 삼위일체론의 핵심은 우리가 하나이신 하나님께서 삼 단계의 과정을 통해 창조세계에 살아있는 성도를 성전 삼고 오심으로써 성도는 하나님을 성전 삼고 들어 가게 되고, 우리가 하나되신 삼위일체의 원리대로 건축되어 보이지 않았던 우리가 하나이신 하나님이 창조세계에 완전히 나타날 것이니 교회의 최종 완성인 새 예루살렘이요, 그 결과 만물이 썩어짐에서 완전히 해방되어 하나님의 아들들의 영광의 자유인 부활에 이르러 만물이 완전히 새롭게 될 것이니 새 하늘과 새 땅이다.

몰트만은 성도가 하나님의 성전일뿐만 아니라 하나님은 성도의 성전이라는 비밀을 보았고, 이는 창조세계에 성도를 성전 삼고 오심으로, 성도가 하나님을 성전 삼고 들어가 하나님과 사람이 우리가 하나이신 삼위일체의 원리대로 상호 삼투하여 존재하게 되고 우리가 하나이신 하나님의 관계 속에 있었던 사귐 속으로 들어갈 것이라는 빛을 보았다. 결국 창조세계에 성부 하나님이 성전 삼고 최종적으로 오시면 만물은 폐기되는 것이 아니라 하나님의 임재로 가득한 세상이 될 것이라고 주장한다.

"세계의 폐기는 이 세계를 너무 부정적인 시각으로 바라봄으로써 하나님의 첫 창조를 무의미한 것으로 만들어버렸다. 따라서 몰트만은 요한 토피아스 베크의 세계의 종말에 대한 표상을 전적으로 받아들인다. 베크는 유기체적 표상을 통해 새로운 세계에서 인간은 하나님의 성전이 되고 하나님은 인간의 성전이 됨을 말한다. 이것은 완성된 세계 안에서 인간과 하나님이 상호 삼투를 통해 존재하며 하나님과 세계의 사귐이 이루어지는 것을 의미한다. 그리고 이로써 하늘의 것과 땅의 것은 상호간의 삼투를 통하여 어느 한쪽을 폐기시키거나 분리시키지 않고 각자의 통일성과 차이를 유지할 수 있다." [31]

"인간의 구원은 자연의 구원을 이끌어온다... 새롭게 생동케 되는 신적인 영은 인간의 몸을 새로운 삶으로 충만케 하며 하늘의 것에 대

하여 몸을 투명케 만들 뿐만 아니라 자연과 우주도 변화시킨다... 땅 없는 구원은 없다." [32]

하나님께서 천국복음의 부흥을 위한 신학적인 기반을 미리 앞서 준비해 놓으셨다는 것에 감격과 두려움이 교차한다.

[Niceno-Constantinopolitan Creed] [29]

6장 삼위일체 진리의 중요성

1 삼위일체 진리가 중요한 5가지 이유

삼위일체의 중요성은 천 번을 강조해도 지나치지 않는 기독교의 생명이다. 삼위일체 진리는 성경이 말씀하고 있는 진리 중의 진리요 복음 중의 복음이요 신앙인의 믿음의 심장이라고 말씀드릴 수 있다. 왜냐하면 삼위일체 진리는 구원얻는 진리의 도일 뿐만 아니라 성경의 진리와 하나님을 바르게 볼 수 있게 하는 영적인 진리의 안경이요, 성경적인 하나님의 구속사를 바로 이해하고 받을 수 있는 믿음의 그릇이고, 성경의 핵심 주제인 사람과 교회와 천국의 비밀을 열수 있는 하나님 나라의 비밀의 열쇠요, 하나님의 아들이 증거한 신약의 예언인 천국복음의 기초와 골격이고, 이단의 거짓된 신관을 제거하는 진리의 검이 되기 때문이다.

01 삼위일체 진리는 영적 진리를 볼 수 있게 하는 진리의 안경이다

성경의 말씀 전체는 성부 하나님뿐만 아니라 성자 하나님과 성령 하나님과 그 신비한 관계성을 계시하고 있기 때문에 삼위일체 하나님이 아니고서는 성경에 계시된 하나님을 바르게 이해할 수 없다. 따라서 삼위일체 진리는 성경의 진리를 바로 볼 수 있게 하는 진리의 안경이다.

02 삼위일체 진리는 성경적인 하나님의 구속사를 바로 이해하고 받을 수 있는 믿음의 그릇이다

하나님의 구속사는 아버지 하나님의 뜻과 보내심에 따라 아버지 품 속에 계셨던 독생하신 하나님께서 성령으로 잉태하여 처녀인 마리아의 몸을 통해 사람이 되어 오시고 우리가 하나이신 하나님의 관계 속에 우리를 포함시키는 아버지의 뜻을 이루기 위하여 십자가에서 죽으심으로 하나님 나라의 문이 되신 독생하신 하나님에 대해 계시하고 있기에 삼위일체 하나님이 아니고서는 성경적인 구속사를 바르게 이해할 수 없다. (요1:18, 10:7, 요17:21, 행20:28)

"바르트는 삼위일체 하나님은 하나님의 구원 사건의 정점이요 하나님의 말씀이신 예수 그리스도를 통해 계시되었으므로 삼위일체 교리는 우리의 구원 사건과 긴밀하게 연결되어 있다고 주장하였다. 이에 그에게 있어서 삼위일체의 신비는 오직 예수 그리스도의 삶과 역사를 통해서 적절하게 이해될 수 있다. 최근의 삼위일체 교리는 예수 그리스도와 성령을 통해 하나님께서 이 땅의 구원을 위해 행하신 사역에 대한 서술로 이해한다." [33] 그러므로 삼위일체 진리는 구속사 안에서 이해되어져야 하는 구속사의 틀이면서 구속사를 바로 보고 받을 수 있는 믿음의 그릇과도 같다."

03 삼위일체 하나님은 성경의 핵심 주제인 사람과 교회와 하나님 나라의 비밀을 열수 있는 열쇠이다

사람과 교회와 하나님 나라는 우리가 하나이신 하나님의 형상과 모양대로 지어졌고 지어질 것이라고 말씀하셨으니, 성경 말씀의 핵심 주제인 사람과 교회와 하나님 나라의 정체성과 그 비밀을 삼위일체 하나님의 이해 없이는 바르게 이해할 수 없다. (창1:26,27,요17:21,22)

04 삼위일체 하나님의 진리는 하나님의 아들이 증거한 천국복음의 기초와 골격이다

신약성경은 먼저 성령 하나님이 믿는 자를 처소 삼고 오시고 (요 14:26) 다음은 성자 하나님이 오시며 (요17:17-20) 마지막으로 성부 하나님까지 성도를 처소 삼고 오심으로 결국 우리이신 하나님이 성도 안에 성도가 우리이신 하나님 안에 들어 갈 것을 예언했으니 (요14:23, 계 1:4,8,4:8,9, 7:15) 삼위일체 하나님에 대한 바른 이해가 없이는 신약의 예언인 천국복음을 깨달을 수 없는 것이다.

05 삼위일체 하나님의 신관은 거짓된 이단을 제거하는 진리의 검이다

"즉 삼위일체 하나님에 대한 신앙은 기독교를 다른 종교로부터 구별하는 기독교의 독특성을 대변한다. 고대의 종교적 세계에서 기독교가 외친 하나님의 삼위일체론은 기독교를 다신론, 범신론, 단일신론으로부터 구분하는 이론이었다." [34]

삼위일체 하나님은 여호와 한 분만 유일한 하나님이라고 주장하는 유대교와 같은 단일신론과, 예수는 하나님이 보낸 메시아이시고 위대한 분이지만 피조물에 불과하다는 아리우스파와 여호와의 증인과 같은 종속설과, 아버지와 아들과 성령이 인격과 존재가 하나이고 양태만 시대에 따라 달리 나타났다고 주장하는 사벨리우스와 같은 양태론의 이단 사상을 제거한 참된 진리만을 집대성한 성경적인 신관이다.

삼위일체 진리에 관련한 이 다섯 가지 내용은 결코 개인의 주장이 아니고 성경이 계시하고 있는 진리의 빛이다. 삼위일체 진리는 인간이 만들어낸 철학적이고 사변적이고 이교적인 사상이 아니고 성경 전체에 계시된 참 하나님을 바르게 볼 수 있는 영적인 진리의 안경이다. 성경적인 하나님의 구속사를 바로 이해하고 받을 수 있는 믿음의 그릇이다. 성경의 핵심 주제인 사람과 교회와 하나님 나라의 비밀을 열수 있는 하나님 나라의 비밀의 열쇠이다. 하나님의 아들이 증거한 신약의 예언인 천국복음의 기초와 골격이다. 이단의 거짓된 신관을 제거하는 진리의 검으로서 하나님이 성경을 통해 은혜를 입은 이들에게 주시는 최고의 하늘 선물이라고 말할 수 있는 중요한 성경 진리의 결정판이다.

성경에 계시된 참 하나님에 대한 진리에 관심을 두지 않거나 그 위에 견고히 믿음의 뿌리를 두지 않는다면 당신은 영생을 구하여도 얻지 못할 것이고 얻었다고 생각할 수 있으나 아닐 수가 있다. 왜냐하면 참 영생은 참 하나님을 아는 지식으로부터 오기 때문이다.

"영생은 곧 유일하신 참 하나님과 그의 보내신 자 예수 그리스도를 아는 것이니이다" (요17:3)

성경은 '영생은 곧 유일하신 참 하나님과 그가 보내신 예수 그리스도를 아는 것'이라고 말씀했기에 성경에 계시된 참 하나님을 아는 지식은 영생을 얻는 진리요 영생 얻는 열쇠요 하나님의 자녀로 거듭나게 하는 복음의 씨이다. (벧전1:23,25) 복음은 감추어졌던 참 하나님에 대한 계시이다. 복음의 말씀을 통해 참 하나님에 대하여 깨닫고 믿을 때 구원을 얻게 되고 하나님과 관계가 회복되어 사귐을 갖게 된다. (눅8:11,12, 행28:30,31, 롬1:2, 벧후3:18, 요일1:3)

삼위일체 진리는 하나님의 계시의 시작이고 (창1:1,26) 창조세계를 구원하기 위한 구속사의 핵심 진리이며 (요1:1-18, 17:21-24) 성경 결론의 핵심 계시이다. (계1:4,5, 22:7,12,13,17) 따라서 진리의 교회는 삼위일체 진리에 철저히 기초해서 건축되고 무장되어져야 하는 것이다. 삼위일체 진리를 떠난 교회는 교회가 아니다.

삼위일체 진리는 진리의 교회의 기둥이요 터이고, 주님의 제자들이 증거해야 할 구원의 도요, 주님의 오시는 길인 천국복음의 비밀이며, 창조세계를 밝히는 진리의 태양이고, 영원히 빛날 진리의 빛이다!

"하늘에 증언하는 세 분이 계시니 곧 아버지와 말씀과 성령님이시라 또 이 세 분은 하나이시니라"(요일5 :7,8)

2 삼위일체 신관은 땅 끝까지 전해야 할 쉐마의 말씀

> **이스라엘아 들으라**
> **우리 하나님 여호와는 오직 하나(: זחא)인 여호와이시니**
> (신6:4)

유대인이 가장 귀하게 여기는 쉐마(The Shema)의 말씀이다. 이 쉐마의 말씀의 비밀은 1장에서 살펴 보았듯이 놀랍게도 삼위일체에 관한 비밀한 말씀이다. 실상 삼위일체 신관은 하나님의 백성이 항상 고백해야 할 신앙 고백이고 기억하며 새기고 선포해야 할 쉐마의 말씀이었던 것이다. 하나님께서는 신명기 6장 4절의 삼위일체 신관을 쉐마의 말씀으로 주시면서 이렇게 명령하셨다.

"이스라엘아 들으라 우리 하나님 여호와는 오직 하나인 여호와이시 너는 마음을 다하고 뜻을 다하고 힘을 다하여 네 하나님 여호와를 사랑하라 오늘 내가 네게 명하는 이 말씀을 너는 마음에 새기고 네 자녀에게 부지런히 가르치며 집에 앉았을 때에든지 길을 갈 때에든지 누워 있을 때에든지 일어날 때에든지 이 말씀을 강론할 것이며 너는 또 그것을 네 손목에 매어 기호를 삼으며 네 미간에 붙여 표로 삼고 또 네 집 문설주와 바깥 문에 기록할지니라"(신6:4-9)

히브리인들은 이 명령에 따라 신명기 6장 4절의 말씀을 최고의 보배로 여겨 신앙의 본질과 교육지침으로 삼아 매일 아침과 오후 3시와 저녁으로 쉐마를 암송하는 의식을 지키고 또한 가르친다. 그리고 이 쉐마의 말씀을 '메주자'라고 하는 통에 넣어 문설주나 대문 바깥쪽에 붙여 놓고, 들어가며 나가며 손으로 만지거나 입을 맞추면서 기도하거나 말씀을 선포한다. 그리고 그들은 신명기 6장 4절의 말씀을 기록한 양피지를 넣은 '쉘로쉬'라고 하는 작은 가죽 상자를 검은 끈으로 이마에 묶고 다닌다. 그리고 하루에 세 번, 손에서부터 팔목에 이르기까지 쉐마의 말씀을 담은 통을 단 긴 줄로 일곱 번 여며 매고 기도하는 마음으로 쉐마의 말씀을 고백하며 기도한다. 이것을 테플린(Tefillin)이라고 한다. 유대인 남자의 경우 13세, 여자의 경우 12세가 되어 성년 의례인 바르 미츠바를 한 뒤에는 매일 의무적으로 3번 테플린 의식을 행해야 하는데 이 의례를 기원전부터 지금까지 지켜왔다. 안타까운 것은 히브리인들은 수천 년 동안 신명기 6장 4절 쉐마의 말씀을 마음에 새겼지만 정작 그 말씀이 삼위일체 신관이었다는 것을 지금까지 깨닫지 못하고 있다.

[메주자, Mezuzah] 35)

　메주자(מְזוּזָה, Mezuzah)는 '쉐마'에 명령된 하나님의 말씀을 기억하고 준수하는 방법의 일부로서 "또 네 집 문설주와 바깥 문에 기록할지니라"(신 6:9), "또 네 집 문설주와 바깥 문에 기록하라"(신 11:20)는 명령에 따라 문설주와 바깥문에 붙힌다. 메주자의 겉 표면에는 '샤다이(전능하신 하나님, שׁדי)'이라는 단어 또는 그 단어의 약자인 '신(shin, שׁ)'을 기록한다.

304

삼위일체는 신약의 쉐마의 말씀, 천국복음이다

신명기 6장 4절의 쉐마의 말씀은 우리가 하나되어 계신 여호와, 즉 삼위일체 하나님에 관한 말씀이다. 예수 그리스도께서 신명기 6장 4절에 우리이신 동시에 하나되어 계신 삼위일체의 비밀과 그 삼위일체의 중심이 되는 천국복음의 비밀을 고별 설교를 통해 풀어주셨다. (요14-17장) 마지막 밤에 주 예수 그리스도는 쉐마의 말씀을 평생 듣고 고백했던 사랑하는 제자들에게 그 쉐마의 말씀의 비밀, 즉 우리가 하나이신 하나님의 비밀과 천국복음의 비밀을 열어 주신 것이다.

성부만 하나님이 아니고 성자도 하나님과 동일한 믿음의 대상이며 기도의 대상인 하나님이시고 성령도 인격적인 존재로서 모든 성도에게 거처 삼고 거하실 수 있는 무소 부재하신 하나님으로서 우리가 하나되어 계신 하나님이시다. 그리고 우리이신 하나님께서 성도를 거처 삼고 오실 것이니 먼저는 성령 하나님께서 성도를 거처 삼고 오실 것이고 다음은 성자 하나님께서 성도를 거처 삼고 오실 것이며 마지막 성부 하나님까지도 성도를 거처 삼고 오실 것이다. (요14:1,6,14,16-20, 17:22)

결국 우리이신 하나님께서 성도 안에 거처(성전)삼고 영원히 사실 것이며 성도들이 영원히 거처하는 처소가 되어 주실 것이다. 이 말씀이 바로 쉐마의 말씀의 비밀이고 천국복음의 비밀이다. 이는 삼위일체의 핵심 비밀로서 천국복음은 신약의 참 이스라엘의 교회가 들어야 할 신약의 쉐마의 말씀이라는 것을 가르쳐 준 것이다. (요14:23, 17:21)

교회는 삼위일체와 그 삼위일체의 핵심 비밀에 기초한 천국복음을 신약의 쉐마의 말씀으로 받고, 그 신약의 쉐마의 말씀을 마음에 새기고, 마음의 대문에 붙이고, 머리의 사상에 붙여 표로 삼고, 자녀에게 부지런히 가르치며, 집에 앉았을 때에든지 길을 갈 때에든지 누워 있을 때에든지 일어날 때에든지 이 말씀을 강론하고 가르쳐야 된다는 신약의 명령을 받는 것이다.

신약 시대의 참 유대인인 성도들은 이 신약의 쉐마의 말씀을 마음을 다하고 뜻을 다하고 몸을 다하여 사랑해야 할 말씀으로 삼고 날마다 마음과 생각에 새기고 고백하고 땅 끝까지 전파하는 신약의 테플린 의식을 실행해야 할 것이다.

삼위일체의 신비

The Wonders of The Trinity

❀❀❀　　글을 맺으면서　　❀❀❀

　지금까지 천국복음의 비밀한 관점에서 삼위일체의 비밀이 증거 되거나 조명한 책이 나온 적은 없는 듯하다. 그래서 교회는 천국복음과 삼위일체는 서로 무관한 것으로 여겨 졌고 삼위일체가 복음의 중심 진리라는 것을 깊이 인식하지 못했다. 교회가 복음을 선포할 때 삼위일체 진리를 복음의 중심에 놓고 증거하지 못한 것이 사실이다.

　신약의 복음인 천국복음의 비밀과 핵심은 삼위일체의 비밀이다. 따라서 삼위일체의 비밀이 열리지 않고서는 천국복음의 비밀이 열릴 수 없고, 삼위일체의 진리의 부흥이 없이는 진정한 천국복음 진리의 부흥은 있을 수 없다. 천국복음으로 본 삼위일체에 관한 진리의 부흥은 천국복음 진리의 부흥 길을 열 것이고 천국복음 진리의 부흥은 주님의 오시는 길을 열 것이다.

이 천국복음이 모든 민족에게 증거되기 위하여 온 세상에 전파되리니 그제야 끝이 오리라
(마24:14)

　삼위일체 진리 전쟁은 초대 교회로부터 시작됐고 주님이 재림할 때까지 진리의 전쟁의 중심에 있을 것이다. 사탄은 삼위일체의 진리가 교회의 터요 기둥이요 천국복음의 핵심 비밀이라는 사실을 너무나 잘 알고 있다. 삼위일체의 진리가 무너지면 교회는 무너진다. 사탄은 수천 년 동안 교회가 삼위일체 진리에 관해 무관심하게 만들거나 때로는 적극적으로 왜곡시켜 왔다. 오늘날 교회에서 발생하는 수많은 이단과의 진리 전쟁과 성도의 진리 전쟁의 중심에는 삼위일체의 문제가 있다. 만약 교회가 삼위일체에 대한 진리에 관심을 두고 있지 않다면 교회는 사탄과의 진리 전쟁에서 이미 패하고 있는 사실을 나타내 주는 것이다. 교회의 기초는 진리이다. 그 진리의 기초 위에 교회는 건축되고 진리로 완성된다. 성경은 교회는 진리의 기둥과 터요 진리의 성읍이라고 말씀하고 있다. (딤전3:15)

**여호와가 이같이 말하노라
내가 시온에 돌아와 예루살렘 가운데에 거하리니 예루살렘은 진리의
성읍이라 일컫겠고 만군의 여호와의 산은 성산이라 일컫게 되리라**
(슥8:3)

'십자가에 달리신 예수 그리스도는 하나님'이라는 진리는 교회의 기초이다. 그 진리에서 출발한 삼위일체와 삼위일체 비밀을 중심으로 한 천국복음은 교회의 기둥이다. 그리고 삼위일체의 마지막 복음인 성부 하나님의 오심에 대한 진리는 진리의 성읍인 교회를 완성시키는 지붕과 같다. 하나님은 진리의 성읍인 교회를 완성하기 위해 시대적인 믿음의 일꾼들을 일으켜 삼위일체의 진리를 지켜 왔고 전진시켜 왔다. 이제 삼위일체 신관을 중심으로 한 천국복음의 비밀을 선포함으로써 주님의 오시는 길을 예비할 때가 도래하고 있다.

'천국복음의 비밀로 푼 삼위일체 신관'은 신약의 참 이스라엘인 교회가 날마다 듣고 마음에 새기고 가르치고 강론하며 땅 끝까지 전파해야 할 신약의 쉐마의 말씀이요 시대적인 복음이요 천국복음의 비밀이다! 일곱 영의 역사로 천국복음의 비밀로 본 삼위일체 진리의 부흥이 일어나게 하소서! 천국복음의 비밀로 본 삼위일체 진리의 성읍이 속히 완성되어 하나님께서 오시는 길이 예비되게 하소서!

일곱 영에 대한 계시는 성부 하나님의 오심을 예언한 계시록에 계시되어 있다. (계1:4, 3:1, 4:5, 5:6) '성부 하나님까지 창조세계에 부활한 성도를 보좌 삼고 오신다!'는 이 마지막 복음은 만세 전부터 하나님 보좌에서 밤낮 쉬지 않고 울려 퍼졌던 복음이다. (계4:8, 9) 이 복음은 보좌에 앉은 이의 오른 손에 있는 일곱 인으로 봉함한 책의 핵심 비밀로서 하늘 위에나 땅 위에나 땅 아래에 능히 책을 펴거나 보거나 할 이가 없다. (계5:1-3) 이 책의 비밀을 펴거나 보기에 합당한 유일한 분이 있으니 일곱 눈을 가지고 계신 어린 양인 그리스도이시다. (계5:4-6, 슥3:9)

어린 양의 눈은 성부 하나님께서 창조세계에 성도를 보좌 삼고 오시겠다는 마지막 복음이 기록된 아버지의 오른 손에 있는 책을 본 유일한 눈으로서 (계1:4, 8, 4:8, 9, 5:1-7, 7:15, 고전15:27,28, 요14:23) 이 눈이 바로 마지막 시대에 성부 하나님의 오심에 관한 마지막 복음의 비밀을 담은 천국복음과 함께 역사하실 일곱 영이다. 따라서 성부 하나님의 오심에 관한 비밀이 열리고 믿어 지고 증인이 되는 역사는 온 땅에 보냄을 받은 하나님의 일곱 영의 역사이고 (계5:6, 슥4:6-10) 이로 인하여 마지막 시대에 진리의 성읍이 완성될 것이다. (슥1:16, 2:8:3, 8:3)

그가 내게 대답하여 이르되 여호와께서 스룹바벨에게 하신 말씀이 이러하니라 만군의 여호와께서 말씀하시되 이는 힘으로 되지 아니하며 능력으로 되지 아니하고 오직 나의 영으로 되느니라

큰 산아 네가 무엇이냐 네가 스룹바벨 앞에서 평지가 되리라 그가 머릿돌을 내놓을 때에 무리가 외치기를 은총, 은총이 그에게 있을지어다 하리라 하셨고 여호와의 말씀이 또 내게 임하여 이르시되 스룹바벨의 손이 이 성전의 기초를 놓았은즉 그의 손이 또한 그 일을 마치리라 하셨나니 만군의 여호와께서 나를 너희에게 보내신 줄을 네가 알리라 하셨

느니라

작은 일의 날이라고 멸시하는 자가 누구냐 사람들이 스룹바벨의 손에
다림줄이 있음을 보고 기뻐하리라 이 일곱은 온 세상에 두루 다니는 여
호와의 눈이라 하니라 (슥4:6-10)

 구약의 솔로몬 성전이 오순절 날 성령이 교회 가운데 임하고 선지자
들에게 전해진 복음의 성취가 되시는 주 예수 그리스도의 비밀 (계10:7,
롬1:2) 이 온 땅에 증거됨으로써 진리의 성읍인 교회의 기초를 놓는 사
건을 예표한 것이라고 한다면 (고전3:11, 엡2:21, 벧전2:4-7, 슥3:9, 4:7),
스룹바벨 성전은 마지막 시대 일곱 영의 역사를 통해 삼위일체의 비밀
을 중심으로 한 성부 하나님의 오실 것을 계시한 천국복음이 온 땅에
증거됨으로써 진리의 성읍으로 완성되고 주님의 오시는 길이 예비되는
사건이 있을 것을 예표한 것이다. (슥4:6-10, 8:3-13, 마24:14) 삼위일체
의 비밀을 중심으로 한 성부 하나님의 오심을 계시한 천국복음의 빛을
온 땅에 발할 때가 왔다! 사방에서 그 빛을 보고 여호와의 영광의 빛
으로 돌아올 것이다!

일어나라 빛을 발하라 이는 네 빛이 이르렀고 여호와의 영광이 네 위에
임하였음이니라
보라 어둠이 땅을 덮을 것이며 캄캄함이 만민을 가리려니와 오직 여호
와께서 네 위에 임하실 것이며 그의 영광이 네 위에 나타나리니 나라들
은 네 빛으로 왕들은 비치는 네 광명으로 나아오리라
네 눈을 들어 사방을 보라 무리가 다 모여 네게로 오느니라 네 아들들
은 먼 곳에서 오겠고 네 딸들은 안기어 올 것이라 (사60:1-4)

⚫⚫⚫　참고문헌/인터넷 자료　⚫⚫⚫

1) 보혜사 : Counselor(NIV 버전), Helper(NASB 버전)
2) 『삼위일체 하나님의 역사』, 위르겐 몰트만, 대한기독교서회, 2017, P360
3) 『The Later Christian Fathers』, Bettenson, Oxford University Press, 1973, P207
4) 『Select Orations』, S. Gregory of Nazianzen, ed. Phillip Schaff 「Grand Rapids：Erdmans, 1983」, 333P
5) 『Letters and Select Works』, Basilius Magnus, ed. Phillip Schaff 「Grand Rapids：Erdmans, 2005」, 329P, 630P
6) 『On The Holy Trinity』, St. Augustin , Lighthouse Christian Publishing, 2010, 92P, 109-10P
7) 『삼위일체 하나님의 역사』, 위르겐 몰트만, 대한기독교서회, 2017, 363P
8) 『바이블렉스』, P259
9) 『Jews for Jesus Hit Town and Find a Tough Crowd』, The New York Times, https://www.nytimes.com/2006/07/04/nyregion/04push.html, 2019. 5. 25.
10) 『유월절 마쪼트에서 설명한다는 삼위 일체』, 한.이 성경연구소 https://kibi.or.kr/63/?idx=2542101&page=1&search=, 2019. 5.26.
11) 『삼위일체하나님의 역사』, 역사신학연구회, 대한기독교서회, 2017, P369
12) 『풀빛주석』
13) 『AgAu News』, Scottsdale's Biblical Series hits its 2016 mid-point with the ejection from the Garden of Eden, https://agaunews.com/scottsdales-biblical-series-hits-2016-mid-point-ejection-garden-eden/, 2019. 10. 15
14) 『삼위일체론의 역사』, 역사신학연구회, 대한기독교서회, 2008, P526, P527
15) 『요한계시록 주석』, 고려신학대학원 교수회, 총회출판국, 2009, P194,199
16) 『오시는 하나님』, 위르겐 몰트만, 대한기독교서회, 2013, P455, 462-463
17) 『바이블렉스 성경원어사전』, 에크데메오, 1553
18) 『관계 속에 계신 삼위일체하나님』, 웨슬리신학연구소, 아바서원, 2015, P230, 231

19) 『오시는 하나님』, 위르겐 몰트만, 대한기독교서회, 2013, P479

20) 『십자가에 달리신 하나님』,위르겐 몰트만, 김균진 옮김, 한국신학연구소, 2011

21) 『십자가에 달리신 하나님』, 위르겐 몰트만, 김균진 옮김, 한국신학연구소, 2011. P344)

22) 『관계속에 계신 삼위일체 하나님』, 웨슬레 신학연구소, 아바서원, 2015, P227-229

23) 『오시는 하나님』, 위르겐 몰트만, 대한기독교서회, 2013, P455, 462-463

24) 『사막으로 간 대주교』, 김소일, 서해문집, 2010, P 5

25) 『NAVER 지식백과』, 니케아공의회, https://terms.naver.com/alikeMeaning.nhn?query=00063520, 2018.05.15

26) 『관계 속에 계신 삼위일체 하나님』, 웨슬레 신학연구소, 아바서원, 2015, p21

27) 『관계속에 계신 삼위일체 하나님』, 웨슬레 신학연구소, 아바서원, 2015, P29

28) 『관계속에 계신 삼위일체 하나님』, 웨슬레 신학연구소, 아바서원, 2015, P28

29) 『SAINT GEORGE ANTIOCHIAN ORTHDOX CHURCH』, https://stgeorgegr.com/orthodoxy/beliefs/creed/, 2019- 3. 5.

30) 『관계 속에 계신 삼위일체 하나님』, 웨슬레 신학연구소, 아바서원, 2015, P223-225

31) 『J. 몰트만의 희망의 종말론에 관한 연구』, 김영광, 한신대학교 신학대학원, 2013

32) 『오시는 하나님』, 위르겐 몰트만, 대한기독교서회, 2013, P56, 469

33) 『삼위일체론 전통과 실천적 삶』, 곽미숙, 대한기독교서회, 2009, P111

34) 『관계 속에 계신 삼위일체 하나님』, 웨슬레 신학연구소, 아바서원, 2015, P14

35) 『ENCYCLOPEDIA BRITANNICA』, Mezuzah, https://www.britannica.com/topic/mezuzah, 2019. 5. 3.

삼위일체의 신비

초판1쇄발행　　2019년 12월 20일
지 은 이　　　양 성 민
펴 낸 곳　　　지에치테크
주　　　소　　인천광역시 부평구 충선로 176-5, 201호(부개동, 부개주공상가)
출판등록일　　2018년10월12일(제2018-000022호)
홈 페 이 지　　www.moyazone.com
E -mail　　　ghtech202@gmail.com
Tel.　　　　(032)328-0757
발 행 인　　　강 승 원

종이책 ISBN　979-11-963546-2-6　03230

이 도서의 국립중앙도서관 출판예정도서목록(CIP)은 서지정보유통지원시스템 홈페이지
(http://seoji.nl.go.kr)와 국가자료종합목록 구축시스템(http://kolis-net.nl.go.kr)에서 이
용하실 수 있습니다. (CIP제어번호: CIP2019049772)